유교경 연구
遺教經 研究

- 진수정원(晉水淨源) 절요(節要)
- 운서주굉(雲棲袾宏) 보주(補註)
- 요산지안(樂山志安) 감수(監修)
- 효관(曉觀) 역주(譯註)

불광출판사

유교경
연구

遺教經
研究

추천사

『유교경』은 부처님의 마지막 유훈이 설해져 있는 경으로 불교인들에게 있어 부모의 유언을 듣는 것처럼 말씀마다 가슴 깊이 와 닿는 경전이다. 교조(教祖)의 마지막 유훈이라면 그 말씀의 비중이 결코 가벼울 수 없는 것이기에 이 경을 대할 때면 더욱 엄숙한 마음이 되어 부처님의 가르침을 다시 새기게 된다. 팔만사천 법문을 결론짓는 말씀인 『유교경』이 지금까지 다른 경전에 비해 연구 성과가 많았다고는 할 수 없다. 역대로 이 경에 대한 주석서도 그리 많은 편은 아니다. 세친(世親)이 지은 『유교경론(遺教經論)』을 위시해 도패(道霈)가 지은 『유교경지남(遺教經指南)』, 지욱(智旭)의 『유교경해(遺教經解)』 등 8~9가(家)의 저술이 전해지고 있을 뿐이다.

　우리 대학원에서 경학 연구에 남다른 정열을 바쳐온 효관 강사가 『유교경』에 관한 좋은 책을 하나 내게 되었다. 새로 나오는 『유교경 연구』는 폭넓은 자료를 두루 열람하고 쓴 역작이라고 하기에 충분하다. 근래에 『유교경』에 대해서 이렇게 자세하고 명료하게 설해 놓은 책은 보기 힘들다.

저자는 우선 진수정원(晉水淨源)의 『불유교경론소절요(佛遺敎經論疏節要)』와 운서주굉(雲棲袾宏)의 보주(補註)를 정갈하게 번역하였고, 보충 설명이 필요한 곳에 주를 달아 자세한 풀이를 덧붙여서 본문의 이해를 도왔다. 여러 가지 방증 자료도 인용·소개하면서 독자들이 쉽게 이해할 수 있도록 배려하는 등 이 책을 읽는 이로 하여금 편안하고 흡족한 마음이 되도록 하였다. 또한 단순한 번역이 아니라 『유교경』에 대한 다각적인 검토를 시도하고 『불소행찬』과 『유행경』 및 팔리어본 『대반열반경(mahāparinibbāna sutta)』 등 다른 경전들과의 연관 관계를 고찰하는 등 교상판석에 대한 견해를 서술하여 불교 전반의 교학 이해에 크게 도움이 되도록 하였다.

저자는 일찍이 전통강원인 승가대학을 졸업한 후 실상사 화엄학림에서 다년간 수학하고 종립 은해사 승가대학원에서 묵묵히 간경에 몰두하여 한문 원전의 독해력이나 불교 전반의 사상 체계를 정리·이해하는 데 탁월한 식견이 있었다. 또한 그간의 착실한 면학 정신과 학습 자세가 남의 모범이 되는 학승이었다. 그동안의 연구 노고를 치하하면서 앞으로 더욱 좋은 연구를 거듭하여 우리 불교의 교학 발전에 크게 힘써 줄 것을 당부하는 바이다.

2011년 2월
종립 은해사 승가대학원 원장 지안 씀

목차

- 추천사 ... 4
- 일러두기 ... 12

- 해제 ... 14

《1》불수반열반략설교계경 ... 17
    1. 구마라집 ... 17
    2. 중국 찬술의 의심 ... 19
    3. 교판의 어려움 ... 24
    4. 구성과 편찬 의도 ... 25
    5. 주석서 ... 27

《2》불유교경론소절요 ... 28
    1. 전해진 시기 ... 28
    2. 진수정원 ... 29
    3. 운서주굉 ... 32
    4. 내용의 개요 ... 34
    5. 인용된 경론과 저서 ... 37

Ⅰ. 불수반열반략설교계경 佛垂般涅槃略說教誡經

    1. 구시나라로 향하는 마지막 여정 ... 42
    2. 불수반열반략설교계경 ... 45
    3. 입멸과정 및 그 후의 상황 ... 68

Ⅱ. 불유교경론소절요 佛遺教經論疏節要

○ 총체적으로 경의 뜻을 서술하다 ... 73
○ 따로 경문을 풀이하다 ... 77
一. 경의 제목을 풀이하다 ... 78
二. 번역자를 드러내다 ... 83
三. 경문의 뜻을 풀이하다 ... 87

1장 ● 서분 序分

1. 법사성취필경공덕(法師成就畢竟功德) ... 88
2. 개법문성취필경공덕(開法門成就畢竟功德) ... 90
3. 제자성취필경공덕(弟子成就畢竟功德) ... 92
4. 대총상성취필경공덕(大總相成就畢竟功德) ... 93
5. 인과자상성취필경공덕(因果自相成就畢竟功德) ... 94
6. 분별총상성취필경공덕(分別總相成就畢竟功德) ... 98

2장 ● 수습세간공덕분 修習世間功德分

1. 대치사업공덕(對治邪業功德) ... 100
   1) 의근본청정계(依根本淸淨戒) ... 100
   2) 방편원리청정계(方便遠離淸淨戒) ... 105
   3) 결시이계능생정혜(結示二戒能生定慧) ... 128
   4) 별신오권수계이익(別伸伍勸修戒利益) ... 131

2. 대치수습지고공덕(對治修習止苦功德) ... 133
   1) 근욕방일고대치(根欲放逸苦對治) ... 133
   2) 다식고대치(多食苦對治) ... 152
   3) 해태수면고대치(懈怠睡眠苦對治) ... 157

3. 대치수습멸번뇌공덕(對治修習滅煩惱功德) ... 171
  1) 대치진애번뇌(對治瞋恚煩惱) ... 171
  2) 대치공고번뇌(對治貢高煩惱) ... 185
  3) 대치첨곡번뇌(對治諂曲煩惱) ... 190

3장 ● 성취출세간대인공덕분 成就出世間大人功德分

1. 무구공덕(無求功德) ... 194
  1) 지각장상(知覺障相) ... 194
  2) 지각치상(知覺治相) ... 195
  3) 지각인과습기상(知覺因果習起相) ... 196
  4) 지각무제장필경상(知覺無諸障畢竟相) ... 197
  5) 지각필경성취상(知覺畢竟成就相) ... 198

2. 지족공덕(知足功德) ... 200
  1) 대치고인과(對治苦因果) ... 200
  2) 부설청정인과(復說淸淨因果) ... 201
  3) 시현삼종차별(示現三種差別) ... 202

3. 원리공덕(遠離功德) ... 206
  1) 자성원리문체 출고(自性遠離門體出故) ... 206
  2) 수습원리문방편 출고(修習遠離門方便出故) ... 209
  3) 수용제견 문상박고(受用諸見門常縛故) ... 211

4. 불피권공덕(不疲倦功德) ... 214
  1) 취법문명 불퇴(就法門明不退) ... 214
  2) 약유현정태(約喩顯精怠) ... 215

5. 불망념공덕(不忘念功德) … 219
　1) 명불망(明不忘) … 219
　2) 변권수(辯勸修) … 222
　3) 시득실(示得失) … 223

6. 선정공덕(禪定功德) … 225
　1) 명정(明定) … 225
　2) 권수(勸修) … 227
　3) 시익(示益) … 229

7. 지혜공덕(智慧功德) … 232
　1) 정명지혜파장(正明智慧破障) … 232
　2) 유현사종공덕(喩顯四種功德) … 236

8. 구경공덕(究竟功德) … 241
　1) 정명희론(正明戲論) … 241
　2) 권수원리(勸修遠離) … 243

4장 ● 현시필경심심공덕분 顯示畢竟甚深功德分

　1. 약명(略明) … 246
　　1) 보살상수공덕(菩薩常修功德) … 246
　　2) 여래설법공덕(如來說法功德) … 247

　2. 광석(廣釋) … 248
　　1) 상수공덕(常修功德) … 248
　　2) 설법공덕(說法功德) … 250

5장 ● 현시입증결정분 顯示入證決定分

1. 방편현발문(方便顯發門) ... 252
2. 법륜성취문(法輪成就門) ... 254
3. 분별공덕문(分別功德門) ... 256
   1) 경가서(經家敍) ... 256
   2) 정분별(正分別) ... 257

6장 ● 분별미입상상증위단의분 分別未入上上證爲斷疑分

1. 현시미입상상법(顯示未入上上法) ... 262
   1) 약미판(約未辦) ... 262
   2) 약이판(約已辦) ... 265

2. 위단피피의(爲斷彼彼疑) ... 267
   1) 경가서(經家敍) ... 267
   2) 정의단(正斷疑) ... 268

3. 중설유위무상상(重說有爲無常相) ... 275
   1) 정시유위(正示有爲) ... 275
   2) 인기작증(引己作證) ... 277

7장 ● 이종종자성청정무아분 離種種自性淸淨無我分

1. 대치자성장(對治自性障) ... 280
   1) 정명보혜(正明寶慧) ... 280
   2) 권근수습(勤勤修習) ... 281
   3) 삼계무상(三界無常) ... 282

2. 명청정무아(明淸淨無我) … 283
　1) 권지삼업(勸止三業) … 283
　2) 시장귀멸(示將歸滅) … 285
　3) 정현유훈(正顯遺訓) … 286

부록

　　대각국사(大覺國師) 강유교경 발사(講遺教經發辭) … 294
　　대각국사(大覺國師) 유교경파강사(遺教經罷講辭) … 296
　　진수정원(晋水淨源) 서간문(書簡文) … 299
　　운서주굉(雲棲袾宏) 수필(隨筆) … 306
　　우익지욱(蕅益智旭) 발문(跋文) … 309
　　당(唐) 태종(太宗) 불유교경(佛遺教經) 시행칙(施行勅) … 311

◉ 참고문헌 … 314
◉ 마무리 지으며 … 316

◉ 『불유교경론소절요』 과도표

【 일러두기 】

[01]

『불수반열반략설교계경(佛垂般涅槃略說敎誡經)』과 『불유교경론소절요(佛遺敎經論疏節要)』는 『대정신수대장경(大正新修大藏經)』에 수록된 '명만력사십년간증상사보은장본(明萬曆四十年刊增上寺報恩藏本)'을 저본(底本)으로 하였으며, 원문 교감(校勘)은 『고려대장경(高麗大藏經)』, 『영락북장대장경(永樂北藏大藏經)』, 『건륭대장경(乾隆大藏經)』 등을 주로 참조하였다.

[02]

팔리어본 『mahāparinibbāna sutta』는 Pali Text Society의 『Dīgha Nikāya』 vol. Ⅱ를 참조하였다.

[03]

유교 경전과 관련된 해석은 대부분 전통문화연구원에서 역주한 번역문을 인용하거나 편역하였다.

[04]

『불유교경론소절요(佛遺敎經論疏節要)』의 각주에서 『대승기신론(大乘起信論)』의 번역은 『대승기신론강해』(지안 편역, 계창, 2007)를 참조하였고, 팔리어본 『mahāparinibbāna sutta』의 번역은 『대반열반경』(각묵 옮김, 초기불전연구원, 2007)을 참조하였다.

[05]
한문 원전에 관심 있는 이들을 위해서 한역본의 현토는 대부분 옛 구결(口訣)의 음을 따랐다.

[06]
경론이나 일반 단행본은 『 』으로 표기했으며, 경전의 품(品) 제목이나 논문류 등은 「 」으로 표기하였다. 원문을 한자음으로 그대로 옮긴 단어 가운데 한자를 밝힐 필요가 있거나 원문에는 없지만 영략(影略)된 말을 보완할 경우에는 ( ) 안에 표기하였고, 풀이한 내용에 대한 한자어나 구절을 밝힐 경우에는 [ ] 안에 표기하였다.

[07]
인용된 문헌의 약식 표기는 다음과 같다.
[高麗] 高麗大藏經 • [大正] 大正新修大藏經 • [續藏] 卍新纂續藏經 • [永樂] 永樂北藏大藏經 • [乾隆] 乾隆大藏經 • [韓佛] 韓國佛教全書 • [甲] 德川時代刊宗教大學藏本 • [宋] 宋本(1239年) • [元] 元本(1290年) • [明] 明本(增上寺報恩藏本 1601年) • [宮] 舊宋本(宮內省圖書寮本) • [P.T.S] Pali Text Society, [D.N.] Dīgha Nikāya.

해제

부처님께서 마지막으로 제자들에게 남기고 싶었던 말씀이 무엇이었는지 출가수행자로서 관심을 가져야 하는 것은 너무나 당연한 일이다. 부처님의 유훈을 찾아볼 수 있는 경전이 몇 종이 있지만, 『불수반열반략설교계경』은 오로지 부처님의 유훈만 기록되어 있는 경전이다. 경전의 내용을 살펴보기에 앞서 열반하신 시기와 마지막 유훈을 설하신 시점에 대해 먼저 알아보겠다.

현재 우리나라에서 사용하고 있는 불기 계산법과 열반재일 등을 근거로 하여 우선 정리해 본다면, 석가모니 부처님께서는 2555년 전(B.C. 544년) 2월 15일 중야(中夜)에 이르러서 마지막으로 출가 제자들을 위하여 유훈을 설하신 후 반열반하셨다고 볼 수 있다.[1] 그러나 부처님께서 입멸하

●1 부처님의 입멸 연대는 대표적으로 전기(傳記)나 설화를 근거로 한 중성점기설(衆聖点記說)과 경론[異部宗輪論]의 내용을 근거로 한 아쇼카 왕 즉위설을 들 수 있다. 중성점기설이란 부처님 입멸 후 매년 하안거가 끝나는 시기에 점을 하나씩 찍어 내려왔는데 그 점의 갯수를 헤아려서

신 날짜에 대해서는 정확한 기록이 없기 때문에 마지막 유훈을 언제 설하셨는지 단정적으로 말하기는 어렵다. 다만 부처님의 입멸을 기점으로 하여 현재 전해지는 여러 가지 불기 계산법과 열반과 관련된 경론에서 밝히고 있는 열반일과 열반시간으로 추정해 볼 뿐이다.

부처님께서 유훈을 설하기 시작한 시점 또한 보는 관점에 따라서 다양한 시각이 있을 수 있다. 조금 길게 본다면 미리 반열반을 예고하신 3개월 전부터 부처님께서는 유훈을 남기셨다고 볼 수 있으며, 짧게 본다면 반열반 직전에 마지막으로 설하신 한 마디 말씀이 유훈이 될 것이다. 그리고 구시나라(拘尸那羅)의 사라쌍수 아래에서 초야(初夜)에 재가자들(말라족 사람들)을 위해 설하신 법문과 중야(또는 새벽)에 출가제자들을 위해 설하신 법문을 모두 합해서 유훈으로 볼 수도 있을 것이다.*² 그러나 여기에서는

부처님의 입멸 연대를 산정하는 방식이다. 이 설에 의해 계산된 입멸연대가 기원전 483년이다. 아쇼카 왕 즉위설은 아쇼카 왕이 부처님 입멸 후 100~200년 사이에 즉위했다는 기록을 근거로 하여 산정하는 것인데 이 설에 따라 계산된 입멸 연대가 기원전 386년 또는 486년이다. 이 아쇼카 왕 즉위설은 여타의 입멸설보다 어느 정도 연대를 추정할 수 있기 때문에 가장 신뢰성이 있다고 할 수 있지만 이 또한 정확한 즉위연대를 알 수 없기 때문에 확정적이라고는 할 수 없다. 현재 우리나라에서 사용하고 있는 입멸 연대는 1956년 11월 15일 네팔에서 열린 세계불교도대회에서 정한 기원전 544년 입멸설을 따른 것이다.

* 부처님의 입멸시기에 대한 여러 가지 학설

입멸연대	입멸 날짜	입멸 시간
❶ B.C. 544년 (태국과 미얀마설)	❶ 2월 8일 (유행경)	❶ 중야(中夜) (유행경, 유교경, 유부논사)
❷ B.C. 543년 (세일론설)	❷ 2월 15일 (선견율, 삼론현의)	❷ 후야(後夜) (대반열반경, 붓다고사) * 법현 역, 『대반열반경』
❸ B.C. 483년 (중성점기설)	❸ 4월 8일 (불반니원경, 반니원경)	
❹ B.C. 486년 또는 386년 (아쇼카왕 즉위설)		

(안양규 지음, 『붓다의 입멸에 관한 연구』 pp.278~284)

● 2 『遺教經論』(大正 26卷, p.283), 此修多羅中 每說比丘者 示現遠離相故 復示摩訶衍方便道 與二乘共故 又於四眾亦同遠離行故.

출가제자들을 위해서 설해진 유훈으로 볼 수 있는『불수반열반략설교계경(佛垂般涅槃略說教誡經)』(이하『유교경』으로 약칭)의 내용에 초점을 두고자 한다. 물론,『유교경론』에 의거한다면『유교경』의 내용이 출가제자들에게만 한정된 것은 아니다. 그러나『유행경』의 내용을 살펴보면 분명히 중야의 설법은 지극히 출가제자들에게만 한정되어 있음을 알 수 있다.[3] 따라서 본서에서는 중야의 설법으로 설정되어 있는『유교경』을 출가제자들을 위한 유훈으로 우선 한정해서 비교·대조하고자 한다.

풀이 방법은 현재 팔리어본이 현존하는 한역본『유행경(遊行經)』과 일부 산스크리트어본이 남아 있는 한역본『불소행찬(佛所行讚)』등의 내용을 근거로 하여 이 경전의 찬술 문제 및 구성과 편찬 의도 등을 간략히 살펴보고, 송나라 정원 법사의 저서인『불유교경론소절요(佛遺教經論疏節要)』의 내용을 살펴봄으로써 경문의 자세한 이해를 돕고자 한다.

석가모니 부처님의 열반을 다루고 있는 경론으로는 백법조 역『불반니원경(佛般泥洹經)』6권, 법현 역『대반열반경(大般涅槃經)』3권, 작자 미상의『반니원경(般泥洹經)』2권, 의정 역『근본설일체유부비나야잡사(根本說一切有部毘奈耶雜事)』40권, 보운 역『불본행경(佛本行經)』7권 등 여러 가지가 있지만, 굳이『유행경』과『불소행찬』을 선택한 이유는 다음과 같다.

『불소행찬』은 비록 산스크리트어본이 온전하게 전하지는 않지만 부처님의 전 생애를 한 눈에 조망해 볼 수 있는 중요한 불전 가운데 하나로서 특히, 제26품[大般涅槃品]의 내용이『유교경』과 거의 흡사하기 때문이며,『유행경』은 부처님의 마지막 여정을 다루고 있는 경전 가운데 현재 가장

● 3 붓다고사(Budhaghoṣa)도 또한 부처님 입멸직전의 설법을 출가제자를 위한 설법으로 주석하고 있다[초저녁 ⇒ 재가자, 한밤중 ⇒ 수발타라, 입멸직전 ⇒ 출가제자].『mahāparinibbāna sutta』(D.N. Ⅱ, pp.154~156),『遊行經』(大正 1卷, pp.25~26) 참조.

신뢰성이 높은 팔리어본『대반열반경(Mahāparinibbāna Sutta)』과 내용이 거의 동일하기 때문이다.

『불소행찬(佛所行讚)』은 마명 보살이 지은 대서사시로서 산스크리트어 제목은 붓다차리타(Buddhacarita)이다. 현재 산스크리트어본도 17품이 현존하며, 한역본과 티베트어본은 28품까지 온전히 남아 있다.

『유행경(遊行經)』은 한역『장아함경』총 22권 가운데 제2~4권에 수록되어 있는 경전으로서 후진 시대에 불타야사와 축불념이 번역하였다. 산스크리트어본도 단편적으로 남아 있다.

(1) 불수반열반략설교계경 佛垂般涅槃略說教誡經

경의 제목을 풀이하면 '부처님께서 반열반(般涅槃)에 이르러서 경계해야 할 가르침을 간략히 설해 놓은 경'이라고 풀이되며, 약칭하여『불유교경(佛遺教經)』또는『유교경(遺教經)』이라고 한다.

『유교경』의 성립과 분류는 대승경전이 만들어지기 이전인 기원 전후에 편집된 것으로 간주하여 통상 초기불교『열반경』으로 분류하며, 한역본은 5세기 초에 구마라집이 번역한 것으로 전해져 온다.

1. 구마라집

구마라집(鳩摩羅什, 344~413)의 아버지 구마라염(鳩摩羅炎)은 인도 사람이며, 어머니 기바(耆婆)는 구자국(龜玆國) 왕의 누이동생으로서 중국 사람이다.

구자국에서 태어난 구마라집은 7세 때 출가하였는데 그의 스승은 하루에 비담게송(毘曇偈頌) 일천 송을 읽으라고 했다. 9세 때 어머니와 함께 소승불교의 정통 근거지인 계빈국(罽賓國)으로 옮겨 반두달다(般頭達多)로부터 소승을 배웠고, 12세 되던 해에 어머니와 함께 계빈국을 떠나 다시 구자국으로 오는 도중 소륵국에서 불전에 정례하고 아비담학(阿毘曇學)과 육족론(六足論)의 배운 바를 재점검하였는데 그때 수리야소마(脩梨耶蘇摩)가 대승의 학자란 소문을 듣고 그의 문하에 들어가 1년간 체류하며 대승을 배우게 된다.

어느 날 구마라집은 수리야소마의 강의 가운데 '음계제입(陰界諸入) 개공무상(皆空無相)'의 대목에 크게 놀라 "어떠한 근거로 제법의 실체성을 파괴할 수 있는가?"라고 물었다. 수리야소마는 "현재 눈앞에 펼쳐진 제법들이 경험으로 지각된 것일 뿐 진실로 있는 것은 아니다."라고 대답했다.[4] 그 순간 구마라집의 그 동안의 교학적 토대였던 소승 아비달마 교학이 무너지고, 대승공관(大乘空觀) 학도로 전향하는 계기가 되었으며, 그 후 『중론(中論)』과 『백론(百論)』, 『방광반야경(放光般若經)』 등의 대승경론을 깊이 연구하였다.

아직 어린 그였지만 서역의 여러 나라들은 물론 중국에까지 명성이 자자했다. 후일 전진의 왕 부견(符堅)은 건원(建元) 18년(382)에 장군 여광(呂光)에게 구자국과 언기(焉耆)를 공격하여 구마라집을 데려 오라고 명하였다. 그러나 여광은 구자국을 치고 구마라집을 데리고 오는 도중에 부견이 살해되고 전진(前秦)이 망했다는 소식을 듣는다. 갈 곳이 없어진 여광은 곧장 양주(涼州)를 평정하고 후량(後涼)을 세우지만 오래지 않아 요흥(姚興)

●4 『高僧傳』(大正 50卷, p.330), 蘇摩後為什說阿耨達經 什聞陰界諸入皆空無相 怪而問曰 此經更有何義而皆破壞諸法 答曰 眼等諸法非真實有 什既執有眼根 彼據因成無實.

의 공격으로 멸망하고 만다.

요흥에 의해 불교의 융성기인 요진(姚秦)시대가 개막되자 비로소 구마라집은 홍시(弘始) 3년(401)에 장안의 서명각(西明閣)과 소요원(逍遙園)에 거주하면서 번역과 강론에 전념할 수 있었는데 홍시 4년부터 12년 동안에 300권 이상의 대승경론서(大乘經論書)를 번역하였다. 특히, 그가 번역한 많은 중관 관련 논서의 영향으로 중국에서 삼론종이 성립되었는데 그 때문에 삼론종의 조사로 추앙받았다. 후진(後秦) 홍시 15년(413)에 장안 대사(大寺)에서 세수 74세로 입적하였다.

주요 번역서로는 『대품반야경(大品般若經)』 40권, 『묘법연화경(妙法蓮華經)』 7권, 『아미타경(阿彌陀經)』 1권, 『유마경(維摩經)』 3권, 『금강경(金剛經)』 1권, 『좌선삼매경(坐禪三昧經)』 2권, 『십송율(十誦律)』 61권, 『십이문론(十二門論)』 1권, 『백론(百論)』 2권, 『대지도론(大智度論)』 100권, 『성실론(成實論)』 16권(혹은 20권) 등이 있다.

제자로는 승조(僧肇), 승예(僧叡), 도생(道生), 도융(道融)과 도항(道恒), 담영(曇影), 혜관(慧觀), 혜엄(慧嚴) 등이 있다.

2. 중국 찬술의 의심

부처님께서 열반하실 때의 모습을 가장 온전히 담고 있는 초기의 경전은 한역본 『유행경』과 팔리어본 『대반열반경(mahāparinibbāna sutta)』이다.

『유행경』의 내용 가운데 『유교경』에 해당하는 경문은 마지막 제자인 수발타라를 제도하는 다음 경문부터 초선에 들어가기 전까지의 경문이다. 이 부분의 내용과 비교했을 때 시작 부분과 끝 부분의 내용은 동일하지만 전체적인 내용은 『유교경』이 조금 더 구체적인 것을 알 수 있다. 그러나 『유행경』의 내용 중에는 부분적으로 『유교경』에 전혀 없는 경문도 몇 가지 보인다. 가령, '구참 비구를 장로라고 부르라.'[5]는 경문이나 '소소한 계율은 버려도 좋다.'[6]는 경문이나 '찬나 비구를 묵빈 대처하라.'[7]는 등의 경문이다.

이와 같은 내용의 『유행경』을 기준했을 때 『유교경』이 부처님의 유훈을 그대로 기록한 것이 아님은 분명해진다. 특히 '소소한 계목(小小戒)'에 대한 경문은 시사하는 바가 크다. 즉, '소소한 계목은 버려도 좋다.'라고 하시면서 『유교경』의 내용처럼 세세한 부분까지 설했을 리는 만무하기 때문이다. 따라서 『유교경』은 후대에 인도나 중국에서 편집된 경이 분명한데 현재로서는 번역본답지 않은 유려한 문장이나 산스크리트어본이 없다는 이유 등으로 인도 찬술보다는 중국 찬술로 보는 경향이 지배적이다.

그렇다면 인도 찬술의 가능성은 전혀 없는 것일까! 이 또한 단정할 수는 없다. 왜냐하면, 산스크리트어본의 일부와 티베트어본이 온전히 현존하는 『불소행찬』의 제26 대반열반품(大般涅槃品)이 『유교경』의 내용과 비슷하기 때문이다. 그러나 여기에는 한 가지 가설(假說)이 전제되어야 한다. 즉, 총 28품으로 구성된 『불소행찬』이 마명 보살의 온전한 저작이어야 한다. 이 경우 마명 보살이 『불소행찬』을 저술할 당시 산문으로 된 『유교경』의 내용을 운문으로 재편집하여 「대반열반품」으로 삼았거나, 인도의 누군가가 『불소행찬』의 「대반열반품」을 읽고 부처님의 유언만을 유포하기 위해 따로 떼어서 산문 형식으로 재편집했거나, 더 나아가 중국에서 그

● 5 『遊行經』(大正 1卷, p.26), 上下相呼 當順禮度 斯則出家 敬順之法.
● 6 『遊行經』(大正 1卷, p.26), 阿難 自今日始 聽諸比丘 捨小小戒.
● 7 『遊行經』(大正 1卷, p.26), 我滅度後 若彼闡怒 不順威儀 不受教誡 汝等 當共行梵檀罰 勅諸比丘 不得與語 亦勿往返 教授從事.

누군가가 『유교경』을 찬술한 후 경전의 권위를 위해서 구마라집을 번역자로 넣은 경우라 하더라도 이것은 인도 찬술로 볼 여지가 충분하다. 『불소행찬』을 저본으로 하지 않고 『유교경』을 중국에서 찬술한다는 것은 불가능할 정도로 비유의 내용들이나 그 순서까지 동일하기 때문이다. 그러나 이러한 추론은 중국 찬술로 단정하려는 견해에 대한 좋은 반박은 될 수 있겠지만 산스크리트어본이 발견되지 않는 한 큰 설득력은 얻지 못할 듯하다. 현재 산스크리트어본이 없는 18품 이후의 『불소행찬』의 내용들 또한 마명 보살의 저작이 불분명하기 때문이다.[8]

인도 찬술의 가능성을 완전히 배제시킬 수 없는 또 하나의 근거가 있다면, 『유교경론』의 어색한 한문 문장일 것이다. 문장이 어색하다는 것은 어순이 동일하지 않은 소리 글자의 문장을 뜻 글자로 번역할 경우 나타나는 매끄럽지 못한 문장의 흐름을 말한다.

찬술 문제를 두고 오랜 세월 중국 찬술과 인도 찬술의 논쟁이 치열했던 『기신론』이 요즘은 중국 찬술보다 인도 찬술로 보려는 경향이 조금 지배적인 듯하다. 인도 찬술을 뒷받침하는 근거 가운데 하나가 문장의 구절 끝에 반복적으로 붙어있는 '고(故)' 자인데[9] 『유교경론』 또한 이러한 현상이 아주 두드러진다는 점이다. 만약 『유교경론』이 범어에서 한역되었다면 『유교경론』의 경문 부분과 내용이 동일한 『유교경』 또한 범어에서 한역된 것으로 유추가 가능해진다. 그러나 석연찮은 것은 구마라집이 한역한

●8 한역 『불소행찬』의 총 28품이 티베트어역과도 완전히 일치한다는 점 등으로 보아 산스크리트어본 원작도 28품의 온전한 일대기였을 것이라고 추정하는 학자도 있지만, 현재 『불소행찬』의 산스크리트어본이 현존하는 것은 17품까지이고, 나머지 18품부터 28품까지는 산스크리트어본이 현존하지 않는다. 그나마 현존하는 산스크리트어본 총 17품도 14품까지만 마명의 저술이고 나머지는 후대에 붙여진 것으로 의심하는 학자도 있다.
●9 『기신론』에는 '고(故)' 자가 종결어미처럼 붙어 있는 문장들이 상당 부분 있다. 이것은 범어 특유의 표현을 번역한 흔적으로 보인다.

산스크리트어본『유교경』과 진제 삼장(眞諦三藏)●10이 한역한 산스크리트어본『유교경론』의 경문 부분이 동일하더라도 글자 하나 틀리지 않고 똑같이 한역한다는 것이 가능하겠느냐는 점이다. 이것은 어느 한 쪽이 그대로 베끼지 않고서는 상식적으로 불가능한 일이다. 그렇다면 결국 시대적으로 진제 삼장이 구마라집의 번역을 그대로 옮겼다고 밖에 생각할 수 없는데 이 부분 또한 두 역경가가 한역한 수많은 경론들을 고려할 때 쉽게 단정내릴 수 없는 문제로 대두된다. 이 문제와 관련하여 일본의 학자들 가운데에는 도저히 있을 수 없다는 강경한 입장을 고수하는 학자도 있지만 부분적으로 긍정을 표하는 학자도 있다.

가령, 일본의 도변해욱(渡邊海旭)은 진제 삼장이 제자들의 요청에 의하여 구마라집이 한역한『유교경』전체에 대하여 직접 소(疏)를 지은 것이『유교경론』이라고 일찍이 주장하였다.●11 이 견해를 따른다면,『유교경론』가운데 경문 부분만 구마라집의 번역을 인용해서 번역했다고 주장하더라도 크게 문제되지 않는다. 왜냐하면 경전의 전체 내용이 이해보다는 실천에 목적을 두고 있는 점과 또한『기신론』이나『금강경』처럼 여러 가지로 번역될 수 있는 까다로운 경문이 아니라는 점 등을 고려해서 이역본을 만들기보다는 기존의 번역본으로 단일화시켜 유통의 효율성을 꽤했을 수 있기 때문이며, 무엇보다도 문장의 구절 끝에 반복적으로 사용된 '고(故)'자가 번역문의 가능성을 보여 주기 때문이다.

●10 진제 삼장(眞諦三藏, 499~569)은 서인도 우선니국(優禪尼國) 사람으로 바라문 출신의 역경승이다. 어려서부터 여러 나라를 다니며 많은 스승 밑에서 학문을 익혔다. 546년 양무제의 요청으로 역경 불사를 위해 광주에 도착했지만 몇 년 뒤 후경의 반란이 일어나면서 양무제는 죽고 남조는 대혼란의 시기로 빠져들었다. 그 이후 몇 년간을 제외하고는 정처 없는 유랑생활 속에서 역경 작업을 해야만 했다. 따라서 역경 연대를 알기 어려운 것이 많다. 대표적 역경 논서는『대승유식론』,『섭대승론』,『십팔공론』,『구사론석론』등이 있다.
●11 渡邊海旭,「佛遺敎經과 馬鳴의 作歟」(新佛敎 10卷, 6號) 참조.

중국 찬술의 입장이 지배적인 상황에서 번역자에 대한 의심은 더 말할 필요가 없을 것이다.

이처럼 찬술과 역자가 분명치 않음에도 불조삼경(佛祖三經)[12]으로 중요하게 간주된 이유는 무엇일까? 특히, 남북조 시대에는 많은 강론이 이루진 것으로 전해지며, 그 무렵 저술된 수많은 주석서 가운데 흩어져 없어진 것은 제외시키더라도 현재까지 전해지는 것만도 적지 않다. 중국뿐만 아니라 우리나라 일본에서도 '부처님의 유언경'이라 하여 중요한 경전으로 다루어져 왔으며, 현재에도 불교 입문자라면 반드시 읽어야 할 경전 가운데 하나로 간주되고 있다.

잘 알려진 바와 같이 열반부 경전의 성립 배경은 승가가 안팎으로 혼란한 시기에 불교의 근본정신을 바로 세우는 데 있었다. 그리고 이러한 열반부 경전의 근본 취지를 가장 잘 드러낸 경전이 바로『유교경』이기도 하다. 따라서 중국 역사에서 삼무일종(三武一宗)[13]의 난을 비롯한 혼란스러웠던 불교사를 고려한다면 이 경전을 불조삼경의 하나로 전승한 것은 당연하다 하겠다.

이미 불조삼경으로 간주된 이상, 중국의『유교경』주석가들 또한 경전의 권위 부여를 위해서 애초부터 찬술과 번역자에 대하여 크게 문제 삼지 않은 것으로 보인다.

●12 옛부터 선원에서는 『사십이장경』, 『불유교경』, 『위산대원선사경책』을 '불조삼경'이라고 부르며 중요하게 여겨 왔다.
●13 중국역사에서 불교가 국가로부터 박해를 받은 네 번의 법난(法難)을 말한다. ① 446년 북위(北魏) 무제(武帝)의 법난, ② 569년 북주(北周) 무제(武帝)의 법난, ③ 842년 당(唐) 무종(武宗)의 법난, ④ 954년 후주(後周) 세종(世宗)의 법난.

3. 교판의 어려움

이 경전은 목록에 따라 고심의 흔적이 역력하다. 즉, 경을 설한 형식과 내용에 따라 경장(經藏)에 넣을 것인지, 아니면 율장(律藏)에 넣을 것인지, 경장에 넣을 경우 소승경전으로 분류할 것인지, 대승경전으로 분류할 것인지,[14] 소승경전에 넣을 경우 열반부에 넣을 것인지, 기타 경전으로 분류할 것인지의 여부는 목록에 따라 다양한 양상을 보이고 있다. 그러나 대체로 이 경전은 초기경전으로 분류되고 있으며, 열반부의 경전으로 간주된다.

초기불교 『대반열반경(mahāparinibbāna sutta)』과 대승불교 『열반경』의 차이점은 부처님의 입멸을 역사적 사실로 기록하고 교단의 앞날을 걱정하며 법과 율을 강조하는 것이 초기불교 『대반열반경(mahāparinibbāna sutta)』의 중심 내용이라면, 대승불교 『열반경』은 부처님의 입멸을 계기로 부처의 본질이 법신에 있다는 것을 강조하여 법신상주론(法身常住論)을 주장하고, 아울러 일체중생은 모두 불성이 있어서 누구나 성불할 수 있다는 일천제성불론(一闡提成佛論)으로 재구성되었다는 점이다. 따라서 초기불교 『대반열반경(mahāparinibbāna sutta)』은 부처님의 반열반 과정이나 입멸 직후 제자들이 슬픔을 이기지 못해서 비 오듯 눈물 흘리는 광경이 자세히 묘사되어 있는 반면, 대승불교 『열반경』에는 이러한 내용들이 없다.

이 경전이 부분적으로 법신상주의 내용을 거론하지만 전체적인 배경은 인간적인 부처님의 입멸 직전을 묘사하고 있으므로 초기불교 『대반열반경(mahāparinibbāna sutta)』으로 분류하는 것은 큰 무리가 없어 보인다. 그러나 문제는 이 경전 대부분의 내용들이 계율에 관한 것이어서 율장에 넣어도

●14 『대청삼장성교목록(大淸三藏聖教目錄)』 등에서는 대승열반부(大乘涅槃部) 경전으로 분류하고 있다.

전혀 어색하지 않다는 것이다. 그러므로 이러한 곤란함을 피하기 위해 아예 '교계경전(敎誡經典)'으로 특별히 분류한 목록도 생긴 듯하다.

4. 구성과 편찬 의도

이 경전은 부처님께서 구시나라의 사라쌍수 아래에서 열반에 들기 직전에 제자들에게 마지막으로 당부하신 말씀이다. 비록 짧은 내용의 경전이지만 계율, 인욕, 만족, 정진, 정념, 선정, 지혜 등과 그 외 여러 가지 법에 대해서도 자상하고 간절하게 설하고 있다.

대체로 익숙히 알고 있는 부처님의 마지막 말씀은 '계율로써 스승을 삼아라[以戒爲師]',[15] '사람에 의지하지 말고 법에 의지하라[不依人而依法]', '스스로를 등불로 삼고[自燈明] 진리를 등불로 삼아라[法燈明]',[16] '방일하지 말라'[17] 등인데 이러한 문구들은 이미 초심자들의 뇌리 속에도 깊숙이 자리잡고 있는 내용들이다. 이러한 내용들을 중심으로 더욱 구체적이고

- [15] 『遊行經』(大正 1卷, p.26), 當自擥心 阿難 汝謂佛滅度後 無復覆護 失所持耶 勿造斯觀 我成佛來所說經戒 卽是汝護 是汝所持.
  『mahāparinibbāna sutta』(D.N. Ⅱ, p.154), Siyā kho pan Ānanda tumhākam evam assa: 'Atītasatthukaṃ pāvacanaṃ, natthi no satthā' ti. Na kho pan etaṃ Ānanda evaṃ daṭṭhabbam.. Yo kho Ānanda mayā Dhammo ca Vinayo ca desito paññatto, so vo mam accayena satthā.
- [16] 『遊行經』(大正 1卷, p.15), 阿難 當自熾燃 熾燃於法 勿他熾燃 當自歸依 歸依於法 勿他歸依.
  『mahāparinibbāna sutta』(D.N. Ⅱ, p.100), Tasmātih Ānanda attadīpā viharatha attasaraṇā anaññasaraṇā, dhammadīpā dhammasaraṇā anaññasaraṇā.
- [17] 『遊行經』(大正 1卷, p.26), 是故 比丘 無爲放逸 我以不放逸故 自致正覺 無量衆善 亦由不放逸得 一切萬物無常存者 此是如來末後所說.
  『mahāparinibbāna sutta』(D.N. Ⅱ, pp.155~156), Atha kho Bhagavā bhikkhū āmantesi: 'Handa dāni bhikkhave āmantayāmi vo: Vayadhammā saṅkhārā, appamādena sampādethāti.' Ayaṃ Tathāgatassa pacchimā vācā.

일목요연하게 재편집된 것이 『유교경』이라 할 수 있다.

이 경전이 열반부의 경전에 속하나 초기 또는 대승불교 『열반경』과는 다른 입장에서 구성되어 있다. 즉, 초기불교 『열반경』처럼 사리 분배 이야기가 등장하는 것도 아니며, 대승불교 『열반경』처럼 열반을 단순한 역사적 사실을 뛰어넘어 철학적으로 재해석한 내용도 아니다. 다만 이 경전에서는 계율준수의 중요성을, 교리적 해설이 아닌 불교의 근본정신으로 강조하는 데 초점을 맞추고 있을 뿐이다. 사실 부처님 열반 이후 오늘날까지 승가의 질서와 청정성의 문제는 승단의 유지를 위해 절대적으로 요구되는 사항이었다. 이러한 필요성 때문에 이 경전에서는 부처님의 열반 후에 제자들이 지켜야 할 계율의 중요성을 제일 먼저 부각시키는 한편, 수행의 요체로서 사성제(四聖諦)의 중요성을 설하고, 이어서 구체적인 실천 방안을 제시해 주고 있는 것이다.

불법의 수행이란 사성제(四聖諦)를 이해하고 체득(體得)하기 위해 끊임없이 계(戒)·정(定)·혜(慧) 삼학(三學)을 닦는 것이라고 할 수 있다. 그러므로 부처님께서는 녹야원의 첫 설법에서 사성제를 설하여 다섯 비구를 제도하셨고, 마지막 제자인 수발타라 또한 사성제를 설하여 제도하셨으며, 입멸 직전에도 사성제에 대하여 궁금한 것이 있다면 후회 없이 물을 것을 세 번이나 거듭 강조하셨던 것이다.

사성제의 법문을 듣고 사유를 통해 비록 이해했더라도 그러한 내용들이 온전히 자신의 삶에 녹아들어 체득되지 않는다면 깨달음의 성취를 기대하기는 어렵다. 따라서 부처님께서는 삼학의 가르침을 통하여 사성제의 진리가 자신의 삶과 수행에 자연히 배어들도록 하신 것이며, 이러한 내용들을 팔정도와 육바라밀의 실천행으로 더욱 구체화시켰던 것이다.

결국 이 경전의 편찬을 통하여 알리고자 하는 부처님의 유훈은 깨달음의 요긴한 길이 삼학의 가르침을 의지한 팔정도와 육바라밀 등의 실천에 있고 이러한 실천행이 후세까지 이어지는 한 법신으로서 부처가 늘 상주함을 전하는 것이다.

5. 주석서

이 경에 대한 주석서 가운데 중요한 것만 시대별로 정리하면 다음과 같다.
   명나라 때에는 도패의 『유교경지남(遺敎經指南)』 1권과 지욱의 『유교경해(遺敎經解)』 1권과 수수(守遂)의 『유교경보주(遺敎經補註)』 1권 등이 있으며, 송나라 때에는 원조(元照)의 『유교경론주법기(遺敎經論住法記)』 1권과 관복(觀復)의 『유교경론기(遺敎經論記)』 3권과 지원(智圓)의 『소(疏)』 2권과 정원(淨源)의 『논소절요(論疏節要)』 1권 등이 있다. 그리고 많은 문헌에서 세친 보살이 찬술하고 진제 삼장이 한역한 것으로 전하는 『유교경론(遺敎經論)』[18] 1권은 특히, 모든 주석의 모범으로서 『유교경』을 대승적 입장에서 풀이한 논장으로 평가되고 있다.

●18 이 논서 또한 산스크리트어본이 없어서 저자와 번역자에 대하여 의심이 적지 않다. 일부 문헌에는 마명이 지은 것으로 되어 있으며, 일부에서는 『유교경』의 논소가 많이 저술되던 시기인 남북조 시대에 중국에서 찬술된 것으로 보기도 한다. 그러나 『역대삼보기』를 비롯한 대부분의 목록에는 천친 보살이 짓고 진제 삼장이 한역한 것으로 되어 있다.

(2) 불유교경론소절요 佛遺敎經論疏節要

『불유교경론소절요』(이하 『논소절요』로 약칭함)는 북송(北宋)의 진수정원이 저술한 것이다. 앞에서 이미 언급했듯이 불교가 침체된 시기에는 『유교경』의 내용이 부각될 수밖에 없는데 정원 법사가 활동하던 북송시대의 불교는 폐불과 전란 등으로 최악의 상태였다. 이러한 시대 상황에서 당시 불교계를 대표하고 있던 정원 법사는 『유교경』의 유포를 위해서 이 『논소절요』를 저술했던 것이다.

현재 『대정신수대장경』에 수록되어 있는 것은 정원 법사의 『논소절요』에 운서주굉이 다시 보주로써 보완한 『논소절요』가 수록되어 있다. 따라서 운서주굉의 보주에서는 정원 법사의 『논소절요』만 수록된 글을 구본(舊本)이라고 일컫고 있다.

1. 전해진 시기

정원 법사의 『논소절요』가 우리나라에 처음 전해진 시기는 고려시대이다. 이것은 『대각국사문집』에 수록되어 있는 「강유교경발사(講遺敎經發辭)」나 「서간문(書簡文)」 등에 잘 드러나 있다.

고려의 왕족 출신인 대각 국사는 일찍이 중국 송나라에서 명성을 크게 떨치고 있던 정원 법사와 아주 특별한 관계를 유지하고 있었는데 이것은 정원 법사의 저술인 『화엄보현행원수증의(華嚴普賢行願修證儀)』를 읽고 발로한 것이기도 하지만 송나라 유학을 통하여 대각 국사가 일찍이 염원해 오던 천태학 연구와 교장수집(敎藏收集)을 실현하기 위해서였다.

당시 고려에서 송나라로 유학한다는 것은 쉬운 문제가 아니었던 것으로 보인다. 왜냐하면, 대각 국사가 송나라로 들어가면서 둘째 형님인 선종에게 올린 표(表)에 '허락 없이 밀항함을 용서해 달라.'[19]는 등의 내용이 보이고, 송나라에서도 국사의 유학에 대하여 소동파(蘇東坡) 등은 '나라의 살림살이가 기울어 가고 있는 마당에 많은 돈을 들여 고려의 왕자를 대접한다는 것은 옳지 않다.'라고 주장한 기록들도 보이기 때문이다. 이처럼 나라 안팎의 수많은 난항에도 불구하고 법을 구하기 위해서는 험난한 바다를 건너 송나라로 들어가야만 했던 국사에게 정원 법사의 도움은 그 무엇보다도 절실하였고 지대하였던 것이다. 정원 법사의 도움에 대한 고마움의 마음은 귀국 후에도 국사의 강의 내용이나 편지글에 고스란히 배어 있는데 「강유교경발사(講遺教經發辭)」의 내용 중에도 존경의 마음이 가득 담겨 있다.

2. 진수정원

진수정원(晉水淨源, 1011~1088)은 중국 북송(北宋)시대에 진강(晉江) 사람으로 성(性)은 양(楊) 씨이며, 자는 백장(伯長), 이름은 정원, 호는 잠수(潛叟)이다. 송나라의 진종(眞宗) 대중상부(大中祥符) 4년에 출생하였다. 선대가 전주(泉州)의 진수 사람이었으므로 진수사문(晉水沙門)의 별칭이 붙었다.

해달(海達) 대사를 은사로 출가한 후 구속계를 받고, 『화엄경』은 오내산 승천(承遷) 화상에게, 『화엄합론(華嚴合論)』은 횡해(橫海)의 명담(明覃)에게

●19 『大覺國師文集』(韓佛 4卷, p.534), 伏望主上 愍臣爲法 恕臣冒刑 輕萬死於涉長波 委一身於到彼岸.

배웠으며, 『기신론』, 『능엄경』, 『원각경』 등은 모두 장수자선(長水子璿)[20]에게 배웠다. 그 후 화엄종의 종장이라 하여 사방에서 의룡(義龍)으로 추대하였다. 화엄종에서는 규봉종밀(圭峰宗密)[21] 이후의 장수자선(長水子璿)과 진수정원(晉水淨源)을 이수(二水)라고 일컫기도 한다.

정원 법사가 활동하던 북송시대의 화엄사상은 규봉종밀이 활동하던 당나라 시대의 화엄사상과는 달리 천태나 정토 등 여러 사상이 수용된 화엄사상으로 보는 것이 일반적이다. 이것은 천태종의 개창자인 대각국사가 송나라의 정원 법사로부터 화엄학을 배우고 귀국한 후 그의 저서 『신편제종교장총록(新編諸宗敎藏總錄)』[22]의 서문(序文) 말미에 스스로를 '해동전화엄대교사문(海東傳華嚴大敎沙門)'[23]이라고 소개한 기록이 잘 대변해 준다. 즉, 천태사상이 수용된 화엄학을 배운 대각 국사인지라 자신을 화엄종[24]의 사문이라고 소개하면서도 당시 고려에는 존재하지 않던 천태종[25]을 아주 자연스럽게 개창할 수 있었던 것이다.

- [20] 장수자선(長水子璿, 964~1038)은 송나라 때 항주 전당(錢塘)에서 태어났다. 어려서 출가하여 홍민(洪敏)에게 『능엄경』 등의 경전을 배우고 혜각(慧覺) 선사를 의지해 참선하다 어느 날 홀연히 깨달았다고 한다. 장수에 머물면서 화엄종을 널리 선양하였으므로 당나라 규봉의 화엄학을 이어 정원에게 전한 것으로 여겨지고 있다.
- [21] 규봉종밀(圭峰宗密, 780~841)은 당나라 때 과주에서 태어났다. 젊어서 유교와 불교를 두루 공부하였으며, 어느 날 서천으로부터 수주로 교화 나온 도원 화상을 만나 출가하였다. 사미 시절 우연히 단월의 재(齋)에 참석하여 『원각경』을 독송하던 중 깨달은 것으로 전하며 이러한 인연으로 특히 『원각경』의 주석서가 많다. 뒤에 징관(澄觀)을 만나 『화엄경』을 연구하고 선교일치(禪敎一致)를 주장하였다.
- [22] 『해동유본현행록(海東有本現行錄)』이라고도 한다. 이 목록은 송나라, 일본을 비롯한 여러 나라에서 수집한 삼장(三藏)을 세 권으로 나누어 정리하였는데 장소(章疏)의 목록으로는 세계 최초로 알려졌다. 『新編諸宗敎藏總錄』(韓佛 4卷, pp.679~697) 참조.
- [23] 『大覺國師文集』(韓佛 4卷, p.679) 참조.
- [24] 『화엄경』을 소의경전으로 하여 세워진 종파인데 현수법장(賢首法藏, 643~721)의 영향이 지대하였으므로 현수종(賢首宗)이라고도 한다.
- [25] 천태지의(天台智顗, 538~597)가 『법화경』을 소의경전으로 하여 세운 종파이다.

정원 법사의 화엄사상은 중생들의 마음에 본래 갖추어져 있는 '무장애법계(無障碍法界)'[26]를 자각하고 중생심의 활동에 의해 드러나는 이러한 '무장애법계'에 맞닿아서 본래 갈무리되어 있는 보현행원(普賢行願)을 실천하라는 것인데 이것은 분명히 정원 법사 이전의 화엄 종장들이 주장한 '중생심 속에 불심과 비교하여 조금도 다르지 않은 지혜공덕이 갖추어져 있다'는 주장들과 맥을 같이 한다. 그리고 정원 법사는 당시 절강(浙江)에 유행하던 천태종의 참회수행법(懺悔修行法)을 적극적으로 받아들여 화엄종의 체계에 맞도록 재편집하여 교행(敎行)과 관행(觀行), 참회(懺悔)를 함께 실천할 수 있도록 의궤를 만들어 유포하는 데 남다른 관심을 보였다.

전주의 청량사(淸凉寺), 소주의 보은관음원(報恩觀音院), 항주의 대중상부사(對中祥符寺) 등을 거쳐 마지막에는 항주의 혜인사(慧因寺)에 주석하였다. 혜인사의 원래 명칭은 혜인선원으로 당나라 천성(天成) 2년에 걸쳐서 오월국(吳越國)의 국왕 전목(錢穆)이 건립한 것으로 전한다. 정원 법사가 송나라에 유학 온 대각 국사와 본격적으로 강론한 곳이기도 하다. 당시의 기록들에 의하면, 비록 나이 차이는 40여 년의 세월이 있었지만 정원 법사는 열성을 다하여 강론하고 법요를 전한 것으로 보인다. 또한 혜인사에는 대각 국사를 모신 왕자전이 있는데 이것은 처음 정원 법사가 주지로 임명되었을 때의 혜인사는 화재와 병란으로 거의 폐사된 사찰이었으나 대각 국사가 『화엄경』 등의 수많은 경전과 금전을 보시하여 화엄종 도량으로서의 면모를 다시 갖출 수 있도록 도왔기 때문이다. 결국 대각 국사와 정원 법사의 관계는 단지 사상적으로만 상통하던 순수한 부분들이 당시의 안팎으로 혼란스럽고 어려웠던 시대상황에 의해 더욱 끈끈한 스승과

●26 비로법계(毘盧法界)인 일심(一心)을 말한다. 여기서 일심은 범성(凡聖)에 모두 통하는 진심(眞心)이다.

제자의 연으로 발전된 경우라고 할 수 있겠다.

어쨌든, 대각 국사의 큰 시주로 인하여 쇠락해 가던 중국의 화엄종은 다시 재기의 발판을 마련하였고, 정원 법사 또한 화엄종장으로서의 위상을 한층 더 높일 수 있었다. 당시 송나라에서는 국사의 이러한 행적을 적지 않은 역사적 사건으로 간주하여 혜인사가 중창된 이후에는 고려사(高麗寺)로 사찰의 명칭을 바꾸기까지 하였다.

정원 법사는 송나라 철종 원우(元祐) 3년에 입적하였는데 대각 국사는 법사의 입적 후에 제자들을 보내어 사리탑에 제를 올리도록 하였고 경전과 금전 등을 보내어 금탑을 세우도록 도왔다.

저서로는 『화엄보현행원수증의(華嚴普賢行願修證儀)』 1권, 『원각도량략본수증의(圓覺道場略本修證儀)』 1권, 『수능엄단량수증의(首楞嚴壇場修證儀)』 1권, 『화엄경소주(華嚴經疏注)』 120권, 『화엄망진환원관보해(華嚴妄盡還源觀補解)』 1권, 『화엄원인론발미록(華嚴原人論發微錄)』 3권, 『주인왕반야경(注仁王般若經)』 4권, 『금사자장운간류해(金獅子章雲間類解)』 1권, 『법화집의통요(法華集義統要)』 14권 등이 있다.

3. 운서주굉

운서주굉(雲棲袾宏, 1536~1615)은 중국 명나라의 4대 고승[27] 가운데 한 사람으로서 속성은 심(沈)씨이며, 자는 불혜(佛慧), 호는 연지(蓮池)이다. 고향(古杭)의 인화에서 대대로 선대의 사업을 물려받아 이어오는 청렴한 가문의 후손으로 태어났다.

●27 운서주굉(雲棲袾宏), 달관진가(達觀眞可), 감산덕청(憨山德淸), 우익지욱(藕益智旭)을 말한다.

문장과 덕행이 뛰어나 17세에 제자원(弟子員)이 되었는데 그들 중에서 가장 지혜가 출중하였다. 그러나 뜻이 출가(出家)에 있었으므로 과거에 나아가지 않았다. 27세에 부친상을 당하고 31세에 모친상을 당하자 슬피울며 '부모의 은혜를 갚는 길은 이 길뿐이다.'라며 서산의 무문성천(無門性天) 화상에게 출가하였다. 출가 후 허기와 갈증을 한 그릇의 물로 달래며 제방의 선지식을 참방하였고, 오대산에서 찬란하게 방광(放光)하는 문수보살을 친견하였고, 복우산에서는 대중을 따라 연마하기도 하였다. 마침내 여산(廬山)에서 변융, 소암 두 스님을 뵙고 마음이 열렸으며, 동창을 지나다 홀연히 깨달았다. 44세 되던 해 범촌에서 걸식하다 운서(雲棲)의 산수가 아늑한 것을 보고 그곳에 머물기로 결심하였다.

암굴에 홀로 지내면서 이레 동안 양식이 떨어진 적이 있었으나 벽에 기댄 채 단정히 앉아 있었고, 우글거리는 범을 내쫓아 인근 40여 리 백성의 호환을 면하게 한 적도 있었으며, 염불로 가뭄에 단비를 내리는 이적을 보이기도 하였다. 그리하여 인근에 사는 수많은 사람들의 귀의로 운서사(雲棲寺)를 세웠고 그 후 도행(道行)을 더욱 크게 떨쳐 수많은 출가자들이 모여들어 마침내 총림을 형성하였다.

운서주굉은 특히 엄정한 계율과 방생을 권장하고 참선과 정토를 함께 닦는 선정일치(禪淨一致)의 수행을 제창하는 한편 출가인의 세속 부모에 대한 효를 강조하였으므로 중국불교의 민중화라는 측면에서 후대의 총림에 많은 영향을 끼쳤다.

명나라 신종 만력 43년(1615)에 입적하니 세수 81세였다.

저서로는 『아미타경소초(阿彌陀經疏鈔)』 4권, 『왕생집(往生集)』 3권, 『선관책진(禪關策進)』 1권, 『치문숭행록(緇門崇行錄)』 1권, 『죽창수필(竹窓隨筆)』 3권, 『계살방생문(戒殺放生文)』 등 30여 종 300여 권이 있다.

4. 내용의 개요

『논소절요』의 풀이 방법은 크게 총제적인 풀이와 개별적인 풀이로 나누고 있으며, 총체적인 풀이에서 경전의 대의를, 개별적인 풀이에서 경의 제목과 번역자에 대한 소개 그리고 자세한 경문 풀이를 하고 있다.

자세한 경문 풀이는 서분으로 시작하여 총 일곱 부분의 대과(大科)로 나누어 풀이하였는데 이것은 『유교경론』의 과목을 철저히 따른 것이다. 구절 풀이에도 논서의 문장을 적극적으로 활용하고 있다. 그 외에 40여 종이 넘는 경론과 기타 저서들을 다양하게 인용하여 경문의 이해를 도왔으며 특히, 화엄학에 조예가 깊었던 정원 법사인지라 『청량소초』도 자주 인용하고 있다.

운서주굉의 보주(補註)는 절요(節要)의 미비한 부분을 보완함으로써 온전한 『논소절요』가 되도록 일조하는데 무엇보다도 분명치 않은 과목을 자세히 정리하고 있다.

1) 서분(序分)

이 부분은 보살이 수행해야 할 일곱 가지 법 가운데 첫 번째에 해당한다. 경문의 범위는 '석가모니 부처님께서(釋迦牟尼佛)'로부터 '모든 제자들을 위하여 간략히 법요를 설하셨다(爲諸弟子 略說法要).'까지이다. 여기에서는 법사성취필경공덕(法師成就畢竟功德: 법사로 필경공덕을 성취함)을 필두로 하여 개법문(開法門), 제자(弟子), 대총상(大總相), 인과자상(因果自相), 분별총상(分別總相) 등의 여섯 가지 공덕의 성취로 나누어 설명하고 있다.

2) 수습세간공덕 분(修習世間功德分)

이 부분은 보살이 수행해야 할 일곱 가지 법 가운데 두 번째에 해당한다. 경문의 범위는 '너희 비구들이여, 내가 멸도한 후에 마땅히 바라제목차를 존중하고 진심으로 공경하라(汝等比丘 於我滅後 當尊重珍敬波羅提木叉).'로부터 '마땅히 마음을 단정히 하여 질박과 정직으로써 근본을 삼아야 한다(宜當端心 以質直爲本).'까지이다. 여기에서는 대치사업공덕(對治邪業功德: 삿된 업을 대치하는 공덕), 대치지고공덕(對治止苦功德: 괴로움을 대치하는 공덕), 대치멸번뇌공덕(對治滅煩惱功德: 멸번뇌를 대치하는 공덕) 등의 세 가지 공덕으로 크게 나누어서 계율의 준수, 마음과 오근의 절제, 음식과 수면의 조절, 성내거나 교만하지 말 것 등의 내용을 자세히 설명하고 있다.

3) 성취출세간대인공덕 분(成就出世間大人功德分)

이 부분은 보살이 수행해야 할 일곱 가지 법 가운데 세 번째에 해당한다. 경문의 범위는 '너희 비구들이여, 마땅히 알라. 욕심이 많은 사람은 이익을 구하는 것이 많은 까닭에 고뇌도 많지만(汝等比丘 當知 多欲之人 多求利故 苦惱亦多)'으로부터 '이것을 이름하여 희론하지 않음이라 한다(是名不戱論).'까지이다. 여기에서는 무구공덕(無求功德: 구함이 없는 공덕)을 시작으로 하여 지족(知足), 원리(遠離), 불피권(不疲倦), 불망념(不忘念), 선정(禪定), 지혜(智慧), 구경(究竟) 등의 여덟 가지의 공덕으로 크게 나누어서 헛된 욕망을 버리고 스스로의 분수를 알아야 함과 규칙적인 생활 속에서 부질없는 생각은 버리고 의지는 더욱 굳건히 해야 함과 부지런히 선정을 닦고 지혜를 밝혀야 하는 등에 대해서 자세히 설명하고 있다.

4) 현시필경심심공덕분(顯示畢竟甚深功德分)

이 부분은 보살이 수행해야 할 일곱 가지 법 가운데 네 번째에 해당한다. 경문의 범위는 '너희 비구들이여, 모든 공덕에 항상 마땅히 일심으로 모든 방일을 버리되(汝等比丘 於諸功德 常當一心 捨諸放逸)'로부터 '그것을 듣고도 가지 않는 것은 스스로의 잘못일 뿐 인도자의 허물은 아니다(聞之不行 非導過也).'까지이다. 여기에서는 보살상수공덕(菩薩常修功德: 보살은 항상 공덕을 닦음)과 여래설법공덕(如來說法功德: 여래께서 설법하신 공덕)으로 간략히 밝힌 연후에 다시 상수공덕(常修功德)과 설법공덕(說法功德)으로 널리 해석을 함으로써 스스로 부지런히 노력해야 함을 강조하고 있다.

5) 현시입증결정분(顯示入證決定分)

이 부분은 보살이 수행해야 할 일곱 가지 법 가운데 다섯 번째에 해당한다. 경문의 범위는 '너희들 가운데 만약 괴로움 등 사성제에 대하여 의심이 남아 있으면 속히 묻도록 하라(汝等 若於苦等四諦 有所疑者 可疾問之).'로부터 '세존이시여, 이 모든 비구들은 사성제 법문 가운데 결정코 의심이 없습니다(世尊 是諸比丘 於四諦中 決定無疑).'까지이다. 여기에서는 방편현발문(方便顯發門: 방편을 드러내는 문), 법륜성취문(法輪成就門: 법륜을 성취하는 문), 분별공덕문(分別功德門: 공덕을 분별하는 문) 등의 세 가지로 크게 나누어서 사성제에 대하여 의심이 있으면 물을 것을 거듭 강조하시고 아울러 대중은 결정코 의심이 없음을 분명히 드러내고 있다.

6) 분별미입상상증위단의분(分別未入上上證爲斷疑分)

이 부분은 보살이 수행해야 할 일곱 가지 법 가운데 여섯 번째에 해당한다. 경문의 범위는 '이 대중 가운데 만약 할 일을 아직 성취하지 못한 자는(於此眾中 所作未辦者)'으로부터 '마치 원수나 도적을 죽이는 것처럼 기뻐하지 않겠는가(如殺怨賊 而不歡喜).'까지이다. 여기에서는 현시미입상상법(顯示未入上上法: 아직 높고 높은 법에 들어가지 못한 것을 현시함), 위단피피의(爲斷彼彼疑: 저들을 위해 거듭 물어 저들의 의심을 끊게 함), 중설유위무상상(重說有爲無常相: 거듭 유위 세계의 무상한 모양을 설함) 등 세 부분으로 크게 나누어서 이미 제도 받은 중생들을 드러내고 법문상주에 대하여 밝히고 있다.

7) 이종종자성청정무아분(離種種自性清淨無我分)

이 부분은 보살이 수행해야 할 일곱 가지 법 가운데 마지막 일곱 번째에 해당한다. 경문의 범위는 '너희 비구들이여, 항상 마땅히 일심으로 부지런히 번뇌에서 벗어나는 길을 구하라(汝等比丘 常當一心 勤求出道).'로부터 마지막 경문인 '이것이 나의 마지막 가르침이니라(是我最後之所教誨).'까지인데 여기에서는 대치자성장(對治自性障: 자성의 장애를 대치함)과 명청정무아(明清淨無我: 청정한 무아를 밝힘) 등의 두 부분으로 크게 나누어서 방일하지 말고 부지런지 정진하라는 당부의 말씀과 입멸 직전의 상황을 묘사하고 있다.

5. 인용된 경론과 저서

『화엄경(華嚴經)』,『화엄경소초(華嚴經疏鈔)』,『법화경(法華經)』,『대반열반경(大般涅槃經)』,『대반열반경후분(大般涅槃經後分)』,『능엄경(楞嚴經)』,『범망경(梵網經)』,『유마경(維摩經)』,『대방등대집경(大方等大集經)』,『증일아함경(增一阿含經)』,『장아함경(長阿含經)』,『사십이장경(四十二章經)』,『대승방광총지경(大乘方廣總持經)』,『태자서응본기경(太子瑞應本起經)』,『인왕경(仁王經)』,『불설무상경(佛說無常經)』,『마

하승기율(摩訶僧祇律)』,『사분율(四分律)』,『십송율(十誦律)』,『살바다비니비바사(薩婆多毘尼毘婆沙)』,『선견율비바사(善見律毘婆沙)』,『대승기신론(大乘起信論)』,『대승기신론의기(大乘起信論義記)』,『대지도론(大智度論)』,『유가사지론(瑜伽師地論)』,『금강반야경론(金剛般若經論)』,『섭대승론석(攝大乘論釋)』,『대승의장(大乘義章)』,『구사론(俱舍論)』,『불지경론(佛地經論)』,『유교경론(遺教經論)』,『유교경론주법기(遺教經論住法記)』,『오백문론(五百問論)』,『계소(戒疏)』,『증도가(證道歌)』,『신심명(信心銘)』,『마하지관(摩訶止觀)』,『주역(周易)』,『서경(書經)』,『예기(禮記)』,『논어(論語)』,『도덕경(道德經)』,『시경(詩經)』,『맹자(孟子)』 등등이 있다.

- 구시나라로 향하는 마지막 여정
- 불구반열반략설교계경
- 입멸과정 및 그 후의 상황

불수반열반략설교계경

佛垂般涅槃略說教誡經

구시나라로 향하는 마지막 여정

부처님께서 『유교경』을 설하신 장소는 구시나라(拘尸那羅, Kuśinārā)의 사라쌍수 아래이다. 유교경의 내용을 살펴보기에 앞서 구시나라에 이르시기 전까지의 여정을 『유행경』과 팔리어본 『대반열반경』에 의거하여 간략히 정리해 보면 다음과 같다.

부처님의 마지막 여정은 왕사성(王舍城, Rājagaha)에서 시작이 된다. 부처님께서 입멸하시기 전 왕사성의 기산굴산(耆闍崛山, Gijjhakūṭa)에서 한동안 머무셨기 때문이다.

부처님께서는 입멸하시기 몇 달 전 팔십 세의 노쇠한 몸을 이끌고 왕사성을 떠나 비사리성(毘舍離城, Vesālī)에 도착하셨는데 이곳에서 『유교경』의 전체 주제라고 할 수 있는 삼학(三學)에 대하여 설법하셨다. 이어서 나란다(那爛陀, Nālanda)의 망고 숲을 지나 갠지스 강의 남쪽 기슭에 위치한 파탈리가마(Pāṭaligāma)에 도착하여 계율을 지킬 경우와 지키지 않을 경우에 드러나는 결과에 대하여 각각 다섯 가지로 법문을 설하셨으며, 이어서 갠지

스 강을 건너 코티가마(Koṭigāma)에 도착하여 『유교경』에서 핵심교의로 다루고 있는 사성제에 대하여 설법하시고 아울러 삼학에 대해서도 재차 강조하셨다. 이어서 코티가마와 비사리성의 사이에 있는 나디카(Nādika)에 도착하여 '법의 거울[法鏡]'에 대한 가르침을 설하신 후 비사리성에 있는 암바파리(菴婆婆利, Ambapāli)의 망고 동산으로 향하셨다. 망고 동산에 도착하신 부처님께서는 비구들에게 사념처관(四念處觀)에 대하여 설법하시고 이곳에서 유녀 암바파리가 올리는 갖가지 음식을 공양 받으셨다. 이어서 죽림(竹林, Beluva)에 도착하여 우기(雨期)를 맞이하셨다.

죽림에서 우기의 안거(安居)를 무사히 마치신 부처님께서는 다시 비사리성으로 돌아오셔서 차파라 탑(遮婆羅塔, Cāpālacetiya)에 자리 잡으시고 아난 존자에게 사신족(四神足)을 획득한 사람은 그가 원한다면 1겁(劫)이나 그 이상이라도 세상에 더 머물 수 있다고 세 번이나 암시하셨지만 마왕 파순에게 홀린 아난 존자로서는 알아차릴 수가 없었다. 이어서 대림(大林, Mahāvana)의 중각강당(重閣講堂, Kūṭāgāra)에 도착한 부처님께서는 제자들에게 석 달 후에 반열반할 것을 예고하셨는데 여기에서 『유교경』의 마지막 법문으로 설해져 있는 '모든 것은 소멸하므로 방일하지 말고 부지런히 정진하라.'는 법문을 앞서 강조하셨다. 이어서 비사리성을 떠나 반다가마(Bhaṇḍagāma)에 도착하신 부처님께서는 충분히 이곳에서 머무신 후 상촌(象村, Hatthigāma), 암바라촌(菴婆羅村, Ambagāma), 염부촌(閻浮村, Jambugāma), 선가성(善伽城, Bhoganagara)을 거쳐 파바성(婆婆城, Pāvā)에 도착하시는데 여기에서 대장장이 춘다(純多)의 공양을 받으셨다.

춘다가 공양 올린 '전단나무 버섯[栴檀樹耳, Sūkaramaddava]' 요리를 드시고 난 후 설사와 복통으로 고통을 겪으시지만 정념(正念)과 정지(正智)로써 그 고통을 참고 견디시어 차츰 회복되어 가실 무렵 마지막 목적지인 구시나

• 43

라로 향하셨다.

구시나라의 사라(紗羅, Sālā) 숲에 도착하신 부처님께서는 머리가 북쪽으로 가도록 침상을 준비시키고 오른쪽 옆구리를 바닥에 대시고 발을 포개어 사자처럼 누우셨다. 그때 허공에서는 때 아닌 만다라(曼多羅, Mandārava) 꽃이 흩날리고 천상의 음악이 울려 퍼졌다. 그러나 부처님께서는 아난 존자에게 이러한 것들이 여래를 존경하고 공양하는 것이 아니라 진리에 따라 생각하고 행동하는 것이야 말로 진정한 여래에 대한 공양임을 일러주셨다. 그리고 아난 존자의 질문에 따라 차례대로 여인을 대처하는 법과 여래 사후의 유해처리와 장례법 등에 대하여 자세히 설명하신 다음에 큰 도시에서 열반하시라는 아난 존자의 간청을 뒤로 한 채 아난 존자에게 곧장 마을로 가서 말라 족 사람들에게 오늘 밤 부처님께서 이 마을의 외곽에서 열반하시게 됨을 알리라고 하셨다.

소식을 전해 들은 말라 족 사람들은 하던 일을 모두 멈추고 단숨에 세존의 처소로 달려와서 슬픔을 억누르며 부처님께 예경을 드렸는데 그 행렬이 밤늦도록 이어졌다. 그리고 뒤늦게 도착한 수발타라를 최후의 제자로 삼으신 후 마지막으로 출가제자들을 위해 불멸후 반드시 경계해야 할 가르침에 대하여 말씀하셨다.

불수반열반략설교계경
佛垂般涅槃略說教誡經

요진(姚秦) 삼장법사(三藏法師)
구마라집(鳩摩羅什) 역(譯)

釋迦牟尼佛이 初轉法輪하사 度阿若憍陳如하시고 最後說法하사 度須跋陀羅하시니 所應度者는 皆已度訖하시니라 於娑羅雙樹間에 將入涅槃하실새 是時中夜에 寂然無聲하거늘 爲諸弟子하사 略說法要하시니라

석가모니 부처님께서 처음으로 법륜을 굴려 아야교진여를 제도하시고, 마지막으로 법을 설하여 수발타라를 제도하시니, 제도 받아야 할 자들은 이미 모두 제도하셨다. 사라쌍수 사이에서 장차 열반에 드시려 하니, 때는 한밤중이라 고요하여 소리조차 없었다. 모든 제자들을 위하여 간략히 법요(法要)를 설하셨다.[1]

● 1 『佛所行讚』「大般涅槃品」(大正 4卷, p.47), 佛以初夜過 月明眾星朗 閑林靜無聲 而興大悲心 遺誡諸弟子(초저녁이 지나 달은 밝고 별들은 빛나며 숲은 고요하여 소리조차 없을 때 대자비하신 부처님께서 모든 제자들에게 마지막 가르침을 설하셨다).

汝等比丘여 於我滅後에 當尊重珍敬波羅提木叉하라 如闇遇明하고 貧人得寶하리니 當知하라 此則是汝大師이니 若我住世라도 無異此也니라 持淨戒者는 不得販賣貿易하며 安置田宅하며 畜養人民奴婢畜生하며 一切種植과 及諸財寶를 皆當遠離호미 如避火坑인달하며 不得斬伐草木하며 墾土掘地하라 合和湯藥하며 占相吉凶하며 仰觀星宿하며 推步盈虛하며 曆數算計를 皆所不應이니라 節身時食의 清淨自活로 不得參預世事하고 通致使命하며 呪術仙藥하고 結好貴人하야 親厚媟慢을 皆不應作이니라 當自端心하고 正念求度이언정 不得包藏瑕疵하고 顯異惑眾하며 於四供養에 知量知足하고 趣得供事하야 不應畜積이니라 此則略說持戒之相이니 戒是正順解脫之本일새 故로 名波羅提木叉니라 依因此戒하야 得生諸禪定과 及滅苦智慧니라 是故로 比丘여 當持淨戒하야 勿令毀缺하라 若人能持淨戒하면 是則能有善法하고 若無淨戒하면 諸善功德이 皆不得生하리니 是以當知하라 戒為第一安隱功德之所住處니라

　너희 비구들이여, 내가 멸도한 후에 마땅히 바라제목차를 존중하고 진심으로 공경하라. 마치 어두운 가운데 밝음을 만난 듯 가난한 이가 보배를 얻은 듯하리니, 마땅히 알라. 이것은 곧 너희들의 큰 스승이니, 만약 내가 세상에 더 머물더라도 이와 다를 것이 없노라.[2]

　청정한 계율을 지키는 자는 판매하거나 무역하지 말며, 편안히 거처할 집이나 밭을 두지 말며, 사람이나 노비를 부리거나 축생을 기르지 말며, 일체 씨앗 심는 일과 모든 재화·보물을 응당 멀리하여 마치 불구덩

●2 앞의 책(p.47), 吾般涅槃後 汝等當恭敬 波羅提木叉 即是汝大師 巨夜之明燈 貧人之大寶 當所教誡者 汝等當隨順 如事我無異(내가 멸도한 후에 너희들은 마땅히 바라제목차를 공경하라. 이것은 곧 너희들의 큰 스승으로서 어두운 밤의 밝은 등불이며, 가난한 이의 큰 보물과 같으리니, 마땅히 가르친 바를 너희들이 수순하되, 나를 섬김과 다름이 없도록 해야 한다).

이 피하듯 할 것이며,[3] 풀과 나무를 베거나 농사지을 땅을 개간하지 말라. 탕약을 만들거나, 관상을 보고 길흉을 점치거나, 하늘을 우러러 별자리를 연구하거나, 달의 차고 기움으로 흥망을 예언하거나, 역수로 헤아리는 등은 모두 해서는 안 된다.[4] 몸을 절제하고 때맞추어 공양하는 청정한 생활로 세상일에 관여하거나, 관료의 하수인이 되거나, 주술을 하고 선약을 찾거나, 귀인과 가까이하여 친분을 두텁게 하고 버릇없이 교만을 부리는 짓들도 모두 해서는 안 된다.[5] 마땅히 스스로의 마음을 단정히 하고 정념으로 해탈을 구할지언정 허물을 감추고 기이함을 드러내어 대중을 현혹하지 말며, 네 가지 공양물에 적당한 양을 알아 만족할 줄 알고, 공양 받는 일에 나아가서는 마땅히 따로 축적하지 말라.

이상은 간략히 계를 지니는 상(相)을 설한 것이니, 계는 해탈의 근본을 바르게 수순하므로 '바라제목차'라고 이름한다.[6] 이 계율을 지킴으로 인하여 능히 모든 선정과 괴로움을 소멸하는 지혜를 낼 수 있다.

이러한 까닭에 비구들은 마땅히 청정한 계를 수지하여 흐트러짐이 없도록 하라.[7] 만약 사람이 청정한 계를 수지하면 능히 선법이 자라나

● 3 앞의 책(p.48), 當淨身口行 離諸治生業 田宅畜眾生 積財及五穀 一切當遠離 如避大火坑(마땅히 몸과 입의 행을 청정히 하여 모든 생업을 버릴지니, 전택이나 기르던 가축이나 모아 놓은 재물과 오곡 등 일체를 마땅히 멀리 여의되, 마치 큰 불구덩이 피하듯 해야 한다).

● 4 앞의 책(p.48), 墾土截草木 醫療治諸病 仰觀於曆數 步推吉凶象 占相於利害 此悉不應為(땅을 개간하거나 초목을 베거나 의술로 모든 병을 치료하거나 역법으로 천체의 운행을 우러러 관찰하거나 길흉의 상을 헤아려 맞추거나 이롭고 해로움을 점치는 일들, 이 모두를 응당 하지 말아야 한다).

● 5 앞의 책(p.48), 節身隨時食 不受使行術 不合和湯藥 遠離諸諂曲(몸을 잘 조절하여 때 맞춰 공양하고 타인의 부림을 받아 삿된 술수를 행하지 말며, 탕약을 혼합하여 만들지 말고 아첨하는 따위를 멀리 여의어라).

● 6 앞의 책(p.48), 順法資生具 應當知量受 受則不積聚 是則略說戒 為眾戒之根 亦為解脫本(법에 수순하여 꼭 필요한 물품을 갖추고 마땅히 적당한 양을 수용할 것이요, 받은 것은 쌓아 두는 일이 없어야 한다. 이상은 간략히 계를 설한 것이니, 모든 계율의 근본이며 또한 해탈의 근본이다).

● 7 앞의 책(p.48), 依此法能生 一切諸正受 一切真實智 緣斯得究竟 是故當執持 勿令其斷壞(이 법을

게 되고, 만약 청정한 계가 없으면 모든 선근공덕이 자라나지 않게 된다. 그러므로 마땅히 알라. 계는 가장 편안하게 공덕이 머무는 자리이다.●8

汝等比丘여 已能住戒어든 當制五根하야 勿令放逸入於五欲하라 譬如牧牛之人이 執杖視之호대 不令縱逸하야 犯人苗稼니라 若縱五根하면 非唯五欲이 將無涯畔하야 不可制也라 亦如惡馬하야 不以轡制하면 將當牽人墜於坑埳이니 如被劫害는 苦止一世어니와 五根賊禍는 殃及累世하야 爲害甚重하니 不可不愼이니라 是故로 智者는 制而不隨하고 持之如賊하야 不令縱逸하나니 假令縱之라도 皆亦不久에 見其磨滅이니라 此五根者는 心爲其主니라 是故로 汝等은 當好制心하라 心之可畏가 甚於毒蛇惡獸怨賊하니 大火越逸로도 未足喻也니라 譬如有人이 手執蜜器하고 動轉輕躁하야 但觀於蜜하고 不見深坑인달하며 譬如狂象無鉤하고 猨猴得樹인달하야 騰躍踔躑에 難可禁制니라 當急挫之하고 無令放逸이어다 縱此心者는 喪人善事언만 制之一處하면 無事不辦이니라 是故로 比丘여 當勤精進하야 折伏汝心이어다

너희 비구들이여, 이미 계에 안주할 수 있거든 마땅히 오근(五根)을 다스려서 방일함으로 오욕(五欲)에 빠지지 않도록 하라. 비유하면, 소치는 사람이 채찍을 잡고 감시하되 소가 함부로 날뛰어 남의 곡식을 침범하지 않도록 하는 것과 같다.●9 만약 오근을 방종하도록 두면 오욕이 끝이 없어

의지해야만 모든 삼매를 낼 수 있으니, 모든 진실한 지혜가 이를 반연하여 구경을 이룬다. 따라서 응당 굳게 지녀서 끊어지거나 무너지지 않도록 해야 한다).
● 8 앞의 책(p.48), 淨戒不斷故 則有諸善法 無則無諸善 以戒建立故(청정한 계가 단절되지 않는 한 모든 선법은 자라날 수 있으나, 그렇지 않다면 모든 선법은 사라지게 될 것이다. 그것은 계로써 성립되었기 때문이다).
● 9 앞의 책(p.48), 已住淸淨戒 善攝諸情根 猶如善牧牛 不令其縱暴(이미 청정한 계에 안주했거든

서 다스릴 수 없을 뿐만 아니라 또한 거친 말과 같아서 고삐로 매어두지 않으면 장차 사람을 끌어다 구렁에 빠뜨릴 것이니, 도적의 겁탈을 당함은 그 고통이 한 때에 그치지만 오근 도적의 화는 그 재앙이 여러 생에 미치어 그 해로움이 매우 크니 반드시 조심해야 한다. 이러한 까닭에 지혜로운 자는 오근을 다스려 오욕을 따르지 아니하고 보호하여 지니길 마치 도적을 붙잡아 두는 듯하여 방종하거나 방일하지 않도록 하나니, 설령 방종하게 되더라도 모두 또한 오래지 않아 그 마멸함을 볼 것이다.[10]

이 오근은 마음을 그 주인으로 한다. 그러므로 너희들은 마땅히 마음을 잘 다스려야 한다. 마음은 독사나 맹수, 원수나 도적보다도 더 두려워할 것이니, 큰 불이 번지는 것으로도 비유가 되지 않는다. 비유하면, 어떤 사람이 꿀이 담긴 그릇을 손에 든 채 가볍고 성급하게 움직여 다만 꿀만 보고 깊은 구덩이를 보지 못하는 것과 같다.[11] 또한 마치 광분한 코끼리를 제어할 갈고리가 없고 원숭이가 나무를 만난 것과 같아서 뛰어오르고 분주히 달리는 것을 가히 제어하기란 어렵다. 응당 속히 탐욕심을 꺾어서 방일하지 말지어다. 이러한 마음을 쫓아가는 사람은 착함을 잃게 되

모든 정의 근을 잘 갈무리해서 마치 잘 따르는 소처럼 제멋대로 날뛰지 않도록 해야 한다).
- 10 앞의 책(p.48), 不攝諸根馬 縱逸於六境 現世致殃禍 將墜於惡道 譬如不調馬 令人墮坑陷 是故明智者 不應縱諸根(모든 근의 말을 갈무리하지 못해서 여섯 경계에 제멋대로 달리도록 내버려둔다면, 현세에는 재앙을 만나고 내세에는 삼악도에 떨어질 것이니, 마치 말을 똑바로 몰지 않으면 사람을 구렁으로 떨어지게 하는 것과 같다. 그러므로 밝고 지혜로운 사람은 모든 근을 제멋대로 방치하지 않는다).
- 11 앞의 책(p.48), 諸根甚凶惡 為人之重怨 眾生愛諸根 還為彼傷害 深怨盛毒蛇 暴虎及猛火 世間之甚惡 慧者所不畏 唯畏輕躁心 將人入惡道 以彼樂小恬 不觀深險故(모든 근은 아주 흉악하여 사람의 큰 원수가 되건만 중생은 모든 근을 애착하다가 도리어 저들에게 해침을 당한다. 그 끈질긴 원한은 독사나 사나운 범, 맹렬한 불보다도 치성하여 세상 사람들은 아주 싫어하지만 지혜로운 자는 두려워하지 않는다. 다만 가볍게 들뜨는 마음이 사람을 삼악도로 떨어지게 할까 두려워할 뿐이다. 저 작은 안락에 빠져서 깊고 험한 곳을 보지 못하기 때문이다).

지만, 마음을 다스리면 이루지 못할 일이 없다. 이러한 까닭에 비구들은 마땅히 부지런히 정진하여 그대들의 마음을 항복받아야 한다.●12

汝等比丘여 受諸飮食에 當如服藥하야 於好於惡에 勿生增減하며 趣得支身하야 以除饑渴이어다 如蜂採花에 但取其味하고 不損色香인달하야 比丘도 亦爾하야 受人供養에 趣自除惱하고 無得多求하야 壞其善心이어다 譬如智者는 籌量牛力所堪多少하야 不令過分하야 以竭其力이니라

너희 비구들이여, 모든 음식을 받을 적에 마땅히 약을 복용하는 것처럼 좋은 음식이건 나쁜 음식이건 더하거나 덜지 말며, 능히 몸을 지탱하는 정도에서 기갈만을 면해야 한다. 마치 꿀벌이 꽃을 딸 때 다만 그 맛만을 취하고 색과 향을 손상시키지 않는 것처럼, 비구도 또한 그러하여 사람들의 공양을 받을 적에 스스로의 번뇌를 없애는 정도에서 그칠 뿐 많이 얻기를 구하여 그들의 선한 마음을 무너뜨리지 말라. 비유하면, 지혜로운 자가 소의 힘이 얼마를 감당할 수 있는가를 헤아려서 한계를 넘지 않도록 하여 그 힘을 다하게 하는 것과 같다.●13

●12 앞의 책(p.48), 狂象失利鈎 猿猴得樹林 輕躁心如是 慧者當攝持 放心令自在 終不得寂滅 是故當制心 速之安靜處(미친 코끼리가 날카로운 갈고리에서 벗어나고 원숭이가 활개 칠 나무를 만난 것처럼, 가볍게 들뜨는 마음도 이와 같으니 지혜로운 자는 마땅히 엄하게 다스려야 한다. 들뜬 마음을 제멋대로 방치하여 두면, 끝내 적멸을 얻지 못하므로 마땅히 마음을 다스려서 속히 편안하고 고요한 곳으로 나아가야 한다).

●13 앞의 책(p.48), 飮食知節量 當如服藥法 勿因於飮食 而生貪恚心 飮食止飢渴 如膏朽敗車 譬如蜂採花 不壞其色香 比丘行乞食 勿傷彼信心 若人開心施 當推彼所堪 不籌量牛力 重載令其傷(공양을 할 적에는 적당한 분량을 알아 응당 약을 복용하듯 하고, 공양으로 인하여 탐심과 진심을 내지 말라. 공양은 주림과 갈증을 그치기 위함이니, 마치 낡은 수레에 기름을 치는 것과 같다. 비유하면, 벌이 꽃에서 꿀을 모을 적에 그 색깔과 향기는 무너뜨리지 않는 것처럼, 비구도 걸식을 행할 적에 단월들의 신심은 상하지 않도록 해야 한다. 혹 어떤 이가 아낌없이 보시하더라도 마땅히 그의 역량을 헤아려 보라. 소의 힘을 가늠해 보지 않으면, 자칫 실어 나르기 힘든 짐으로 인하여

汝等比丘여 晝則勤心으로 修習善法하야 無令失時하며 初夜와 後夜도 亦勿有廢하며 中夜誦經하야 以自消息하고 無以睡眠因緣으로 令一生空過하야 無所得也니라 當念無常之火가 燒諸世間하야 早求自度하고 勿睡眠也어다 諸煩惱賊이 常伺殺人함이 甚於怨家어늘 安可睡眠하야 不自警寤리오 煩惱毒蛇가 睡在汝心호미 譬如黑蚖이 在汝室睡인달하니 當以持戒之鉤로 早屛除之니라 睡蛇既出하야사 乃可安眠이니라 不出而眠이면 是無慚人也니라 慚恥之服이 於諸莊嚴에 最為第一이라 慚如鐵鉤하야 能制人非法이니라 是故로 比丘여 常當慚恥하야 無得暫替어다 若離慚恥하면 則失諸功德이니라 有愧之人은 則有善法이어니와 若無愧者는 與諸禽獸로 無相異也니라

너희 비구들이여, 낮에는 근면한 마음으로 선한 법을 닦고 익혀 때를 잃지 않도록 하며, 초저녁과 새벽에도 또한 정진을 중단하지 말며, 한밤중에도 경전을 읽고서 스스로 쉬어야 한다. 잠을 자느라 일생을 아무런 소득 없이 헛되이 보내지 말라. 마땅히 무상한 불이 모든 세간을 다 불태우고 있다는 것을 생각하여 잠자지 말고 속히 자신의 제도를 구하라.●14 모든 번뇌의 도적은 항상 틈을 엿보아 사람을 죽이려는 것이 원수보다도 심하니, 어찌 잠만 자고 스스로 경책하여 깨어 있지 아니할 것인가! 번뇌의 독사가 너의 마음에 잠자고 있는 것이 마치 검은 뱀이 너의 방 안에 잠자고 있는 것과 같으니, 마땅히 지계의 갈고리로써 속히 물리쳐 제거해야 한다. 잠자던 뱀이 나가야 이에 편안히 잠잘 수 있

소를 다치게 하고 만다).
●14 앞의 책(p.48), 朝中晡三時 次第修正業 初後二夜分 亦莫著睡眠 中夜端心臥 係念在明相 勿終夜睡眠 令身命空過 時火常燒身 云何長睡眠(새벽, 낮, 초저녁 세 때를 따라 순서대로 정업을 닦아야 하니, 어둠이 내리는 초저녁과 새벽에는 잠에 빠져들지 말며, 한밤중에도 단정한 마음으로 누워서 생각을 밝은 상태에 잡아 두어야 한다. 밤이 마치도록 깊은 잠에 빠져서 몸과 목숨을 헛되이 보내지 말라. 시간의 불은 쉴 새 없이 이 몸을 불태우고 있는데, 어떻게 오래도록 잠만 잘 수 있겠는가).

다. 독사가 나가지 않았는데도 잠을 잔다면 이는 부끄러워할 줄 모르는 사람이다.●15

부끄러움의 옷이 온갖 장엄에서 가장 제일이다. 부끄러움은 마치 철로 된 갈고리와 같아서 능히 사람의 법답지 않은 것을 다스린다. 이러한 까닭에 비구들은 항상 마땅히 부끄러워할 줄 알아서 잠시라도 계율을 소홀히 해서는 안 된다. 만약 부끄러워하는 마음을 버리면 모든 공덕을 잃어버린다. 부끄러움이 있는 사람은 선법이 있거니와 만약 부끄러움이 없는 자라면 짐승과 다를 바가 없다.●16

汝等比丘여 若有人來하야 節節支解라도 當自攝心하야 無令瞋恨하고 亦當護口하야 勿出惡言하라 若縱恚心하면 則自妨道하야 失功德利하니라 忍之爲德은 持戒苦行이 所不能及이니 能行忍者는 乃可名爲有力大人이니라 若其不能歡喜忍受惡罵之毒을 如飮甘露者인댄 不名入道智慧人也니라 所以者何오 瞋恚之害는 則破諸善法하고 壞好名聞하야 今世後世에 人不憙見일새니라 當知하라 瞋心은 甚於猛火하니 常當防護하야 無令得入이어다 劫功德賊은 無過瞋恚니라 白衣는 受欲하야 非行道人이라 無法自制하야

●15 앞의 책(p.48), 煩惱衆怨家 乘虛而隨害 心惛於睡寐 死至孰能覺 毒蛇藏於宅 善呪能令出 黑虺居其心 明覺善呪除 無術而長眠 是則無慙人(번뇌는 뭇 원수들의 집으로서 빈틈을 엿보아 피해를 입히건만 마음은 잠에 취하여 혼미하니, 죽음이 닥친들 누가 능히 깨우리오! 독사가 집에 숨어 있다면 훌륭한 주문을 외워 밖으로 내보내야 하고, 검은 독사가 그 마음에 자리 잡고 있다면 밝은 깨달음의 좋은 주문으로써 제거해야 마땅하거늘, 아무런 조치도 없이 마냥 잠만 청한다면 이는 곧 부끄러움을 모르는 사람이니라).

●16 앞의 책(p.48), 慙鬼爲嚴服 慙爲制象鉤 慙鬼令心定 無慙喪善根 慙鬼世稱賢 無慙禽獸倫(부끄러움은 장엄한 옷이 되며, 부끄러움은 코끼리 다스리는 갈고리가 되나니, 부끄러움은 산란한 마음을 안정시키지만 부끄러움이 없다면 선근이 상실됨이니라. 부끄러움을 아는 이는 세상에서 현인이라 부르지만, 부끄러움이 없다면 짐승과 같은 부류니라).

瞋猶可恕어니와 出家行道無欲之人이 而懷瞋恚는 甚不可也니라 譬如淸
冷雲中에 霹靂起火인달하니 非所應也니라

　너희 비구들이여, 만약 어떤 사람이 와서 사지 마디마디를 끊는다
하더라도 마땅히 스스로 마음을 거두어 성내거나 원한을 품지 말라. 또
한 마땅히 입을 보호하여 악한 말을 하지 말라. 만약 성내는 마음을 방
종하면 스스로 도를 방해하여 공덕의 이익을 잃게 된다.

　참는 것이 덕이 되는 것은 계를 지키거나 고행으로도 능히 미칠 바
가 아니니, 능히 인욕을 행하는 자는 곧 힘 있는 대인(大人)이라 부를 수
있다. 만약 악한 말로 매도하는 독을 기쁘게 참고 받아들이기를 마치 감
로수 마시듯 할 수 없는 자라면 도에 들어간 지혜 있는 수행자라고 말할
수 없다. 왜 그런가? 성냄의 해로움은 모든 선법을 파괴하고 좋은 명성
을 무너뜨려서 현생이나 내생의 사람들이 기쁘게 보지 않기 때문이다.

　마땅히 알라. 성내는 마음은 맹렬한 불보다 심하니, 항상 마땅히 막
고 보호하여 들어오지 못하게 해야 한다.[17] 공덕을 빼앗는 도적에는 성
냄을 능가하는 것이 없다. 재가자는 욕심을 받아들이므로 도를 행하는
사람이 아니다. 스스로 다스릴 방법이 없기 때문에 성을 내더라도 오히
려 용서받을 수 있지만, 출가하여 욕심을 버리고 도를 닦는 사람이 성내
는 마음을 품는 것은 참으로 옳지 못하다. 비유하면, 맑고 차가운 구름

●17 앞의 책(p.48), 若人以利刀 節節解其身 不應懷恚恨 口不加惡言 惡念而惡言 自傷不害彼 節身修
苦行 無過忍辱勝 唯有行忍辱 難伏堅固力 是故勿懷恨 惡言以加人 瞋恚壞正法 亦壞端正色 喪失
美名稱 瞋火自燒心(만약 어떤 사람이 예리한 칼로써 그 몸을 마디마디 끊더라도 응당 화를 내거
나 원망을 품지 말고, 입으로는 악담을 더하지 말라. 악한 생각과 악한 말은 스스로를 상하게 할
뿐이고 남을 상하게 하지는 못하나니, 몸을 절제하여 고행을 닦을 적에 인욕행을 능가하는 것은
없다. 오직 인욕을 실천하는 것만이 조복시키기 어려운 견고한 힘이니, 따라서 원망을 품지 말고
악담으로 타인을 헐뜯지 말라. 성냄은 정법을 파괴하고 또한 단정한 몸을 무너뜨리며, 훌륭한 명
예까지 잃어버리게 하고, 급기야 성냄의 불길이 자신의 마음까지 태워버린다).

속에서 벼락이 쳐 불이 일어나는 것과 같으니 응할 바가 아니다.[18]

汝等比丘여 當自摩頭하라 已捨飾好하고 著壞色衣하며 執持應器하고 以乞自活이니 自見如是하야 若起憍慢인댄 當疾滅之어다 增長憍慢은 尙非世俗의 白衣所宜어든 何況出家한 入道之人이 爲解脫故로 自降其身하야 而行乞耶아

너희 비구들이여, 마땅히 스스로의 머리를 만져보라. 이미 장식의 아름다움을 버리고 가사를 입었으며, 발우를 들고 걸식으로 스스로 살아가고 있다. 스스로 이러한 것을 돌이켜 보아서 만약 교만심이 일어나면 응당 속히 없애야 한다. 교만심을 늘이는 것은 오히려 세상의 보통 사람들도 마땅히 할 바가 아니거늘, 하물며 출가하여 도에 들어간 사람이 해탈하기 위한 까닭으로 스스로 그 몸을 낮추고 걸식을 행하는 데 있어서랴![19]

---

[18] 앞의 책(p.48), 瞋爲功德怨 愛德勿懷恨 在家多諸惱 瞋恚故非怪 出家而懷瞋 是則與理乖 猶如冷水中 而有盛火燃 (성냄은 공덕의 원수인지라 공덕을 좋아하거든 원망을 품지 말라. 마을 집에 있으면 번뇌가 의당 많으므로 성낸다는 이유만으로 괴상하게 여길 것이 못된다. 그러나 출가한 사람이 성을 내거나 원망을 품는 것은 곧 이치와 어긋남을 의미하니, 비유하면 차가운 물 속에서 불이 활활 타는 경우와 같은 격이다).

[19] 앞의 책(p.48), 憍慢心若生 當自手摩頂 剃髮服染衣 手持乞食器 邊生裁自活 何爲生憍慢 俗人衣色族 憍慢亦爲過 何況出家人 志求解脫道 而生憍慢心 此則大不可 (만약 교만심이 일어나거든 응당 자신의 손으로 머리를 만져 보라. 머리를 깎고 먹물 옷을 입고 손에는 걸식할 발우를 들고 외진 곳에서 혼자 수행정진하면서 무슨 교만심을 낼 일이 있겠는가! 색깔 옷을 입는 세상 사람들에게도 교만은 역시 허물이 되거늘, 어찌 하물며 출가한 자로서 해탈의 도에 뜻을 두고 추구하면서 교만심을 내겠는가! 이것은 크게 옳지 못한 일이니라).

汝等比丘여 諂曲之心은 與道相違일새 是故로 宜應質直其心이어다 當知하라 諂曲은 但爲欺誑이니 入道之人은 則無是處니라 是故로 汝等은 宜當端心하야 以質直爲本이어다

너희 비구들이여, 아첨하는 마음은 도와 더불어 서로 어긋나는 것이다. 이러한 까닭에 마땅히 그 마음을 질박하고 정직하게 하여야 한다. 마땅히 알라. 아첨은 단지 속임수일 뿐이니, 도에 들어선 사람에게는 옳지 못한 것이다. 이러한 까닭에 너희들은 마땅히 마음을 단정히 하여 질박과 정직으로써 근본을 삼아야 한다.[20]

汝等比丘여 當知하라 多欲之人은 多求利故로 苦惱亦多어니와 少欲之人은 無求無欲하니 則無此患이니라 直爾少欲하야 尚應修習이어늘 何況少欲이 能生諸功德이리요 少欲之人은 則無諂曲하야 以求人意하며 亦復不爲諸根所牽하나니 行少欲者는 心則坦然하야 無所憂畏하며 觸事有餘하야 常無不足이라 有少欲者는 則有涅槃이니 是名少欲이니라

너희 비구들이여, 마땅히 알라. 욕심이 많은 사람은 이익을 구하는 것이 많기 때문에 그에 따른 고뇌도 많지만, 욕심이 적은 사람은 구하는 것도 없고 하고자 하는 것도 없으므로 자연히 근심·걱정도 없다. 다만 욕심을 줄이기 위해서라도 오히려 마땅히 닦고 익혀야 하거늘, 하물며 욕심이 적은 것으로 모든 공덕을 생기게 함에 있어서랴!

●20 앞의 책(p.48), 曲直性相違 不俱猶霜炎 出家脩直道 諂曲非所應 諂僞幻虛詐 唯法不欺誑(굽는 성질과 곧은 성질은 서로 어긋나서 함께할 수 없으니, 마치 서리와 불꽃이 함께할 수 없는 것과 같다. 출가하여 곧은 도를 닦는 수행자에게 아첨은 응할 것이 못되니, 아첨, 거짓, 허세, 간사함도 오직 법만은 속이지 못하느니라).

욕심이 적은 사람은 아첨하여 타인의 뜻을 구하는 일이 없으며, 또한 모든 감각기관에 이끌리지 않는다. 욕심이 적은 사람은 마음이 평안하여 근심이나 두려움이 없으며, 부딪히는 일마다 여유가 있어 항상 부족함이 없다. 이렇게 욕심이 적은 자는 곧 열반이 있으니 '욕심이 적다'라고 부른다.[21]

汝等比丘여 若欲脫諸苦惱인댄 當觀知足이어다 知足之法은 卽是富樂安隱之處니라 知足之人은 雖臥地上이라도 猶爲安樂이언만 不知足者는 雖處天堂이라도 亦不稱意니라 不知足者는 雖富而貧하고 知足之人은 雖貧而富니라 不知足者는 常爲五欲所牽하야 爲知足者之所憐愍이니 是名知足이니라

너희 비구들이여, 만약 모든 고뇌에서 벗어나고자 한다면 마땅히 만족할 줄 아는 것에 대해 관찰하라. 만족할 줄 아는 법이 곧 부귀하고 안락하며 평안한 곳이다. 만족할 줄 아는 사람은 비록 맨땅에 누워서 쉬더라도 오히려 평안하고 즐겁지만, 만족할 줄 모르는 사람은 비록 천상에 거처하더라도 뜻에 맞지 않다. 만족할 줄 모르는 자는 비록 부유하더라도 가난하고, 만족할 줄 아는 자는 비록 가난하더라도 부유하다.[22] 만

●21 앞의 책(p.48), 多求則爲苦 少欲則安隱 爲安應少欲 況求眞解脫 慳悋畏多求 恐損其財寶 好施者亦畏 愧財不供足 是故當小欲 施彼無畏心 由此少欲心 則得解脫道 若欲求解脫 亦應習知足(구하는 것이 많으면 괴로움이 되고 욕심이 적으면 안온하나니, 안온함을 위해서라도 마땅히 소욕해야 하거늘, 하물며 진실한 해탈을 구함에 있어서랴! 인색한 자는 많이 구하는 자를 두려워하나니, 그의 재물을 잃을까봐 걱정하기 때문이요, 보시를 좋아하는 자도 또한 두려워하니, 공양할 재물이 부족할까 부끄러워서이다. 따라서 응당 욕심을 적게 하여 보시할 적에 두려운 마음 없도록 하라. 이러한 소욕심을 말미암아 곧 해탈의 도를 얻으니, 만약 해탈을 구하고자 한다면 마땅히 만족함에도 익숙해져야 하느니라).

●22 앞의 책(pp.48~49), 知足常歡喜 歡喜卽是法 資生具雖陋 知足故常安 不知足之人 雖得生天樂 以不知足故 苦火常燒心 富而不知足 是亦爲貧苦 雖貧而知足 是則第一富(만족할 줄 알면 항상 기

족할 줄 모르는 자는 항상 오욕에 이끌리는 바가 되어서 만족할 줄 아는 사람들의 연민의 대상이 되니, 이것을 '만족할 줄 앎'이라 한다.●23

汝等比丘여 欲求寂靜한 無爲安樂인댄 當離憒鬧하야 獨處閑居할지니 靜處之人은 帝釋과 諸天이 所共敬重일새 是故로 當捨己衆他衆하고 空閑獨處하야 思滅苦本이니라 若樂衆者인댄 則受衆惱하니 譬如大樹에 衆鳥集之하면 則有枯折之患이니라 世間縛著하야 沒於衆苦호미 譬如老象溺泥하야 不能自出인달하니 是名遠離니라

너희 비구들이여, 적정한 무위의 안락을 구하고자 한다면 마땅히 심란하고 시끄러운 곳을 벗어나 홀로 한적한 곳에 머물러야 한다. 고요한 곳에 있는 사람은 제석천과 모든 천신이 함께 공경하고 존중하는 대상이다. 이러한 까닭에 마땅히 자기 대중도 다른 대중도 다 버리고, 비고 고요한 곳에 홀로 거처하며 괴로움의 근본을 없애려고 사유해야 한다. 만약 대중을 좋아하는 자라면 많은 괴로움을 받게 되나니, 마치 큰 나무에 많은 새들이 모이면 마르고 부러질 염려가 있는 것과 같다. 세간에 속박되어 수많은 괴로움에 빠지는 것은 마치 늙은 코끼리가 진흙 속

쁘고, 기뻐하는 것이 곧 올바른 법이니라. 생활을 돕는 도구는 비록 보잘 것 없지만 만족할 줄 아는 까닭에 항상 편안하니라. 만족할 줄 모르는 사람은 비록 천상에 태어난 듯한 즐거움을 누리더라도 만족할 줄 모르기 때문에 괴로움의 불이 항상 자신의 마음을 태운다. 부유하더라도 만족할 줄 모르면 이 역시 가난한 이의 괴로움이요, 비록 가난하더라도 만족할 줄 알면 이것이야 말로 제일가는 부자이니라).

●23 앞의 책(p.49), 其不知足者 五欲境彌廣 猶更求無厭 長夜馳騁苦 汲汲懷憂慮 反為知足哀(그 만족할 줄 모르는 자는 오욕의 경계가 더욱 넓으니, 끊임없이 구하지만 싫어할 줄 몰라 밤새도록 내달리며 괴로워하고, 분주한 가운데 근심·걱정 가득해서 도리어 만족할 줄 아는 자의 불쌍히 여김이 되느니라).

에 빠져 스스로 벗어나지 못하는 것과 같으니, 이것을 '멀리 떠남'이라고 부른다.[24]

汝等比丘여 若勤精進하면 則事無難者일새 是故로 汝等은 當勤精進이어다 譬如小水常流하면 則能穿石이니라 若行者之心이 數數懈廢하면 譬如鑽火에 未熱而息인달하야 雖欲得火라도 火難可得이니 是名精進이니라

너희 비구들이여, 만약 부지런히 정진한다면 일에 어려움이 없을 것이다. 이러한 까닭에 너희들은 마땅히 부지런히 정진해야 한다. 비유하면, 작은 물방울도 쉬지 않고 떨어지면 능히 큰 바위를 뚫을 수 있는 것과 같다. 만약 수행자의 마음이 게을러 자주 쉬게 되면, 마치 나무를 비벼 불을 피우려 할 때 나무가 뜨거워지기도 전에 자주 쉬는 것과 같아서 비록 불을 피우려 하더라도 불 피우기가 어려울 것이니, 이것을 '정진'이라고 부른다.[25]

- [24] 앞의 책(p.49), 不多受眷屬 其心常安隱 安隱寂靜故 人天悉奉事 是故當捨離 親疎二眷屬 如曠澤 孤樹 眾鳥多集栖 多畜眾亦然 長夜受眾苦 多眾多纏累 如老象溺泥(많은 권속을 받아들이지 아니하면 그 마음 항상 편안하다. 편안하고 고요한 까닭에 사람과 천신이 모두 받들고 섬김이니, 따라서 마땅히 친소(親疎)의 두 권속을 모두 버려야 하나니라. 마치 광활한 늪지대의 우뚝 솟은 한 그루 나무위에 뭇 새들이 쉴 새 없이 모여드는 것과 같으니라. 많은 권속 부양하는 일 또한 그러하여 오랜 세월 갖가지 괴로움을 받는다. 권속이 많으면 얽매임도 많으니, 마치 늙은 코끼리가 진흙 속에 빠진 듯하리라.
- [25] 앞의 책(p.49), 若人勤精進 無利而不獲 是故當晝夜 精勤不懈怠 山谷微流水 常流故決石 鑽火不精進 徒勞而不獲 是故當精進 如壯夫鑽火(만약 어떤 사람이 부지런히 정진한다면, 얻지 못할 이익은 없느니라. 그러므로 마땅히 밤낮없이 부지런히 정진하고 게으르지 말지니라. 산골짜기의 작은 개울물도 쉴 없이 흐르는 까닭에 바위를 뚫고, 나무를 비벼서 불을 피울 적에도 끊임없이 하지 않으면 한갓 수고로움만 더할 뿐 불을 얻지는 못함이니, 따라서 마땅히 정진하길 마치 힘 센 장사가 쉴 새 없이 나무를 비비듯 하라).

汝等比丘여 求善知識하고 求善護助어든 無如不忘念이니라 若有不忘念者인댄 諸煩惱賊이 則不能入할새 是故로 汝等은 常當攝念在心이어다 若失念者인댄 則失諸功德하며 若念力堅强인댄 雖入五欲賊中이라도 不爲所害호미 譬如著鎧入陣하면 則無所畏인달하니 是名不忘念이니라

너희 비구들이여, 잘 보호하고 도와주는 선지식을 구하려거든 '정념을 잃지 않음'만한 것이 없다. 만약 정념을 잃지 않고 항상 지니고 있다면 모든 번뇌의 도적들이 능히 침입하지 못할 것이니라. 이러한 까닭에 너희들은 항상 마땅히 의식을 거두어 마음에 두어야 한다. 만약 정념을 놓치면 모든 공덕을 잃어버릴 것이며, 만약 정념의 힘이 굳고 강하면, 비록 오욕의 도적 가운데 들더라도 해침을 당하지 않을 것이다. 비유하면, 갑옷을 입고 적진에 들어갈 적에 두려울 바가 없는 것과 같다. 이것을 '정념을 잃지 않음'이라고 부른다.●26

汝等比丘여 若攝心者인댄 心則在定이니 心在定故로 能知世間生滅法相일새 是故로 汝等은 常當精勤修習諸定이어다 若得定者인댄 心則不散호미 譬如惜水之家에 善治隄塘인달하니 行者亦爾하야 爲智慧水故로 善修禪定하야 令不漏失이니 是名爲定이니라

너희 비구들이여, 만약 마음을 안으로 거두어들이면 마음은 곧 선정

●26 앞의 책(p.49), 善友雖爲良 不及於正念 正念存於心 衆惡悉不入 是故修行者 常當念其身 於身若失念 一切善則忘 譬如勇猛將 被鉀御强敵 正念爲重鎧 能制六境賊(선지식이 비록 좋다고 하더라도 정념에 미치지는 못하니, 정념이 마음에 있다면 모든 악이 들어오지 못하느니라. 그러므로 수행자는 항상 그 몸을 생각해야 하는데, 몸에 대하여 만약 정념을 잃는다면 모든 착한 일을 망각하고 말 것이다. 비유하면, 용맹한 장수가 갑옷을 입고 적을 물리치듯 정념은 두꺼운 갑옷이 되어 능히 여섯 가지 경계의 적을 제압하리라).

에 들게 된다. 마음이 선정 상태에 들어 있기 때문에 능히 세간의 생멸하는 존재의 모습을 알 수 있다. 이러한 까닭에 너희들은 항상 모든 선정을 부지런히 닦고 익혀야 한다. 만약 선정을 얻으면 마음이 산만하지 않다. 마치 물을 아끼는 집에서 둑이나 못을 잘 다스림과 같다. 수행자도 또한 그러하여 지혜의 물을 위해 선정을 잘 닦아 그 물이 새지 않도록 하는 것을 '선정'이라고 부른다.●27

汝等比丘여 若有智慧인댄 則無貪著이니 常自省察하야 不令有失이어다 是則於我法中에 能得解脫이니라 若不爾者인댄 旣非道人이며 又非白衣인지라 無所名也니라 實智慧者는 則是度老病死海의 堅牢船也며 亦是無明黑暗의 大明燈也며 一切病者之良藥也며 伐煩惱樹之利斧也니라 是故로 汝等은 當以聞思修慧로 而自增益이어다 若人有智慧之照인댄 雖是肉眼이나 而是明見人也니 是名智慧니라

너희 비구들이여, 만약 지혜가 있으면 탐착이 없을 것이다. 항상 스스로 살피고 관찰하여 놓치는 것이 없도록 해야 한다. 이것이 곧 나의 법 중에서 능히 해탈을 얻는 것이다. 만약 그러하지 못한 자는 이미 출가자도 아니며, 또한 재가자도 아니라서 무엇이라 이름 붙일 수 없다. 진실한 지혜는 곧 늙음과 병듦과 죽음의 고해(苦海)를 건너는 견고한 배이며, 또한 무명의 칠흑 같은 어둠을 밝히는 크고 밝은 등불이며, 모든 질병을 다스리는 양약이며, 번뇌의 나무를 쓰러뜨리는 날카로운 도끼이다.

●27 앞의 책(p.49), 正定攝覺心 觀世間生滅 是故修行者 當習三摩提 三昧已寂靜 能滅一切苦(바른 선정은 깨닫는 마음을 단속해서 세간의 생멸변화를 관찰하나니, 그러므로 마땅히 수행자는 삼매를 익혀야 하느니라. 삼매를 성취하여 이미 고요해졌다면, 능히 일체의 고통은 사라지리라).

이러한 까닭에 너희들은 마땅히 문혜와 사혜와 수혜로써 자신을 더욱 더 증장시켜야 한다. 만약 어떤 사람이 지혜로 관조할 수 있다면, 비록 육안으로 보더라도 그는 밝게 보는 사람이다. 이것을 '지혜'라고 한다. [28]

汝等比丘여 若種種戱論인댄 其心則亂하니 雖復出家라도 猶未得脫일새 是故로 比丘는 當急捨離亂心戱論이어다 若汝欲得寂滅樂者인댄 唯當善滅戱論之患이니 是名不戱論이니라

너희 비구들이여, 만약 갖가지 희론을 즐기게 되면 그 마음이 산란해진다. 비록 거듭 출가하더라도 오히려 해탈할 수 없다. 이러한 까닭에 비구는 마땅히 산란한 마음으로 희론하는 것을 속히 버려야 한다. 만약 너희들이 적멸의 즐거움을 누리고자 한다면, 오직 마땅히 희론의 환난을 잘 멸해야 한다. 이것을 '희론하지 않음'이라고 한다. [29]

- 28 앞의 책(p.49), 智慧能照明 遠離於攝受 等觀內思惟 隨順趣正法 在家及出家 斯應由此路 生老死大海 智慧爲輕舟 無明大闇冥 智慧爲明燈 諸纏結坵病 智慧爲良藥 煩惱棘刺林 智慧爲利斧 癡愛駃水流 智慧爲橋梁 是故當勤習 聞思修生慧 成就三種慧 雖盲慧眼通 無慧心虛僞 是則非出家(지혜는 능히 밝게 비추어 거두어들임을 멀리 여의고, 평등하게 살피고 안으로 사유하여 이것을 수순하여 정법에 나아가나니, 따라서 재가자와 출가자는 응당 이 길을 경유해야 하니라. 생로병사의 큰 바다에서 지혜는 가벼운 배가 되고, 무명의 큰 암흑 속에서 지혜는 밝은 등불이 된다. 모든 속박의 때와 질병에 지혜는 훌륭한 약이 되고, 번뇌의 가시덤불에서 지혜는 날카로운 도끼가 되며, 어리석은 애욕의 급류에서 지혜는 교량이 되나니, 이러한 까닭에 마땅히 부지런히 익혀서 듣는 지혜, 사유하는 지혜, 실천하는 지혜를 내어야 하니라. 이 세 가지 지혜를 성취하면 비록 눈먼 이라도 혜안이 열리지만, 지혜가 없다면 마음이 거짓되어서 이러한 이는 곧 출가자라 할 수 없느니라).
- 29 앞의 책(p.49), 是故當覺知 離諸虛僞法 逮得微妙樂 寂靜安隱處(이러한 까닭에 마땅히 깨달아 알아야 하니 모든 거짓된 법을 여의면, 곧 바로 미묘한 즐거움을 얻게 되는데 이곳이 고요하고 편안한 자리니라).

汝等比丘여 於諸功德에 常當一心으로 捨諸放逸호미 如離怨賊이어다 大悲
世尊의 所說利益이 皆以究竟이니 汝等은 但當勤而行之하라 若於山間이거
나 若空澤中이거나 若在樹下와 閑處靜室에 念所受法하야 勿令忘失하며 常
當自勉하야 精進修之어다 無爲空死인댄 後致有悔니라 我如良醫하야 知病
說藥이언만 服與不服은 非醫咎也며 又如善導하야 導人善道이언만 聞之不
行은 非導過也니라

너희 비구들이여, 모든 공덕에 항상 마땅히 일심으로 모든 방일을 버
리되 마치 원수와 도적을 여의듯 해야 한다. 큰 자비를 갖춘 세존의 설법
은 그 이익이 모두 최고이니, 너희들은 다만 마땅히 부지런히 그것을 실
천하라.[30] 혹 산간이나, 혹 텅 빈 늪이나, 혹은 나무 아래, 또는 고요한
방 안에 한가롭게 있을지라도 받은 바의 법을 생각하여 망실하지 말아야
하며, 항상 스스로 부지런히 정진하여 닦아야 한다. 한 일도 없이 헛되이
죽으면 나중에 후회하게 될 것이다. 나는 마치 훌륭한 의사와 같아서 질
병을 정확히 진단하고 치료약을 설명해 주지만 약을 복용하거나 혹은 복
용하지 않는 것은 스스로의 선택에 달렸을 뿐 의사의 허물은 아니며, 또
한 잘 인도하는 길잡이와 같아서 좋은 길로 인도하지만 그것을 듣고도
가지 않는 것은 스스로의 잘못일 뿐 인도자의 허물은 아니다.[31]

●30 앞의 책(p.49), 遵崇不放逸 放逸為善怨 若人不放逸 得生帝釋處 縱心放逸者 則墮阿修羅 安慰慈
悲業 所應我已畢 汝等當精勤 善自修其業(방일하지 않음을 준수해야 하니 방일은 착함의 원적
이기 때문이다. 만약 어떤 사람이 방일하지 않으면 제석천에 태어날 수 있지만, 마음을 놓아 방일
하는 사람은 곧 아수라에 떨어지느니라. 중생을 편안히 위로하는 자비의 업을 응하는 대로 내가
이미 모두 베풀었으니, 너희들도 마땅히 부지런히 힘써서 스스로의 업을 잘 닦도록 하라).

●31 앞의 책(p.49), 山林空閑處 增長寂靜心 當自勤勸勉 勿令後悔恨 猶如世良醫 應病說方藥 抱病而
不服 是非良醫過 我已說真實 顯示平等路 聞而不奉用 此非說者咎(산림이나 텅 비고 한가한 장
소에서 고요한 마음을 증장시키되, 마땅히 스스로 부단히 노력하여 훗날 후회하거나 한탄하는
일이 없도록 하라. 비유하면, 세상의 훌륭한 의원이 병의 증세에 따라 적당한 처방약을 일러주더
라도 병든 사람이 복용하지 않으면 그것은 의원의 잘못이 아니듯이, 내가 이미 진실한 이치를 설

汝等이 若於苦等四諦에 有所疑者어든 可疾問之하고 無得懷疑하야 不求決 也니라 爾時에 世尊이 如是三唱이언만 人無問者하니 所以者何오 眾無疑故 니라 時에 阿㝹樓馱가 觀察眾心하고 而白佛言하사되 世尊이시여 月可令熱하 고 日可令冷이언정 佛說四諦는 不可令異니이다 佛說苦諦는 實苦라 不可令 樂이며 集真是因이라 更無異因이니다 苦若滅者인댄 即是因滅하고 因滅故 로 果滅할새 滅苦之道가 實是真道라 更無餘道니이다 世尊이시여 是諸比丘 는 於四諦中에 決定無疑니이다 於此眾中에 所作未辦者는 見佛滅度하고 當 有悲感하며 若有初入法者라도 聞佛所說하고 即皆得度니 譬如夜見電光에 即得見道니이다 若所作已辦하야 已度苦海者는 但作是念호대 世尊滅度가 一何疾哉오하니다 阿㝹樓馱가 雖說是語하야 眾中이 皆悉了達四聖諦義언만 世尊이 欲令此諸大眾으로 皆得堅固하사 以大悲心으로 復為眾說하사되

"너희들 가운데 만약 괴로움 등 사성제에 대하여 의심이 남아 있으면 속히 묻도록 하라. 의심을 품고 있으면서 해답을 구하지 않는 것은 없어야 한다." 이때 세존께서 이와 같이 세 번 말씀하셨지만 묻는 사람이 없었다. 왜냐하면 모두 의심이 없었기 때문이다. 그때 아누루타 존자는 대중의 마음을 관찰하고 부처님께 아뢰었다.[32]

"세존이시여, 설령 달을 뜨겁게 할 수 있고 해를 차갑게 할 수 있을지언정 부처님께서 설하신 사성제의 진리는 달리 어떻게 할 수 없습니

하여 평탄한 길을 드러내 보였지만, 듣고서도 받들어 실천하지 않으면 이것은 설법한 자의 잘못이 아니니라).

● 32 앞의 책(p.49), 於四真諦義 有所不了者 汝今悉應問 勿復隱所懷 世尊哀愍教 眾會默然住 時阿那律陀 觀察諸大眾 默然無所疑 合掌而白佛(네 가지 참된 진리의 뜻을 분명하게 이해하지 못한 자가 있다면, 너희들은 지금 모두 물어서 마음 속에 품어 두는 일이 없도록 하라. 세존께서 연민히 여겨 이러한 말을 꺼내셨지만, 법회에 모인 대중들은 모두 묵연히 앉아 있었다. 그때 아나율타 존자가 전체 대중을 관찰해 보니 의심이 없어서 침묵하는 것을 알고, 합장하고 부처님께 다음과 같이 말씀드렸다).

다. 부처님께서 설하신 고성제는 진실로 괴로움이라 그것을 즐거움으로 바꿀 수 없으며, 집성제는 진실로 괴로움의 원인이기 때문에 다시 다른 원인이 없습니다. 괴로움이 만약 멸하는 것이라면 괴로움의 원인도 멸할 것이고, 원인이 멸하는 까닭에 결과도 멸하는 것입니다. 괴로움을 멸하는 이 길은 진실로 참된 길이라 다시 다른 길이 없습니다. 세존이시여, 이 모든 비구들은 사성제 법문 가운데 결정코 의심이 없습니다."[33]

이 대중 가운데 혹 할 일을 아직 성취하지 못한 자들은 부처님의 멸도를 보고 마땅히 슬픈 감정을 나타내며, 혹 처음으로 불법에 입문한 사람이라도 부처님의 설법을 듣고 곧바로 모두 제도를 얻은 이가 있으니, 마치 어두운 밤길을 걸을 적에 번갯불이 번쩍일 때 길을 볼 수 있는 것과 같습니다. 혹 할 일을 이미 성취하여 고통의 바다를 건넌 사람들은 다만 생각하길, '세존의 멸도가 어찌하여 이토록 빠른가'라고 생각할 뿐입니다."

비록 아누루타 존자가 이러한 말로 모든 대중들이 다 사성제의 뜻을 잘 이해하고 있다고 분명히 아뢰었지만, 세존께서는 이 모든 대중들이 빠짐없이 견고함을 얻게 하고자 하여 큰 자비심으로 대중을 위하여 다시 말씀하셨다.[34]

● 33 앞의 책(p.49), 月溫日光冷 風靜地性動 如是四種惑 世間悉已無 苦集滅道諦 眞實未曾違 如世尊所說 衆會悉無疑(달빛이 따뜻하고 햇볕이 차다거나 바람은 고요하고 대지의 성질은 요동한다는 따위의 이러한 네 가지 의혹이 세간에 이미 없듯이, 사성제의 진리는 진실하여 일찍이 어긋난 적이 없나니, 세존께서 말씀하신 그대로여서 대중은 모두 의심이 없습니다).

● 34 앞의 책(p.49), 唯世尊涅槃 一切悉悲感 不於世尊說 起不究竟想 正使新出家 情未深解者 聞今慇懃教 疑惑悉已除 已度生死海 無欲無所求 今皆生悲戀 歎佛滅何速 佛以阿那律 種種憂悲說 復以慈愍心 安慰而告言(오직 세존께서 열반에 드심을 모두가 슬퍼하고 있을 뿐 세존께서 남기신 가르침에 대해서 궁극의 진리가 아니라는 생각을 내지 않고 있습니다. 설사 갓 출가하여 아직 이해가 깊지 못한 자라도 지금 간절한 당부의 말씀 듣고 의심과 의혹 모두 벌써 사라졌으며, 이미 생사의 고해를 건너서 욕망도 없고 수구하는 것도 없지만 지금 모두 슬퍼하고 애달파 하는 것은 부처님의 멸도가 터무니없이 너무 빠른 것을 한탄해서입니다." 부처님께서는 아나율타의 여러 가지로 근심하고 슬퍼하는 말에 대해 다시 자비심과 연민심으로 편안히 위로하며 말씀하셨다).

汝等比丘여 勿懷悲惱하라 若我住世一劫이라도 會亦當滅이니 會而不離는 終不可得이니라 自利利人은 法皆具足하니 若我久住라도 更無所益이니라 應可度者는 若天上人間에 皆悉已度하고 其未度者라도 皆亦已作得度因緣이니라

"너희 비구들이여, 슬프고 괴롭다는 감정을 품지 말라. 만약 내가 이 사바세계에 한 겁(劫)을 더 머문다 하더라도 모인 것은 소멸하기 마련이니, 만나서 이별하지 않는 것은 결코 있을 수 없는 일이니라. 자신도 이롭고 타인도 이롭게 하는 것은 법에 모두 갖추어져 있으니, 만약 내가 이 세상에 더 오래 머문다 해도 다시 더 이익 될 것은 없느니라. 응당 제도할 수 있는 자는 천상이나 인간에서 이미 모두 제도되었고, 아직 제도 받지 못한 자들도 모두 이미 제도 받을 인연을 지었느니라.●35

自今以後로 我諸弟子가 展轉行之하면 則是如來法身이 常在而不滅也니라 是故로 當知하라 世皆無常하야 會必有離하나니 勿懷憂惱하라 世相如是니 當勤精進하야 早求解脫하고 以智慧明으로 滅諸癡暗하라 世實危脆하야 無牢強者니라 我今得滅이 如除惡病이라 此是應捨罪惡之物이어늘 假名爲身하야 沒在老病生死大海하니 何有智者가 得除滅之호미 如殺怨賊하야 而不歡喜리오

지금 이후로 나의 모든 제자들이 법을 펼치며, 굴리고 수행해 가면,

●35 앞의 책(p.49), 正使經劫住 終歸當別離 異體而和合 理自不常俱 自他利已畢 空住何所爲 天人應度者 悉已得解脫(설사 몇 겁이 지나도록 머문다고 하더라도 마침내는 이별을 맞이하리니, 다른 형체이면서 인연 따라 모인 것은 언제까지나 함께 할 수 없는 것이 이치이니라. 나와 남을 모두 이미 이롭게 하였으니, 공연히 더 머무른들 무엇하리오. 하늘이나 사람으로서 응당 제도 받을 자들은 이미 모두 해탈을 얻었느니라).

곧 이것이 여래의 법신이 항상 머물러 멸하지 않는 것이니라.

　이런 까닭에 마땅히 알아. 이 세상의 모든 것은 무상하여 만나면 반드시 떠남이 있으니 근심과 괴로움을 마음에 품지 말라. 세상사는 이와 같으므로 마땅히 부지런히 정진하여 하루 속히 해탈을 구하고 지혜의 광명으로써 모든 어리석음의 어두움을 소멸하라.●36 세상은 참으로 위태로워서 견고한 것이 없다. 내가 지금 열반하는 것은 마치 악한 병을 제거하는 것과 같다. 이 육신은 응당 버려질 수밖에 없는 허물 많고 나쁜 물건인데 현재 잠시 거짓 이름으로 몸을 삼아 생로병사의 큰 바다에 빠져 있으니, 어찌 지혜 있는 사람이 제거하여 없애기를 마치 원수나 도적을 죽이는 것처럼 기뻐하지 않겠는가!●37

　　汝等比丘여 常當一心으로 勤求出道하라 一切世間의 動不動法은 皆是敗壞不安之相이니라 汝等은 且止하고 勿得復語하라 時將欲過에 我欲滅度하니 是我最後之所教誨니라

　너희 비구들이여, 항상 마땅히 일심으로 부지런히 번뇌에서 벗어나는 길을 구하라. 일체세간의 움직이거나 움직이지 않는 모든 존재는 다

●36 앞의 책(p.49), 汝等諸弟子 展轉維正法 知有必磨滅 勿復生憂悲 當自勤方便 到不別離處 我已燃智燈 照除世闇冥(너희들 모든 제자들은 서로 전하여 올바른 법을 이어가도록 하라. 생겨난 것은 반드시 소멸됨을 알아서 다시는 근심이나 슬픔 따위를 내지 말라. 마땅히 자신이 선택한 수행방편을 부지런히 닦아서 이별하지 않는 곳으로 속히 나아가야 하리라. 나는 이미 지혜의 등불을 환히 밝혀 세간의 어둠을 비추어 제거했느니라).

●37 앞의 책(p.49), 世皆不牢固 汝等當隨喜 如親遭重病 療治脫苦患 已捨於苦器 逆生死海流 永離眾苦患 是亦應隨喜(세상은 모두 견고하지 못하니, 너희들은 마땅히 나의 기뻐함을 따르라. 마치 친한 이가 중병을 앓다가 병이 나아서 고통과 근심에서 벗어나듯, 나는 이미 고통의 그릇을 버리고 생사고해의 흐름을 거슬러서 영원히 온갖 고통과 근심을 여의었으니, 이것 역시 나를 따라 기뻐해야 하리라).

무너져 없어질 불안한 모습이니라. 너희들은 그만 그치고 다시 말하지 말라. 때는 장차 입멸할 시간이 되어가니, 나는 이제 멸도하고자 한다. 이것이 나의 마지막 가르침이니라."[38]

불수반열반략설교계경 終

● 38 앞의 책(p.49), 汝等善自護 勿生於放逸 有者悉歸滅 我今入涅槃 言語從是斷 此則最後教(너희들은 자신을 잘 보호해서 방일하지 않도록 하라. 존재하는 것은 모두 소멸하는 법이니, 나 또한 이제 열반에 들려하노라. 나의 말은 이제 멈출 것이니, 이것이 곧 나의 마지막 가르침이니라).

입멸과정 및 그 후의 상황

『유행경』에서는 부처님께서 마지막 유훈을 남기신 후 입멸에 드시는 과정 및 입멸 소식을 들은 제자들의 반응과 다비 후의 상황 등에 대하여 다음과 같이 묘사하고 있다.

부처님께서는 마지막 유훈을 설하신 후 곧장 초선정(初禪定)에 드셨으며, 그리고 제2선정, 제3선정, 제4선정, 공무변처정(空無邊處定), 식무변처정(識無邊處定), 무소유처정(無所有處定), 비상비비상처정(非想非非想處定)을 거쳐 상수멸정(想受滅定)에 들어가셨다. 상수멸정에 잠시 머무신 후 다시 반대로 비상비비상처정, 무소유처정, 식무변처정, 공무변처정, 제4선정, 제3선정, 제2선정, 초선정에 이르셨고, 다시 초선정에서 제2선정으로, 제2선정에서 제3선정으로, 제3선정에서 제4선정으로 들어가셔서, 제4선정에서 나오자 곧 입멸하셨다.

부처님께서 입멸하시자 대지는 크게 진동하고 천둥이 울렸다. 그때 범천왕과 여러 천신들이 시를 읊었고, 아누루타 존자와 아난 존자도 천신들에게 화답하여 각각 게송을 읊었다. 그러나 아직 탐욕에서 벗어나지 못한 비구들은 스승이 너무나도 빨리 세상을 떠나셨다며 슬퍼하며 울부짖었다.

부처님께서 입멸하신지 7일 후에 아난 존자의 지휘 아래 전륜성왕의 장례법에 따라 다비가 거행되었다. 말라 족의 족장들이 장작에 불을 붙이려고 할 적에는 불이 붙지 않더니, 얼마 후 가섭 존자가 도착하자 그때서야 부처님의 유해는 타들어 가기 시작하였다.

다비를 마친 부처님의 유해는 7일간 예배·공양되었고 사리분배 문제를 두고 전쟁의 위험마저 감돌았지만, 향성(香姓, Dona) 바라문의 뛰어난 중재 덕분에 국가 간의 큰 다툼 없이 공평하게 여덟 등분으로 사리분배가 이루어졌다. 그리고 사리를 담았던 항아리는 대중들의 동의로 향성 바라문이 가져갔으며, 그 외 늦게 도착한 종족들은 남아 있던 재를 가져가서 여러 곳에 사리탑을 세웠다.

1장 • 서분
2장 • 수습세간공덕분
3장 • 성취출세간대인공덕분
4장 • 현시필경심심공덕분
5장 • 현시입증결정분
6장 • 분별미입상상응증위단의분
7장 • 이종종자성취정무아분

불유교경론소절요

佛遺教經論疏節要

불유교경론소절요
佛遺教經論疏節要

정원(淨源) 절요(節要)
주굉(袾宏) 보주(補註)

총체적으로 경의 뜻을 서술하다

【節要】釋此經分二하니 初는 總敍經義요 二는 別解經文이라 初의 總敍經義라 夫化制互陳하고 戒定齊擧는 莫大乎遺敎經焉이요 推徵解釋하고 開誘行業은 莫深於馬鳴論矣니라 然則論主發揮遺敎가 亦猶龍樹啓明大品歟아 彼는 則融有而卽空이요 此는 乃扶律以詮定일새 是故로 中夜三唱하야 圓戒珠以嚴身하니 上士는 七科滋法乳而延命하야 旣而寡尤寡悔하며 二乘은 由是而功成하야 卽事卽心하며 三賢은 於斯而果滿이니 非夫至聖最後垂範者면 則安能至於茲乎아 在昔에 羅什法師가 旣飜於經하고 而眞諦三藏이 續譯於論할새 故로 得有唐太宗降乎勅命하야 永懷聖敎用思弘闡이러니 而詞林載之昭昭然호미 若懸日月於太淸인달하야 令萬物之咸覩也니라 至若昔賢通經하야 雖具章門이나 而綿歷歲時에 罕有傳者라가 近世에 孤山尊者가 仰經述疏나 多遵台敎인지라 遂使興*¹宗思而不學하며 抑又 眞悟律師가 以論注經하니 雖不忘本이나 而皆存梵語闕譯華言이니라 淨源이 久慨斯文流芳未備하야 於是에 翻經論之格訓하고 集諸家之奧辭하니 庶乎後裔皆受賜耳니라

이 경을 둘로 나누어 풀이하리니, 첫째는 총서경의(總敍經義)요, 둘째는 별해경문(別解經文)이다. 먼저 총체적으로 경의 뜻을 풀이하겠다.

무릇 교화와 절제가 아울러 펼쳐지고 계율과 선정이 가지런히 거론된

●1 興가 『甲』에는 擧로 되어 있다.

것은, 『유교경』보다 더 훌륭한 것이 없을 것이요. 따져서 풀이하고 행업(行業)●2을 열어 인도함은, 마명론[遺敎經論]보다 심오한 것이 없을 것이다.

그렇다면 마명(馬鳴) 보살●3이 『유교경(遺敎經)』을 발휘(發揮)한 것이, 또한 용수(龍樹) 보살●4이 『대품반야경(大品般若經)』을 계명(啓明)한 것과 비교하여 어떠한가! 저것[大智度論]은 유(有)를 융화하여 공(空)에 맞닿도록 하였고, 이것[遺敎經論]은 율(律)을 붙들고 정혜(定慧)를 갖추도록 하였다. 그러므로 중야(中夜)●5에 삼창(三唱)●6하여 원만한 계주(戒珠)●7로써 몸을 장엄하도록 하셨으니, 상근기 보살[上士]은 자양분인 칠과(七科)●8의 법유(法乳)로써 연명(延命)하여 이미 허물과 후회가 적으며, 이승(二乘)●9은 이를 말미암아 공덕이 성취되어 현상[事]을 떠난 마음이 있지 아니하며, 삼현(三賢)●10은 여기에서 과(果)가 원만히 이루어지니, 저 지극한 성인의 마지막 드리우신 모범이

●2 고락(苦樂)의 과보를 받을 선악의 행위로 일체의 동작[身業], 언어[口業], 의념[意業] 등을 말한다.
●3 범명(梵名)은 Aśvaghoṣa이며, 불멸후 6백년 경에 중인도에서 태어났다. 처음에는 외도를 믿었으나 부나야사(富那耶奢)와의 만남을 계기로 불법에 귀의하여 서천 부법장 제12조가 되었다. 탁월한 지혜와 변재로써 카니시카왕의 종교 고문이 되기도 하였다. 저서로는 『대승기신론』, 『불소행찬』, 『대승장엄경론』 등이 있다.
●4 범명은 Nāgārjuna이며, 불멸후 6~7백년 경에 남인도에서 태어났다. 서천 부법장 제14조이자 공종(空宗)의 시조이다. 처음에는 바라문 교학을 배웠으나 서북인도에서 대승교학으로 전향한 후, 대승불교를 크게 선양하였으므로 후세 사람들은 그를 제2의 석가로 추앙하였다. 저서로는 『중론송』, 『대지도론』, 『십주비바사론』 등이 있다.
●5 하루 밤을 셋으로 나눈 가운데, 자시(子時)에서 축시(丑時) 사이를 말한다.
●6 법륜(法輪)이 만족스럽게 성취된 것을 시현하는 말로서 세 번 진실한 법을 굴리기 때문이다[三唱者 示現法輪滿足成就 三轉實法故]. 이 책 p.254의 절요 참조.
●7 계율의 정결함을 주옥에 비유한 말이다.
●8 삼십칠조도품을 ① 사념처, ② 사정근, ③ 사여의족, ④ 오근, ⑤ 오력, ⑥ 칠각지, ⑦ 팔정도로 나눈 것을 말한다. 열반의 이상경에 나아가기 위하여 정도(正道)를 닦는 데 보조적 역할을 하므로 조도품(助道品)이라 한다.
●9 성문승과 연각승을 말한다.
●10 보살의 수행지위인 52계위 가운데 ① 십주위(十住位), ② 십행위(十行位), ③ 십회향위(十回向位)의 보살들을 말한다.

아니었다면, 어찌 능히 이러한 경지까지 도달할 수 있었겠는가!

옛날에 구마라집 법사가 이미 『유교경』을 번역하였고, 진제 삼장이 이어서 『유교경론』을 번역하였다. 그러므로 당나라 태종이 칙명(勅命)●11을 내려 영원히 성인의 가르침을 마음에 품고 널리 홍포하고자 하였으니, 사림(詞林)●12에 실어 마치 맑은 하늘에 떠 있는 일월(日月)처럼 밝게 비추어서 만물이 모두 볼 수 있도록 하였다. 그러나 이처럼 옛 현인들이 경전에 통달하여 비록 장문(章門)●13을 갖추었지만 이어온 세월 동안 전하는 자는 드물었다.

근세에 고산 존자●14가 경(經)을 우러러 소(疏)를 저술하였으나 다분히 천태(天台)●15의 교학을 따른 것이라, 마침내 모든 종파로 하여금 사유케 하였지만 배우지 아니하였으며, 또한 진오 율사●16가 논(論)으로써 경을 주석하니 비록 근본은 잊지 않았으나 모두 범어(梵語)로 되어 있고 번역된 화언(華言)●17이 미비하였다. 내가 오랫동안 이렇듯 글의 흐름은 아름다우나 미비함을 개탄하여 이에 경론의 격훈(格訓)을 번역하고 제가(諸家)의 심

●11 당 태종의 칙서로 전하는 「당태종문황제시행유교경칙(唐太宗文皇帝施行遺教經勅)」을 말한다.
●12 당 고종(高宗)의 칙명으로 만들어진 『문관사림(文官詞林)』을 말한다. 이 책은 한나라부터 당나라 초기까지의 시문들을 총망라한 방대한 저술이었으나 현재는 몇 권만 남아 있을 뿐이다.
●13 문장의 줄거리나 요점을 말한다.
●14 고산 존자(孤山尊者, 976~1022)는 송나라 시대의 고산지원(孤山智圓)을 말한다. 이름은 무외(無外)이며, 시호는 법혜(法慧)이다. 천태삼관의 심오한 뜻을 깨우치고 고산(孤山)에 머물면서 많은 후학을 제접하다가 송 건흥 1년에 입적하였다.
●15 수나라 때 천태지의(天台智顗, 538~597)가 확립한 교이다. 『법화경』을 소의경전으로 하여 불교를 통일하고 적극적으로 제법실상론(諸法實相論)을 주창하며 심오한 불교학의 체계를 세웠다.
●16 진오 율사(眞悟律師)는 송나라 때 율학으로 이름을 떨친 윤감(允堪)의 시호이다. 절강성 전당(錢塘) 출신으로 태어난 시기는 정확히 알 수 없다. 어릴 때 혜사(慧思)에게 출가하였고, 구족계를 받은 후에는 오로지 율학에만 정진하여 남산율종을 크게 선양시켰다. 저서로 『회정기(會正記)』, 『발휘기(發揮記)』, 『정원기(正源記)』 등 20여 부가 있다. 송 가우(嘉祐) 6년 11월에 입적하였다.
●17 화어(華語)라고도 하며, 중국말을 일컫는다.

오한 말들을 모았으니, 다만 후손들에게 모두 전해지길 바랄 뿐이다.

【補註】序前應云하되 釋此經分二하니 初는 總序經義요 二는 別釋經文이라 하야 方與次科相應하야 舊本無今爲補之니라 言節要者는 此經有論有疏나 源師蓋撮略論疏인지라 而成此註也니라 二의 別釋經文에 三이니 初1 釋名題요 二는 出譯人이요 三은 解文義라 初의 釋名題라

서(序)의 앞부분에 응당 말하길, '이 경을 둘로 나누어 해석하리니, 첫째는 총서경의(總敍經義)요, 둘째는 별해경문(別解經文)이다'라고 한 것처럼, 바로 다음 과(科)와 더불어 상응하여 구본(舊本)에는 지금의 보주(補註)가 없다. '절요(節要)'라고 말한 것은 이 경에는 논(論)도 있고 소(疏)도 있으나 정원 법사는 대개 논소(論疏)를 모아 간략히 하였다. 그리하여 이러한 보주를 이루게 된 것이다.

두 번째, 따로 경문을 해석한 것에 셋이니, 첫째는 석명제(釋名題)요, 둘째는 출역인(出譯人)이요, 셋째는 해문의(解文義)이다. 첫 번째, 경의 제목을 풀이한다.

따로 경문을 풀이하다

　●

　●
　一
경의 제목을 풀이하다

　●
　二
번역자를 드러내다

　●
　三
경문의 뜻을 풀이하다

一
경의 제목을 풀이하다

【節要】佛遺教經의 經은 有通別二名하니 佛遺教는 別名也요 經은 即通名耳니라 梵語로 具云佛陀며 此翻覺者니 謂覺了性相之者니라 然具三義하니 一은 自覺이니 覺知自心本無生滅이요 二는 覺他니 覺一切法無不是如요 三은 覺滿이니 二覺理圓稱之爲滿이라 若準起信인댄 亦彰三義하니 一은 始覺이니 即能證智요 二는 本覺이니 即所證理요 三은 究竟覺이니 即智與理冥始本不二也니라 又佛地論第一에 說佛有其十義나 恐繁不引이니라 遺敎者는 謂遺留敎誡니 勗彼群機也니라 敎者는 傚也니 使衆生傚之耳니라 經者는 梵語로 修多羅며 古譯으로 爲契經이나 正翻爲線이니라 此方은 不貴線稱일새 故로 存於經이니라 佛地論에 云하되 能貫能攝할새 故로 名爲經이라 하니 以佛遺敎로 貫穿所應說義하고 攝持所化衆生故라 하니라

경의 제목인 '불유교경(佛遺敎經)'을 풀이하면 다음과 같다. '경(經)'은 통명(通名)과 별명(別名)이 있으니, '불유교(佛遺敎)'는 별명이요, '경'은 통명일 따름이다. '불(佛)'은 범어로 갖추어 이르면 불타(佛陀)이며, 이곳 말로

번역하면 각자(覺者)니, 성상(性相)을 깨달아 마친 자를 이른다. 따라서 세 가지 뜻을 구족한다. 첫째는 자각(自覺)이니, 스스로의 마음이 본래 생멸이 없음을 깨달아 앎이요. 둘째는 각타(覺他)니, 일체법이 이와 같음을 깨달음이요. 셋째는 각만(覺滿)이니, 자각과 각타의 이치가 원만하게 칭합(稱合)한 것이다. 만약 『기신론(起信論)』[18]을 준거(準據)하면 또한 세 가지의 뜻으로 나타낼 수 있다. 첫째는 시각(始覺)이니, 곧 능히 증(證)하는 지혜요. 둘째는 본각(本覺)이니, 곧 증(證)할 바의 이치요. 셋째는 구경각(究竟覺)이니, 곧 지혜와 이치가 명합(冥合)하여 시각과 본각이 둘이 아닌 것이다.[19] 또한 『불지론(佛地論)』[20] 제1권에 '불(佛)'을 열 가지 뜻으로 설명하고 있으나 번거로울까 염려되어 여기서는 인용하지 않는다.

●18 마명 보살의 저술로 전해져 오지만 확실치는 않다. 전체 구성은 인연분(因緣分), 입의분(立義分), 해석분(解釋分), 수행신심분(修行信心分), 권수이익분(勸修利益分)으로 되어 있으며, 중심 내용은 예부터 일심(一心), 이문(二門), 삼대(三大), 사신(四信), 오행(五行)으로 정리해 왔다. 사상적으로는 불교사상의 두 기둥인 중관(中觀)과 유식(唯識)을 아우르며, 여래장(如來藏)사상까지 포괄하고 있는 논(論) 중의 총론(總論)으로 평가 된다. 따라서 거의 모든 종파와 사상에 영향을 끼쳤다. 옛부터 수많은 주석서 가운데 해동소(海東疏), 현수소(賢首疏), 혜원소(慧遠疏)를 삼대소로 중요하게 여겨왔는데, 이 가운데 해동소는 우리나라의 원효대사가 저술한 것으로서 현수소를 비롯한 많은 주석서들의 길잡이 역할을 해왔다.

●19 『大乘起信論』(大正 32卷, p.576), 所言覺義者 謂心體離念 離念相者 等虛空界 無所不偏 法界一相 卽是如來 平等法身 依此法身 說名本覺 何以故 本覺義者 對始覺說 以始覺者 卽同本覺 始覺義者 依本覺故 而有不覺 依不覺故 說有本覺 又以 覺心源故名究竟覺 不覺心源故非究竟覺(이른바 각(覺)의 뜻이란 마음의 체에 망념을 여읜 것을 말하니 망념을 여읜 모습은 허공계와 같아서 두루 하지 않은 바가 없어 법계 그대로인 한 모양이라. 곧 여래의 평등한 법신이니 이 법신에 의해 본각(本覺)이라 하느니라. 무슨 까닭인가? 본각의 뜻은 시각(始覺)의 뜻에 대하여 설한 것이니 그 까닭은 시각이란 것이 곧 본각과 같기 때문이니라. 시각의 뜻은 본각에 의한 까닭에 불각(不覺)이 있고 불각에 의한 까닭에 시각이 있다고 설하느니라. 또 마음의 근원을 깨달은 까닭에 구경각(究竟覺)이라 이름하고 마음의 근원을 깨닫지 못한 까닭에 구경각이 아니니라.)

●20 Buddhabhūmi-sūtra-śāstra의 번역으로 간략히 『불지론(佛地論)』이라고도 한다. 중인도 마가다국의 친광(親光) 보살이 『불지경』의 문장을 해석한 것으로 당나라 현장이 정관 23년(649)에 한역하였다. 모두 7권으로 되어 있으며, 『불지경』에서 설한 청정법계(淸淨法界), 대원경지(大圓鏡智), 평등성지(平等性智), 묘관찰지(妙觀察智), 성소작지(成所作智) 등 다섯 가지 법으로 대각지(大覺地)를 포섭하는 것을 설하고 있다.

'유교(遺敎)'라는 것은 교계(敎誡)를 남겨두는 것이니, 저 여러 근기들로 하여금 더욱 힘쓰도록 하는데 뜻이 있다. '교(敎)'는 본받는 것이니, 중생들로 하여금 그것을 본받게 할 따름이다.

'경(經)'은 범어로는 수다라(修多羅)이며, 옛 번역으로는 계경(契經)이나 바른 번역은 선(線)이다. 그러나 이곳에서는 선(線)이라 칭하는 것을 귀하게 여기지 않으므로 경이라고 써왔다.『불지론』에 이르길, "능히 꿰고 능히 섭하므로 경이라 이르니, 부처님께서 남기신 가르침으로써 응당 설하는 바 뜻을 꿰뚫고, 교화할 바 중생들을 섭지하는 까닭이라."●21고 하였다.

【節要】亦名佛垂涅槃略說敎誡經이라 하니 然上正題人法齊擧하야 以標其號니라 今玆別名亦爾하니 但廣略有異니라 梵音의 涅槃은 秦言滅度며 義翻圓寂이니 考諸唯識인댄 有其四種이라 一은 自性淸淨涅槃이요 二는 有餘涅槃이요 三은 無餘涅槃이요 四는 無住涅槃이라 若乃一往分文摘字申義하면 亦具二種이니 謂佛說敎誡로 道洽德施卽有餘也며 而垂涅槃하야 身灰智滅卽無餘也니라

또한 '불수열반략설교계경'이라고 부르니, 곧 위의 정식 제목으로 사람과 법을 가지런히 들어서 경의 명칭으로 표(標)한 것이다. 지금 이 별명도 마찬가지니, 다만 넓고 간략히 한 차이가 있을 뿐이다.

범음(梵音)의 '열반(涅槃)'은 진나라 말로는 멸도(滅度)이며, 뜻으로 번역하면 원적(圓寂)이다. 유식에서 궁구하면 네 가지가 있으니, 첫째는 자성청

●21『佛地經論』(大正 26卷, p.291), 能貫能攝故名爲經 以佛聖敎貫穿攝持 所應說義所化生故.

정열반(自性清淨涅槃)●22이요, 둘째는 유여열반(有餘涅槃)●23이요, 셋째는 무여열반(無餘涅槃)●24이요, 넷째는 무주열반(無住涅槃)●25이다.

만약 일반적으로 설명하는 의미에 따라 문자를 가려 뜻을 펼친다면, 두 가지를 구족한다. 부처님께서 훈계하신 가르침으로 도(道)가 넉넉해지고 덕(德)이 베풀어지는 것은 곧 유여열반이요, 열반에 이르러서 몸이 태워지고 심지(心智)가 소멸되는 것[身灰智滅]●26은 곧 무여열반이다.

【補註】垂는 臨也니 垂涅槃은 猶言臨終也니라 世人도 臨終語必切要할새 故로 云遺囑이라 하니 況四生慈父의 垂滅之遺敎乎아 子孫背先人之遺囑과 眾生背先佛之遺敎는 均名大逆也니라 可弗愼諸아 二는 出譯人이라

'수(垂)'는 다다름이니, 열반에 다다름을 또한 임종이라고도 한다. 세인들도 임종에 반드시 매우 긴요한 말을 하므로 유촉(遺囑)이라 이른다. 하물며 사생●27의 자부께서 멸도에 임하여 남기신 가르침이겠는가! 자손

- ●22 본래청정열반(本來清淨涅槃), 성정열반(性淨涅槃)이라고도 하며, 본래 청정한 만유제법의 실성인 진여가 그대로 열반임을 뜻한다. 진여는 청정하여 상락아정(常樂我淨)의 무량한 공덕을 갖추었으며, 담연적정(湛然寂靜)하여 생멸거래(生滅去來)가 끊어졌다.
- ●23 삼독인 탐진치의 번뇌를 끊고 드러나는 진여의 이치를 지목한 말로서, 비록 번뇌는 소멸하였지만 아직 오온이 가합된 육신을 의지하므로 유여의열반이라고 한다.
- ●24 유여열반처럼 삼독의 번뇌를 끊고 드러난 진리를 가리키는 말이지만, 오온이 가합된 육신마저도 완전히 소멸되므로 무여의열반이라고 한다.
- ●25 생사가 그대로 열반인 도리를 체득하여 생사를 싫어하거나 열반을 좋아하는 정(情)이 없으며, 대비(大悲)와 대지(大智)로써 생사·열반에 머무름 없이 중생을 교화하므로 이르는 말이다. 이는 대승 보살도 정신의 이상적인 열반상으로 본다. 자성청정열반이 중생을 중심으로 일체중생실유불성(一切衆生悉有佛性)을 강조한 것이라면, 무주처열반은 보살이나 부처님을 중심으로 불신상주(佛身常住)를 강조한 것이다.
- ●26 대체로 회신멸지(灰身滅智)라고 표기하며, 간략히 회멸(灰滅), 회단(灰斷)이라고도 한다. 이승인(二乘人)이 삼계의 번뇌를 끊고 화광삼매에서 몸과 마음을 완전히 멸하여 공적무위(空寂無爲)한 열반계에 들어감을 뜻한다.
- ●27 중생이 태어나는 네 가지 형태인 태생(胎生), 난생(卵生), 습생(濕生), 화생(化生)을 말한다.

이 선인의 유촉을 등지는 것과 중생이 선불(先佛)의 유교(遺敎)를 등지는 것은 균등히 대역죄라 이른다. 가히 삼가 할 일이 아니겠는가! 두 번째, 번역자를 드러낸다.

二
번역자를 드러내다

【節要】 姚秦의 三藏法師鳩摩羅什이 譯하다 姚秦即後秦이니 姓姚名興이라 具云하되 鳩摩羅什婆이며 此云하여 童壽라 以童子之年에 有壽者之智耳일새니라 其翻宣經論의 宏功茂德은 傳文敍之詳矣니라 譯者는 周禮의 秋官司寇에 云하되 北方掌語之官●28을 曰譯이라 하다

요진(姚秦)의 삼장법사인 구마라집이 번역하다. '요진(姚秦)'은 곧 후진(後秦)이니, 왕의 성은 요(姚)이며, 이름은 흥(興)이다.●29

'구마라집(鳩摩羅什)'은 갖추어 이르면 구마라지바(鳩摩羅什婆)이며, 이곳 말로는 동수(童壽)이다. 동자의 나이에 수자(壽者)의 지혜가 있었기 때문이다. 그가 경론을 번역하여 베푼 넓고 풍성한 공덕은 전문(傳文)●30에 자세

●28 官이 『甲』에는 宦으로 되어 있다.
●29 후진(後秦)의 왕인 문환제(文桓帝)를 말한다. 양주를 평정하고 후양을 세운 여광으로부터 온갖 고초를 당하던 구마라집을 홍시 3년에 장안으로 모셔와 경전의 번역과 강론에 전념토록 후원한 왕이라고 전해진다.
●30 구마라집에 관한 이야기는 『고승전』의 「구마라집편」에 자세한 전기가 전한다. 『高僧傳』(大正 50卷,

히 서술되어 있다.

　'역(譯)'이라는 것은 『주례(周禮)』[31]의 「추관사구(秋官司寇)」[32]에 이르길, '북방에 언어를 맡은 벼슬을 가로되 역(譯)이라.'고 하였다.

　　【補註】釋名題下에 應有出譯人科하야 舊無今補니라 三은 解文義에 七이니 初序分으로 至七離種云云이라 無我分하고 依吾祖馬鳴論文인댄 大科有七이니 初는 序分이요 二는 修習世間功德分이요 三은 成就出世間大人功德分이요 四는 顯示畢竟甚深功德分이요 五는 顯示入證決定分이요 六은 分別未入上上證爲斷疑分이요 七은 離種種自性淸淨無我分이라 然이나 諸經文은 多明三分하야 初는 序分이요 二는 正宗이요 三은 流通이라 하고 而序分有證信發起之殊나 今經은 但有發起正宗하고 而無證信流通이니 例如般若心經이 義歸一揆니라 抑又 今所述注[33]는 翻梵從華이며 發辭申義는 則多錄孤山疏文이라 若夫譯摩訶衍은 此云大乘인댄 則遵起信論旨하야 其或辯注懸科하며 引文託證인댄 則略爲改易니라 至于判敎被機에는 復引祖訓하야 爲其正敎量耳니라 初의 序分에 六이니 初는 法師成就畢竟功德이요 二는 開法門成就畢竟功德이요 三은 弟子成就畢竟功德이요 四는 大總相成就畢竟功德이요 五는 因果自相成就畢竟功德이요 六은 分別總相成就畢竟功德이라 初의 法師成就畢竟功德이라

---

pp.330~333) 참조.
- 31 주(周) 문왕(文王)의 아들인 주공(周公)이 저술한 책으로 육관(六官)에 대하여 자세히 기록하고 있다. 육관은 주나라 때 둔 육경(六卿)의 벼슬이다.
- 32 『주례』에 의하면 일체의 정무와 그 관료를 천관(天官), 지관(地官), 춘관(春官), 하관(夏官), 추관(秋官), 동관(冬官)의 육부에 두고 있는데, 추관(秋官)의 장으로서 사법과 외교의 일을 맡아보던 벼슬을 '사구(司寇)'라고 한다.
- 33 注가 『甲』에는 註로 되어 있다.

경의 제목을 풀이한 아랫부분에 바로 출역인(出譯人)의 과목이 있어서 구본에는 지금의 보주가 없다.

세 번째, 경문의 뜻을 풀이한 것에 일곱 부분이 있으니, 처음 서분에서 일곱 번째인 이종종자성청정무아분(離種種自性淸淨無我分)까지이다. 나의 나눔은 없고 우리 조사이신 마명 보살의 논문에 의거하면, 크게 분과한 칠분(七分)이 있다. 첫 번째는 서분(序分)이요, 두 번째는 수습세간공덕분(修習世間功德分)이요, 세 번째는 성취출세간대인공덕분(成就出世間大人功德分)이요, 네 번째는 현시필경심심공덕분(顯示畢竟甚深功德分)이요, 다섯 번째는 현시입증결정분(顯示入證決定分)이요, 여섯 번째는 분별미입상상증위단의분(分別未入上上證爲斷疑分)이요, 일곱 번째는 이종종자성청정무아분(離種種自性淸淨無我分)이다. 그러나 모든 경문은 다분히 삼분(三分)●34을 밝혀서 처음은 서분(序分), 두 번째는 정종분(正宗分), 세 번째는 유통분(流通分)으로 되어 있고 서분은 증신(證信)과 발기(發起)●35의 다름이 있으나, 지금의 경문에는 다만 발기서와 정종분만 있고 증신서와 유통분은 없으니, 마치 『반야심경』의 뜻이 한 법칙으로 귀결됨과 같다. 또한 지금 서술한 바 주(注)는 범어를 번역한 중국말을 따랐으며, 뜻풀이한 문장들은 다분히 고산 존자의 소문(疏文)을 초록(抄錄)하였다. 가령, '마하연(摩訶衍)을 번역하면 중국말로 대

●34 경을 삼분(三分)하는 것은 인도에서는 『불지경론』에 나타나며, 중국에서는 진(晋)의 석도안(釋道安, 314~385)으로부터 비롯된다. 이것은 당시 질서 없이 진행되던 역경 사업을 바로 잡기 위한 것이었다.

●35 서분(序分)의 내용을 그 성격에 따라 다시 구분한 것으로 통서(通序)와 별서(別序)를 말한다. 곧, 여시아문(如是我聞)으로부터 대중의 이름을 열거하는 데까지는 모든 경전의 공통되는 형식이므로 통서(通序)라고 하고, 그 이하는 그 경전의 고유한 서분이므로 별서(別序)라고 부른다. 또한 통서(通序)는 부처님의 가르침을 바르게 전할 것을 표방하고 중생의 믿음을 권하는 서(序)이므로 증신서(證信序)라고 부르며, 별서(別序)는 그 경전을 설한 연유(緣由)를 기술한 서(序)이므로 발기서(發起序)라고 부른다.

이라 한다.'라고 했을 때,『기신론』의 지취(旨趣)를 따라서 주(注)로 풀이하고 과(科)를 달았으며, 논문(論文)을 인용하여 증거로 삼을 때는 간략히 고쳐 쉽게 하였다. 그리고 가르침을 판단하여 근기에 적용할 적에는 조사의 가르침을 인용하여 그 바른 가르침의 표준으로 삼았을 따름이다.

처음 서분에 여섯 가지가 있으니, 첫째는 법사성취필경공덕(法師成就畢竟功德)이요, 둘째는 개법문성취필경공덕(開法門成就畢竟功德)이요, 셋째는 제자성취필경공덕(弟子成就畢竟功德)이요, 넷째는 대총상성취필경공덕(大總相成就畢竟功德)이요, 다섯째는 인과자상성취필경공덕(因果自相成就畢竟功德)이요, 여섯째는 분별총상성취필경공덕(分別總相成就畢竟功德)이다. 첫 번째, 법사로 필경공덕을 성취한다.

三
경문의 뜻을 풀이하다

【1장】
서분

【2장】
수습세간공덕분

【3장】
성취출세간대인공덕분

【4장】
현시필경심심공덕분

【5장】
현시입증결정분

【6장】
분별미입상상증위단의분

【7장】
이종종자성청정무아분

【 1장 】

서분
序分

1. 법사성취필경공덕 法師成就畢竟功德

釋迦牟尼佛이
석가모니 부처님께서

【節要】釋迦는 此翻能仁이니 姓也요 牟•³⁶尼는 此翻寂默이니 字也니라 故로 馬鳴論에 云하되 能仁以家姓尊貴니 即別相也며 寂默以自體清淨이니 即總相也라 하니라 若總若別唯佛兼之니 即十號之一也니라 然則能仁約事爲別이며 寂默約理爲總이며 佛該總別하고 而理事融通하니 其唯大覺乎아 是則以大覺으로 爲大法師矣니라

•36 牟가 『甲』, 『永樂』, 『乾隆』에는 牟로 되어 있다.

'석가(釋迦)'는 이 곳 말로 번역하면 능인(能仁)이니 성(姓)이요, '모니(牟尼)'는 이 곳 말로 번역하면 적묵(寂默)이니 자(字)이다. 그러므로 마명 보살의 논에 이르길, '능인(能仁)은 가성(家姓)으로서 존귀의 뜻이므로 곧 별상(別相)이요, 적묵(寂默)은 자체로서 청정의 뜻이므로 곧 총상(總相)이다.'●37라고 하였다.

총상이든 별상이든 오직 불(佛) 자만이 두 뜻을 겸하므로 곧 여래십호(如來十號)●38의 하나이다. 따라서 능인은 현상을 잡아서 별상이라 한 것이며, 적묵은 이치를 잡아서 총상이라 한 것이며, 불(佛)은 총상과 별상을 갖추고 이치와 현상에 융통하니, 그 오직 대각(大覺)만이 가능할 뿐이로다. 따라서 대각(大覺)을 대법사(大法師)라고 한 것이다.

【補註】 問이라 諸經結集에 俱云하되 如是我聞이라 하야 爲斷三疑하니 此何不爾아 答이라 首稱釋迦牟尼佛이 佛不自稱인댄 則非佛重起일새 一疑斷이요 言釋迦인댄 則非他方佛來일새 二疑斷이요 言釋迦인댄 則非阿難成佛일새 三疑斷이니라 蓋變格이어니와 而合常者也니라 二는 開法門成就畢竟功德이라

묻는다. "모든 경의 결집에 '여시아문(如是我聞)'이라고 갖추어 말함

●37 『遺教經論』(大正 26卷, p.283), 總相者 如經牟尼故 別相者 如經釋迦故 總別相者 佛故 是中釋迦者 示現化衆生巧便故 復家姓尊貴故 牟尼者 一切諸佛功德故 復示自體淸淨故(총상이란 경에서 '모니(牟尼)'라고 한 것과 같으며, 별상이란 경에서 '석가(釋迦)'라고 한 것과 같고, 총별상이란 '부처님'이다. 여기서 '석가'라고 한 것은 중생을 교화하는 교묘한 방편을 나타내 보인 것이요, 또한 집안의 성이 존귀한 것이다. '모니'라고 한 것은 모든 부처님의 공덕이며, 또한 자체의 청정함을 보이는 것이다).

●38 부처님만이 갖추고 계신 공덕상(功德相)을 일컫는 열 가지 명호로 ① 여래(如來), ② 응공(應供), ③ 정변지(正遍知), ④ 명행족(明行足), ⑤ 선서(善逝), ⑥ 세간해(世間解), ⑦ 무상사(無上士), ⑧ 조어장부(調御丈夫), ⑨ 천인사(天人師), ⑩ 불세존(佛世尊)을 말한다.

으로서 세 가지 의심을 끊도록 하였다. 이 경은 어째서 그러하지 아니한 가?" 답한다. "경의 첫 머리에 석가모니불이라 칭한 것은 부처님이 스스로 칭한 것이 아니라면 부처 아닌 사람이 거듭 말을 일으킨 것이 되므로 첫 번째 의심이 끊어짐이요, 석가모니불이라고 말하면 타방의 부처님이 오신 것이 아니므로 두 번째 의심이 끊어짐이요, 석가모니불이라고 말하면 아난 존자가 성불한 것이 아니므로 세 번째 의심이 끊어짐이다. 대개 말은 변격(變格)되었으나 뜻은 상용되는 격식[如是我聞]에 합치된다." 두 번째, 법문을 열어 필경공덕을 성취한다.

2. 개법문성취필경공덕 開法門成就畢竟功德

初轉法輪하사 度阿若憍陳如하시고
처음으로 법륜을 굴려 아야교진여를 제도하시고,

【節要】佛이 初成道於鹿野苑하고 三轉四諦法輪이라 法卽軌持며 輪者 如帝王輪이니 從喩得名이라 若約法說인댄 圓摧障惱가 名轉法輪이라 俱舍論엔 亦名梵輪이니 如來大梵之所轉故니라 大疏에 云하되 流演圓通을 名之爲輪이요 自我之彼故로 名爲轉이라 하니라 陳如는 翻火器니 姓也요 阿若는 翻無知니 名也니라 然이나 四十二章經에 爲憍陳如等五人이라 하니 一은 陳如요 二는 頞陛요 三은 跋提요 四는 十力迦葉이요 五는 摩訶

拘●³⁹利라 今但標上首하야 以攝餘四니라 然이나 此는 法門成就니 則初
轉法輪과 最後說法이며 後는 弟子成就니 則陳如跋陀일새 而聖智之巧
隔句配義矣니라 三은 弟子成就畢竟功德이라

부처님께서 처음 녹야원에서 성도하시고, 세 번 사성제의 법륜을 굴
리셨다[三轉四諦].●⁴⁰ '법(法)'은 곧 궤지(軌持)●⁴¹이며, '륜(輪)'은 제왕의 윤보
(輪寶)와 같으니 비유를 좇아 얻은 이름이다. 만약 법을 기준하여 설하면
원만히 번뇌를 최절(摧折)하는 것이 '전법륜(轉法輪)'이다. 『구사론』에서는
또한 '범륜(梵輪)'이라 이르니, 여래인 대범(大梵)께서 굴리는 바이기 때문
이다. 『대소(大疏)』●⁴²에 이르길, '원만히 통달한 이치를 굴려서 펼침으로 륜
(輪)이라 하며, 스스로의 마음 법을 타인의 마음에 옮기는 까닭에 전(轉)이
라 한다.'●⁴³라고 하였다.

'진여(陳如)'는 번역하면 화기(火器)니 성(姓)이요, '아약(阿若)'은 번역하
면 무지(無知)니 이름이다. 그러나 『사십이장경』에서는 "교진여 등 다섯 사
람이다."라고 하였으니, 첫째는 진여요, 둘째는 알폐요, 셋째는 발제요,
넷째는 십력가섭이요, 다섯째는 마하구리이다.●⁴⁴ 지금은 다만 상수(上首)

●39 拘가 『甲』에는 狗로 되어 있다.
●40 부처님께서는 처음 설법으로 성도 전에 함께 수행했던 다섯 비구에게 사성제를 세 번 설하셨는
데, 첫 번째 설법[示轉法輪]에 교진여가, 두 번째 설법[勸轉法輪]에 십력가섭과 발제가, 세 번째
설법[證轉法輪]에 마하구리와 알폐가 차례대로 깨달음을 성취하였다.
●41 '임지자성(任持自性) 궤생물해(軌生物解)'의 줄임말이다. 궤(軌)는 그 체가 궤범이 되어 사람들로
하여금 이해하는 마음이 일어나도록 하는 것이며, 지(持)는 그 체를 유지하여 다른 체에 혼란되
지 않도록 하는 것이다.
●42 청량 국사의 『대방광불화엄경수소연의초(大方廣佛華嚴經隨疏演義鈔)』를 간략히 한 명칭으로
보통 『화엄경소초(華嚴經疏鈔)』로 부른다.
●43 『華嚴經疏鈔』(大正 36卷, p.629) 참조.
●44 부처님께서 태자로서 처음 출가 수행하실 적에 함께 고행하던 다섯 비구이다. 부처님께서 성도하
신 후 녹야원에서 처음 법륜을 굴리실 때 모두 과(果)를 성취하였다. 이 오비구의 이름은 경론마
다 여러 가지 이명(異名)으로 쓰여 있어 구분이 쉽지 않은 부분이 있는데 특히, 석마남(釋摩男)

만을 나타내어 나머지 네 사람을 대표한 것이다. 그러나 (경문의 구성으로 따지면) 이 구절은 법문성취로 곧 초전법륜과 최후설법이며, 뒤 구절은 제자성취로 곧 교진여와 수발타라를 나타내니, 성인의 지혜로운 선교방편을 격구(隔句)로써 그 의미를 배대시킨 것이라 하겠다. 세 번째, 제자로 필경공덕을 성취한다.

3. 제자성취필경공덕 弟子成就畢竟功德

最後說法하사 度須跋陀羅하시니
마지막으로 법을 설하여 수발타라를 제도하시니,

【節要】 本論에는 約白淨法하야 二種釋之니 此句는 則涅槃白淨法이며 上句의 初轉法輪은 則道場白淨法이라 須跋陀羅는 此云好賢이며 或云善賢이니 外道名也니라 住鳩尸那城하야 年一百二十에 聞佛涅槃하고 方往佛所러니 聞八聖道하고 心意開明하야 遂得初果하니 乃從佛出家하고 又爲廣說四諦에 卽成羅漢이러라 四는 大總相成就畢竟功德이라

『유교경론』에서는 백정법(白淨法)●45을 기준하여 두 가지로 풀이한다.

은 교진여와 마하구리의 다른 이름이며, 마하남(摩訶男)은 교진여와 발제의 다른 이름으로 사용되기도 한다.
●45 부처님께서 굴리시는 법륜의 바탕이다. 즉, 부처님께서 무루 청정법계를 굴려서 중생의 마음 가

이 구절은 열반백정법이며, 위 구절의 초전법륜은 도량백정법이다.[46]

'수발타라(須跋陀羅)'[47]는 이곳 말로 '호현(好賢)'이며, 혹 '선현(善賢)'이라고도 하니 외도의 이름이다. 구시나성에 머물면서 120세에 부처님의 열반소식을 듣고 바야흐로 부처님의 처소로 갔다. 팔정도의 법문을 듣고 마음이 밝게 열려 마침내 초과를 얻으니 이에 부처님을 의지하여 출가하였고, 이어서 널리 설하는 사제법문에 곧 아라한과를 성취하였다. 네 번째, 대총상(大總相)으로 필경공덕을 성취하다.

4. 대총상성취필경공덕 大總相成就畢竟功德

所應度者는 皆已度訖하시니라

제도 받아야 할 자들은 이미 모두 제도하셨다.

운데 들어가 문훈 종자를 이루도록 하는 것을 말하니, 다시 무루의 성스런 지혜를 생기게 하는 까닭이며, 헛되이 세월을 보내지 않도록 하는 까닭이다.

- 46 『遺教經論』(大正 26卷, p.283b5~13), 開法門成就畢竟功德者 有二白淨法句 一道場白淨法句 二 涅槃白淨法句 此二白淨法前後二句 說示轉說義應知 道場白淨法者 如經初轉法輪故 涅槃白淨法 句者 如經最後說法故 弟子成就畢竟功德者 示能受持二種白淨法門故 成就自利益行故 顯現如來 快說法門功德故 如經度阿若憍陳如故 度須跋陀羅故.
- 47 부처님의 마지막 제자로서 아라한과를 성취한 후 부처님보다 먼저 입멸한다. 수발타라의 입멸과 관련해서 많은 견해들이 있으나 『증일아함경』(大正 2卷, p.752)에 따르면, '금일의 부처님 마지막 제자뿐만 아니라, 과거 제불세존의 모든 마지막 제자는 부처님보다 먼저 입멸에 들었다.'라고 밝히고 있다.

【節要】謂中間所度가 其人無量일새 故로 科爲大總相也니라

중간에 제도된 중생의 수가 무량함을 말한다. 그러므로 과목을 대총상(大總相)[48]이라고 하였다.

【補註】中間에 所度無量은 則被機不一故니 始陳如로 終跋陀하시니라 似專爲小乘이나 而實兼乎大乘也니라 五는 因果自相成就畢竟功德이라

'중간에 제도된 중생의 수가 한량이 없다.'는 것은 제도 받은 근기가 한결같지 아니한 까닭이니, 교진여를 시작으로 수발타라에 마치셨다. 오로지 소승만을 위하는 듯하나 실은 대승을 겸한다. 다섯 번째, 인과의 자상이 되어 필경의 공덕을 성취하다.

5. 인과자상성취필경공덕 因果自相成就畢竟功德

於娑羅雙樹間에 將入涅槃하실새 是時中夜에 寂然無聲하거늘

사라쌍수 사이에서 장차 열반에 드시려 하니, 때는 한밤중이라 고요하여 소리조차 없었다.

【節要】因詣雙樹한 然後에 示滅故로 論에 云하되 因自相也라 하니라 娑羅는

●48 진여(眞如)의 다른 말로, 진여의 실상은 광대하고 일미평등(一味平等)하다는 뜻을 내포하고 있다.

此翻堅固이요 言雙樹者는 上枝相合하고 下根相連호대 一榮一枯의 相合호미 似連理하며 榮枯호미 似交讓하니라 其華如芙蕖하며 果大如瓶하고 其甘如蜜하니라 準涅槃經인댄 則四方各雙은 即表四德하야 以破八倒하며 若依三卷經文인댄 似唯一雙하야 以破斷常하니 此는 亦大小二機의 所見各別이니라 將入涅槃者는 將入是因이요 涅槃是果일새 故로 論에 云하되 因共果自相也라 하니라 上에 明雙樹若表四德은 即無住涅槃이며 今文은 即捨有餘入無餘也니라 言中夜者는 成就二種中道일새 故로 論에 云하되 總自相也라 하니라 一者는 正覺中道요 二者는 離正覺中道라 故知하라 中夜入滅은 表離斷常二邊矣니라 寂然無聲者는 既離正覺中道일새 故로 論에 云하되 果自相也라 하니라 寂然者는 自性離念也요 無聲者는 自性無說也니 即自性清淨涅槃心은 言罔及일새 亦是本論에 自性無說離念涅槃果耳라 하니라

사라쌍수에 다다름을 인한 연후에 입멸을 보이는 까닭으로 논에서는 '인자상(因自相)'이라고 하였다.[49]

'사라(娑羅)'는 이곳 말로 번역하면 견고(堅固)다. '쌍수(雙樹)'라고 말한 것은 위의 가지는 서로 교차하여 있고, 아래의 뿌리는 서로 맞닿아 있으면서 하나는 무성하고 하나는 시든 채 서로 합쳐진 것은 흡사 연리지(連理枝)[50]인 듯하며, 무성하고 시든 것은 흡사 교양목(交讓木)[51]인 듯하다. 그

- [49] 『遺教經論』(大正 26卷, p.283). 因果自相成就畢竟功德者 有四種自相 一因自相 如經娑羅雙樹間故 二因共果自相 如經將入涅槃故 三總自相 如經是時中夜故 四果自相 如經寂然無聲故(인과의 자상이 되어 필경의 공덕을 성취한다는 것은 네 가지의 자상이 있다. 첫째는 인자상(因自相)이니, 경에서 '사라쌍수 사이'라고 한 것과 같으며, 둘째는 인공과자상(因共果自相)이니, 경에서 '장차 열반에 드시려 하시니'라고 한 것과 같으며, 셋째는 총자상(總自相)이니, 경에서 '때는 한밤중으로'라고 한 것과 같으며, 넷째는 과자상(果自相)이니, 경에서 '고요하여 소리조차 없었다'고 한 것과 같다.)
- [50] 두 그루의 나무가 나란히 자라는 가운데 가지와 가지가 서로 붙어서 나뭇결이 하나로 이어진 것을 말한다.
- [51] 두 그루의 나무가 서로 마주 보고 자라는데 한쪽이 시들면 다른 한쪽이 무성하게 살아난다고 한다.

꽃은 연꽃과 같으며, 열매의 크기는 병만 하고 꿀처럼 달다. 대승불교의
『열반경』[52]에 의하면 사방의 각 쌍은 곧 사덕(四德)[53]을 나타내어서 팔도
(八倒)[54]를 파하며, 저 3권본 초기불교의 『열반경』에 의거하면 오직 한 쌍
만을 보여서 단견(斷見)[55]과 상견(常見)[56]을 파하니, 이것은 또한 대승과
소승, 두 근기의 소견이 각각 다름을 의미한다.

'장입열반(將入涅槃)'이란 장입은 인(因)이며, 열반은 과(果)이다. 그러므
로 논에서는 '인공과자상(因共果自相)'이라고 하였다. 위에서 '사라쌍수가
열반사덕을 표함과 같다.'라고 밝힌 것은 곧 무주열반이며, 지금 경문은
곧 유여열반을 버리고 무여열반에 들어가는 것이다.

'중야(中夜)'라고 말한 것은 두 가지의 중도를 성취하는 까닭에 논에서

- [52] 『대반열반경(大般涅槃經)』을 줄여서 『열반경』이라고 하며, 석가모니 부처님의 열반을 중심으로 설한 경전이다. 초기에 성립된 『열반경』을 흔히 초기불교 『열반경』이라고 하며, 대승불교 흥기 후에 성립된 『열반경』을 대승불교 『열반경』이라고 한다. 그러나 경전 제목에는 초기 또는 대승의 표시가 없기 때문에 경전 이름만으로는 구별하기가 어렵다. 그래서 번역자와 권수 그리고 내용으로 구분할 수밖에 없다. 대승불교 『열반경』은 주로 모든 중생에게 불성이 있다는 것과 부처님의 몸이 항상 이 세계에 머문다는 것과 열반의 네 가지 덕인 상락아정을 교리적으로 기술하고 있는 반면, 초기불교 『열반경』은 부처님이 병으로 힘들어 하시고, 마지막 공양을 받으신 후 구시나라의 사라쌍수 아래에서 열반에 드시고, 화장을 하고, 사리를 분배하는 등 사실적으로 기술하고 있다. 대승불교 『열반경』으로는 법현과 불타발타라의 공역인 『불설대반니원경』 6권 18품과 북량 담무참 번역인 『대반열반경』 40권 13품과 이 두 번역본을 종합하여 만든 36권 25품의 남본 『열반경』 등이 있으며, 초기불교 『열반경』으로는 장아함에 속한 『유행경』과 법현 역의 『대반열반경』 3권과 백법조 역의 『불반니원경』 2권 등이 있다.
- [53] 여래의 법신과 대승의 열반 및 불성에 갖추어져 있는 네 가지 덕인 상락아정(常樂我淨)을 말한다.
- [54] 범부와 소승 등이 미혹한 고집으로 바른 이치를 뒤바뀌게 하는 여덟 가지 그릇된 견해를 말한다. 즉, 유위생멸(有爲生滅)하는 법을 '상락아정(常樂我淨)하다'라고 고집하는 범부의 네 가지 전도와 무위열반의 법을 '무상(無常)·무락(無樂)·무아(無我)·부정(不淨)하다'라고 고집하는 이승(二乘)의 네 가지 전도를 합한 것이다.
- [55] 범어 ucchedadṛṣṭi의 번역으로 만유는 무상한 것이어서 실재하지 않는 것처럼 인간도 죽으면 몸과 마음이 모두 없어져서 공무(空無)한 상태로 돌아간다고 고집하는 그릇된 소견이다.
- [56] 범어 nityadṛṣṭi의 번역으로 사람은 죽지만 자아는 없어지지 않으며, 오온은 과거나 미래에 항상 머물러서 불변하므로 단절되는 일이 없다고 고집하는 그릇된 소견이다.

는 '총자상(總自相)'이라고 하였다. 첫째는 정각 중도요. 둘째는 정각을 여 윈 중도이다. 그러므로 알라. 중야의 입멸은 단견과 상견을 모두 떠남을 의미한다.

'고요하여 소리가 없다.'는 것은 이미 정각을 여윈 중도이므로 논에서는 '과자상(果自相)'이라 하였다.

'적연(寂然)'이라는 것은 자성이 념(念)을 여윈 것이요, '무성(無聲)'이라는 것은 자성이 설함이 없는 것이다. 곧 자성청정열반은 마음과 언설로 미칠 수 있는 것이 아니므로 또한 논에서는 '자성무설이념열반과(自性無說離念涅槃果)'라고 했을 따름이다.●57

【補註】一者는 離斷常이며 二者는 亦不住離斷常이라 不住離斷常이 即是離中道이니 此佛果自相也니라 六은 分別總相成就畢竟功德이라

첫째는 단견과 상견을 떠나야 하며, 둘째는 또한 단견과 상견을 떠난 상태에도 머물지 말아야 한다. 단견과 상견을 떠난 상태에도 머무르지 않는 것이 곧 중도를 떠나는 것이니 이것이 불과(佛果)의 자상(自相)이다. 여섯 번째, 분별의 총상으로 필경공덕을 성취하다.

●57 『遺教經論』(大正 26卷, p.283), 於中總自相者 遠離二邊故 成就二種中道故 一者正覺中道 二者離正覺中道 是中離正覺中道者 即果自相應知 此果有二種 一者自性無說離念涅槃果 二者遠離覺觀涅槃果故(이 가운데에서 총자상(總自相)이라고 한 것은 두 극단을 멀리 떠난 까닭이며, 두 가지의 중도를 성취한 까닭이니, 첫째는 정각의 중도요, 둘째는 정각을 떠난 중도이다. 이 가운데 정각을 떠난 중도를 과자상(果自相)이라 하니, 응당 알라. 이 과에 두 가지가 있다. 첫째는 자성을 설하지 않고 념(念)을 떠난 열반과(涅槃果)이며, 둘째는 각관을 멀리 떠난 열반과이다).

6. 분별총상성취필경공덕 分別總相成就畢竟功德

為諸弟子하사 略說法要하시니라
모든 제자들을 위하여 간략히 법요를 설하셨다.

【節要】上首眷屬의 人位差別이라 諸者는 不一也니라 學居師後일새 故로 言弟이며 解從師生일새 故로 稱子니라 略說法要者는 世出世間法位差別이라 下文의 第二分은 即世間法이며 從三至七히 皆出世法이라 序分은 竟하다

상수의 권속으로 사람의 지위에 따른 차별이다. '제(諸)'는 하나가 아닌 것이다. 배움이 스승의 뒤에 놓이는 까닭에 '제(弟)'이며, 앎이 스승을 쫓아 생겨나는 까닭에 '자(子)'라고 칭한다.

'간략히 법요를 설한다.'라는 것은 세간과 출세간의 법의 지위에 따른 차별이다. 아래 글의 제2분[修習世間功德分]은 곧 세간법이며, 제3분[成就出世間大人功德分]으로부터 제7분[離種種自性清淨無我分]까지는 모두 출세간법이다. 서분(序分)을 마친다.

【補註】略說法要者는 垂滅無復再會며 中夜為時不多일새 是以로 略而言之하야 唯取其要하니 聞者는 宜盡心焉이니라 二의 修習世間功德分에 三이니 初는 對治邪業功德이요 二는 對治止苦功德이요 三은 對治滅煩惱功德이라 此는 即三障也니 苦是報障이며 餘二如文이라 修此對治하야 止離四趣이언만 未出三界故로 總明世間功德也니라 初의 對治邪業功德에 四니 初는 依根本清淨戒요 二는 方便遠離清淨戒요 三은 結示二戒能生定慧요 四는

別伸五勸修戒利益이라 初의 依根本清淨戒라

'간략히 법요를 설한다.'라는 것은 멸도에 임박하여 다음의 법회는 기약이 없으며 중야(中夜)는 시간이 많지 않으므로 간략히 법요를 설하여 오직 그 요점만을 취했을 따름이다. 듣는 자는 마땅히 마음을 다해야 한다.

두 번째, 세간의 공덕을 수습하는 분에 셋이니, 첫째는 삿된 업을 대치하는 공덕이요[對治邪業功德], 둘째는 괴로움을 대치하는 공덕이요[對治止苦功德], 셋째는 멸번뇌를 대치하는 공덕이다[對治滅煩惱功德]. 이것은 세 가지 장애로서 고는 과보의 장애이며 나머지 둘은 글과 같다.

이러한 대치(對治)의 공덕을 닦아 (삿된 업 등을) 그쳐서 사취(四趣)●58를 떠나야 하지만 아직 삼계(三界)를 벗어나지 못한 까닭에 총체적으로 세간의 공덕을 밝히는 것이다.

첫 번째, 삿된 업을 대치하는 공덕에 네 가지가 있으니, 첫째는 근본 청정계에 의지함이요[依根本清淨戒], 둘째는 방편으로 멀리 여의는 청정계요[方便遠離清淨戒], 셋째는 두 가지 계가 능히 선정과 지혜를 냄을 맺어 보임이요[結示二戒能生定慧], 넷째는 계를 닦고 권하는 이익을 다섯 가지로 따로 펼침이다[別伸五勸修戒利益]. 첫 번째, 근본 청정계에 의지한다.

●58 사악취(四惡趣)의 약칭으로 지옥, 악귀, 축생, 아수라를 말한다.

【 2장 】

◉

수습세간공덕분
修習世間功德分

1. 대치사업공덕 對治邪業功德

1) 의근본청정계 (依根本淸淨戒)

汝等比丘여 於我滅後에 當尊重珍敬波羅提木叉하라 如闇遇明하고 貧人得寶하리니 當知하라 此則是汝大師이니 若我住世라도 無異此也니라

너희 비구들이여, 내가 멸도한 후에 마땅히 바라제목차를 존중하고 진심으로 공경하라. 어두운 가운데 밝음을 만난 듯, 가난한 이가 보배를 얻은 듯하리니, 마땅히 알라. 이것은 곧 너희들의 큰 스승이니, 만약 내가 세상에 더 머물더라도 이와 다를 것이 없노라.

【節要】比丘는 梵語이니 此含三義니라 一은 怖魔요 二는 乞士요 三은 破惡이라 論에 云하되 此修多羅中에 每說比丘者는 示現遠離相故며 復示摩訶衍方便道가 與二乘共故며 又於四眾도 亦同遠離行故라 하니라 準起信論인댄 摩訶衍은 此翻大乘이니 大는 即體相用三大요 乘은 即諸佛菩薩의 所乘法故이니 下經에 示堪忍道即菩薩所乘이니라 若謂今經의 約始終小機所見하야 得析空인댄 寂默은 屬藏教者리니 恐失馬鳴深旨矣니라 於我滅後者는 示現遺教義故요 尊敬木叉者는 即不盡滅法也니 以不盡法清淨法身으로 常為世間作究竟度일새 故로 令尊重珍敬이니라 梵語인 波羅提木叉는 此翻別別解脫이며 亦云處處解脫이니 謂身口七川非와 五篇等過를 不令有犯故로 得前名이요 戒體가 既全克取聖果일새 故로 彰後號니라 論에 云하되 此木叉亦是毘尼이니 相順法故며 復是諸行調伏義故라 하니라 次는 示解脫得度二種障이라 闇遇明者는 度有煩惱闇障이니 如盲得眼이요 貧人得寶者는 度空無善根障이니 如滿足財寶니라 是汝大師者는 示現波羅提木叉是修行大師니라 住世無異는 示住持利益人法相似故니라 以佛處世에 常以篇聚訓人할새 此法既存則如佛在며 此則清淨法身不滅也니라

'비구(比丘)'는 범어로서 이는 세 가지 뜻을 포함하고 있다. 첫째는 '마군을 두렵게 한다.'라는 뜻이요, 둘째는 '음식을 빌어서 먹는다.'라는 뜻이요, 셋째는 '악을 파한다.'라는 뜻이다. 논에 이르길, '이 수다라[遺敎經] 가운데 항상 비구라고 설한 것은 멀리 떠난 모습을 드러내 보이는 까닭이며, 다시 마하연(摩訶衍)의 방편도가 이승(二乘)과 같음을 보이는 까닭이며, 또한 사부대중도 동일하게 원리행(遠離行)을 닦음을 보이는 까닭이라.'[59]고 하였다. 『기신론』을 준거하건데, '마하연'은 이곳 말로 번역하면

●59 『遺敎經論』(大正 26卷, p.283) 참조.

대승이니, 대(大)는 곧 체(體)·상(相)·용(用)의 삼대(三大)요, 승(乘)은 곧 모든 불보살이 타는[乘] 바 법이므로,●60 아래의 경문에서 보이는 감인(堪忍)의 도(道)가 곧 보살의 타는[乘] 바라 하겠다. 만약 지금 경문의 시작과 끝을 소승[小機]의 소견으로 간주하여 석공(析空)●61을 얻음과 연관지어 생각한다면 석가모니[寂黙]는 장교(藏敎)●62에 소속될 것이니, 실로 마명 보살의 깊은 뜻을 잃을까 두렵다.

'내가 멸도한 후'라는 것은 유교(遺敎)의 뜻을 드러내 보이는 까닭이요, '바라제목차●63를 존경하라.'는 것은 곧 법이 다 소멸하지 않도록 하려

●60 『大乘起信論』(大正 32卷, pp.575~576), 摩訶衍者 總說有二種 云何為二 一者法 二者義 所言法者 謂眾生心 是心則攝一切世間法出世間法 依於此心顯示摩訶衍義 何以故 是心真如相 即示摩訶衍體故 是心生滅因緣相 能示摩訶衍自體相用故 所言義者 則有三種 云何為三 一者體大 謂一切法真如平等不增減故 二者相大 謂如來藏具足無量性功德故 三者用大 能生一切世間出世間善因果故 一切諸佛本所乘故 一切菩薩皆乘此法到如來地故 (마하연(摩訶衍)이란 총괄적으로 말하면 두 가지가 있으니 무엇이 두 가지인가? 하나는 법(法)이요, 둘은 의(義)다. 법이라는 것은 중생의 마음을 이르는 것이니 이 마음이 일체 세간과 출세간법을 거두느니라. 이 마음에 의하여 마하연의 뜻을 나타내 보이니, 왜냐하면 이 마음이 가진 진여의 모습이 그대로 마하연의 체(體)이기 때문이며 마음의 생멸하는 인연의 모습이 마하연 자체의 상(相)과 용(用)이기 때문이니라. 의(義)라는 것은 세 가지가 있으니 무엇이 세 가지냐 하면, 첫째 체대(體大)이니 일체 법이 진여로 평등하여 늘어나거나 줄어들지 않기 때문이요, 둘째는 상대(相大)니 여래장(如來藏)이 한량없는 공덕을 갖추고 있기 때문이요, 셋째는 용대(用大)이니 능히 일체 세간과 출세간의 선한 인과를 내기 때문이다. 일체 모든 부처님이 본래 탔던 바며 일체 보살들도 이 법을 타고 여래의 땅에 이르기 때문이다).

●61 사물을 분석하여 공(空)임을 밝히는 것으로서 천태종에서는 사교(四教) 가운데 장교(藏敎)에 배대하여 소승불교의 공관(空觀)이라 하였다. 가령, 사람을 분석해서 오온·십이처·십팔계 등의 구성요소를 들고, 색법을 분석해서 극미에 이르고, 마음을 분석하여 일념에 이르는 것처럼 분석결과에 의해 인법(人法)의 이공(二空)으로 관하는 것을 말한다. 여기에 반해서 분석의 결과로서가 아니라 모든 법을 그대로 환몽으로 직관하여 본래 그대로가 공이라고 체달하는 것을 체공(體空)이라 한다.

●62 천태종의 교설인 화법사교(化法四教)의 하나로 삼장교(三藏敎)의 준말이다. 4아함(四阿含)에 의해 단공(但空)의 도리를 밝히고, 석공관(析空觀)에 의해 무여열반의 깨달음에 이르도록 하는 소승교를 가리킨다.

●63 범어 prātimokṣa의 음역이며, 수순해탈(隨順解脫), 별별해탈(別別解脫), 별해탈(別解脫), 처처해탈(處處解脫), 보해탈(保解脫) 등으로 한역되었다. 그 각각의 계율을 수지함으로써 따로따로 몸

는 것이니, 다함 없는 법인 청정법신으로서 항상 세간의 구경도(究竟度)●64 지음을 삼는 까닭으로 존중하고 진심으로 공경하도록 한 것이다. 범어인 '바라제목차'는 이곳 말로 번역하면 별별해탈(別別解脫)이며, 또한 처처해탈(處處解脫)이니, 말하자면 신구칠비(身口七非)●65와 오편(五篇)●66 등의 과실을 범하지 않도록 하려는 까닭으로 앞의 이름이 붙여졌으며, 계체(戒體)●67가 이미 온전히 지켜지면 성과(聖果)를 취할 수 있는 까닭에 뒤의 이름이 붙여졌다. 논에 이르길, '이 바라제목차는 또한 율(律)이니 서로 수순하는 법인 까닭이며, 다시 모든 행을 조복하는 뜻인 까닭이라.'●68고 하였다. 다음은 해탈득도의 두 가지 장애를 보인 것이다.

과 입으로 짓는 허물을 막고 점차 번뇌의 속박에서 해탈하는 것을 의미한다. 또한 승가 대중의 생활을 규제하는 금지조항으로서 그 각각의 조목을 학습한다는 뜻과 그 금계의 조목을 세어서 분류 열거한 계본까지도 바라제목차라고 부른다.

●64 번뇌의 어두운 장애와 텅 비어 없는 선근의 장애를 도탈(度脫)함으로써 드러나는 덕을 말한다. 『遺教經論記』(續藏 53卷, p.636), 度此二障 離過成德 即究竟度義 참조.

●65 몸으로 짓는 세 가지 업인 살생·투도·사음과 입으로 짓는 네 가지 업인 망어·기어·악구·양설을 말한다.

●66 오중죄(五衆罪)라고도 하며, 비구 250계와 비구니 348계를 5과로 분류한 것이다. ① 바라이(波羅夷)는 가장 중한 죄로 머리를 끊으면 다시 나지 못함과 같이 다시 비구임을 허락하지 않는 죄이다. 비구는 4계가 있으며, 비구니는 8계가 있다. ② 승잔(僧殘)은 바라이 다음 가는 중죄로 이것을 범하면 일정 기간 승니로서의 자격을 박탈당하며, 참회시 20인 이상의 대중이 필요하다. 비구는 13계, 비구니는 17계가 있다. ③ 바일제(波逸提)는 지옥에 떨어지는 죄로 사타(捨墮)와 타(墮)의 2종류가 있다. 참회시 4인 이상의 대중이 필요하며, 비구는 120계, 비구니는 208계가 있다. ④ 바라제제사니(波羅提提舍尼)는 비교적 가벼운 죄목으로 1인의 다른 비구에게만 참회하면 죄가 소멸된다. 비구는 4계, 비구니는 8계가 있다. ⑤ 돌길라(突吉羅)는 가장 가벼운 죄목으로 고의가 아니었다면 자기 마음 가운데 참회하는 것만으로도 죄가 소멸된다. 비구는 107계, 비구니는 100계(또는 107계)가 있다. 다만 2부정(二不定)은 허물을 막는 연유이고 정죄(正罪)가 아니므로 이 5편 중에는 포함되지 않는다. 그리고 칠취(七聚)는 위의 오편(五篇)에 투란차(偸蘭遮)와 악설(惡說)을 더한 것이다.

●67 그릇된 것을 막고 악한 행위를 그치게 하는 힘을 가진 계의 본체를 말하는데, 여기에는 색법계체(色法戒體), 심법계체(心法戒體), 비색비심법계체(非色非心法戒體) 등 몇 가지 이설이 있다.

●68 『遺教經論』(大正 26卷, p.283) 참조.

'어둠에서 밝음을 만남과 같다.'라고 한 것은 가진 바 번뇌의 어두운 장애를 건너게 함이니, 마치 맹인이 밝은 눈을 얻음과 같은 것이요. '가난한 사람이 보배를 얻음과 같다.'라고 한 것은 텅 비어 없는 선근의 장애를 건너게 함이니, 마치 재물과 보배에 만족하는 것과 같다.

'너희의 큰 스승'이라고 한 것은 바라제목차가 곧 수행의 큰 스승임을 드러내 보인 것이요. '세상에 더 머물더라도 다름이 없다.'라는 것은 세상에 머무는 이익이 (머물지 않는 이익과 비교했을 때) 사람과 법에 크게 다를 것이 없는 까닭을 보임이다. 부처님이 세상에 계실 적에 항상 오편과 칠취로써 사람들을 훈계하셨는데 이 법이 있다면 부처님이 존재하시는 것과 같으며, 이는 곧 청정법신의 불멸을 뜻한다.

【補註】不盡滅法者는 佛滅則法滅인지라 以有戒存則法不盡滅이니라 有此不盡滅之戒法인댄 是如來法身常度眾生也니라 二의 方便遠離淸淨戒에 二니 初는 不同凡夫增過護요 二는 不同外道損智護라 論에 云호되 護根本淨戒는 此護初文의 依根本義니 有其二種이라 一者는 不同凡夫增過護요 二者는 不同外道損智護라 하니라 遮戒雖多이나 今約喜犯曲嘉誡勉하야 能止此惡則名淸淨이니라 初의 不同凡夫增過護라

'법이 다 소멸하지 않도록 한다.'라는 것은 불(佛)의 소멸이 곧 법의 소멸인지라 계율을 보존함으로써 법이 소멸하지 않도록 한다는 것이다. 이처럼 멸하지 않는 계법(戒法)이 있는 한 여래법신이 항상 중생을 제도한다는 뜻이다.

두 번째, 방편으로 멀리 여의는 청정계에 둘이니, 첫째는 범부와 같이 허물을 늘이지 않도록 보호함이요[不同凡夫增過護], 둘째는 외도와 같이 지혜를 손실하지 않도록 보호함이다[不同外道損智護]. 논에 이르길, "근본정계

(根本淨戒)의 보호란 초문(初文)의 '근본(根本)을 의지하여 보호한다.'라는 뜻으로 두 가지가 있다. 첫째는 부동범부증과호(不同凡夫增過護)요, 둘째는 부동외도손지호(不同外道損智護)라."●69고 하였다. 막아야 할 계가 비록 많으나 지금은 범함을 좋아하고 아름다움을 왜곡하는 부분을 잡아 경계하고 격려하여 능히 악을 그치게 하므로 청정이라고 하였다. 첫 번째, 범부와 같이 허물을 늘이지 않도록 보호한다.

2) 방편원리청정계 (方便遠離淸淨戒)

(1) 부동범부증과호 (不同凡夫增過護)

持淨戒者는 不得販賣貿易하며 安置田宅하며 畜養人民奴婢畜生하며 一切種殖●70과 及諸財寶를 皆當遠離호미 如避火坑인달하며 不得斬伐草木하며 墾土掘地하라

청정한 계율을 지키는 자는 판매하거나 무역하지 말며, 편안히 거처할 집이나 밭을 두지 말며, 사람이나 노비를 부리거나 축생을 기르지 말며, 일체 씨앗 심는 일과 모든 재화·보물을 응당 멀리하여 마치 불구덩이 피하듯 할 것이며, 풀과 나무를 베거나 농사지을 땅을 개간하지 말라.

●69 『遺教經論』(大正 26卷, p.284), 此中方便遠離淨者 護根本淨戒故 如經持淨戒者故 云何護根本 何者是根本 護根本者 今說二種 何等為二 一者不同凡夫增過護 二者不同外道損智護(이 가운데 '방편으로 멀리 여의는 청정'이라 한 것은 근본정계를 보호하는 까닭이니, 경에서 '청정한 계율을 지키는 자'라고 한 것과 같다. 어떻게 하는 것이 근본을 보호하는 것이며, 무엇을 근본이라 하는가? 근본을 보호하는 것에 두 가지를 설하니, 무엇이 두 가지인가? 첫째는 범부와 같이 허물을 늘이지 않도록 보호하는 것이요, 둘째는 외도와 같이 지혜를 손실하지 않도록 보호하는 것이다).
●70 殖이 『宮』, 『宋』, 『元』, 『永樂』, 『乾隆』에는 植으로 되어 있다.

【節要】不得兩字가 貫於下文이라 販者는 一 方便求利過요 賣者는 二 現前求利過요 貿易者는 三 交易求利過니라 論에 云하되 若依世價하야 無求利心인댄 不犯이라 하다 貿易은 謂交博也니 如以衣易衣커나 以衣易鉢等이라 薩婆多論엔 以四義制之니라 安置田宅者는 四 所安業處로 求多安隱過니 善見에 云하되 居士가 施田地別人인댄 不得用이나 若供養僧者인댄 得受하며 若以池施僧하야 供給澣[71]濯하고 及一切眾生聽飲用去인댄 隨意得受라 하니라 畜養人民者는 五 眷屬增過니 此是外眷屬이요 非同意者니라 何故로 不但言人하고 而復說民이닛고 以其同在人中에 於善法不同[72]하야 畜之生漏故일새니라 增一에 云하되 長者는 將[73]施佛[74]호려하나 不受하고 若受者인댄 漸生重罪라 하며 僧祇에 云하되 若施園民婦人인댄 不應受이어니와 若言施供給僧男淨人인댄 得受라 하니라 尼僧은 反之니라 奴婢者는 六 難生卑下心過니 日藏分에 云하되 於我法中에 假令如法이라도 始從一人으로 乃至四人은 不聽受田宅園林車馬奴婢等常住物하고 若滿五人인댄 乃得受之라 하니라 大集亦同이라 畜生者는 七 養生求利過니 四分律에 云하되 比丘는 畜貓狗로 乃至眾鳥히 並不得畜이라 하며 南山이 云하되 今有施佛法家畜生이어든 而知事有賣者하니 並不合聖教라 하니라 一切種植者는 八 多事增過니 僧祇에 云하되 為僧營理者라도 別得[75]人不開라 하니 自種教他가 一切不合이니라 及諸財寶者는 九 積聚增過니 若元作自畜之인댄 意不合이나 若擬淨施與他인댄 依律文開니라 僧祇에 云하되 若病人得

●71 澣이『甲』에는 浣으로 되어 있다.
●72 同이『甲』,『永樂』,『乾隆』에는 了로 되어 있다.
●73 將이『甲』에는 將女로 되어 있다.
●74 佛이『甲』에는 佛佛로 되어 있다.
●75 別得이『甲』에는 得別로 되어 있다.

者인댄 令淨人畜이나 爲貿藥故라 하며 又云호되 末利夫人이 施僧布薩錢이러니 佛言聽受호대 準義付他라 하니라 善見에 云호되 若施器仗僧인댄 應打壞하고 不得賣하며 施藥器者는 不得捉이나 得賣라 하니라 皆當遠離者는 文雖在前이나 義則居後니라 故로 論主가 云호되 此十種增過事를 修行菩薩은 宜速遠離하고 不應親近이니 避大火聚相似法故라 하니라 不得斬伐墾掘者는 十 不順威儀하야 及●⁷⁶損衆生過니 外人은 妄計草木有命이라 如來順世息謗하야 不得斬伐草木하야 以示慈心이니라 卽毘尼中에 壞生種戒이며 墾土掘地는 卽掘地戒니라 四分律에 云호되 若野火來近寺인댄 爲護住處故로 比丘得剗草掘土니 以斷火故라 하니라 薩婆多論에 不掘地壞하면 生凡有三益하니 是名大護라 하니라 有本에 云호되 不得參預世事를 爲十一過者는 文旣在後로 今所不依라 하니라

'부득(不得)' 두 글자가 아래의 문장들을 관통(貫通)한다. '판(販)'은 첫 번째, 방편으로 이익을 구하는 허물이요, '매(賣)'는 두 번째, 눈앞의 이익을 구하는 허물이요, '무역(貿易)'은 세 번째, 교역으로 이익을 구하는 허물이다. 논에 이르길, '만약 세속의 가치에 의지하여 이익을 구하려는 마음이 없다면 범하는 것이 아니다.'●⁷⁷라고 하였다. 무역은 비슷한 가격의 물건을 서로 교환하는 것이니, 옷으로 옷을 바꾸거나 옷으로 발우를 바꾸는 등이다. 『살바다론(薩婆多論)』●⁷⁸에서는 사의(四義)●⁷⁹로써 그것을 제지한다.

●76 及이 『甲』과 『乾隆』에는 反으로 되어 있다.
●77 『遺教經論』(大正 26卷, p.28), 若依世價無求利心 不犯賣買.
●78 작자는 미상이며, 『살바다비니비바사(薩婆多毘尼毘婆沙)』를 간략히 명칭한 것이다. 총 9권으로 되어 있으며, 내용은 『십송율(十誦律)』의 비구계를 해석한 것이다.
●79 『살바다론』의 삼십사(三十事) 가운데 '종비친리니취의제사(從非親里尼取衣第四)'의 내용을 말하는 듯하다. 이 계는 불공계(不共戒)로서 비구니는 계를 범하는 것이 아니지만 사미에게는 돌길라죄가 성립한다고 우선 밝히고, 다음과 같은 구체적인 설명을 덧붙이고 있다. 먼저 친척 관계가 아닌 이상 남자와 여자가 서로 왕래하면서 옷을 물들이는 행위의 법답지 못함을 지적하고, 여법하

'편안히 거처할 전택(田宅)'은 네 번째, 안주하려는 업처(業處)로 다분히 편안한 은거를 구하는 허물이다. 『선견율(善見律)』[80]에 이르길, '거사가 전지(田地)를 따로 개인에게 시주하는 것은 수용할 수 없으나 만약 승가 대중에게 공양 올리기 위한 것이라면 수용할 수 있다. 만약 연못을 승가에 시주하여 세탁할 물을 공급하고, 일체중생들까지 마음대로 음용할 수 있도록 한다면 뜻에 따라 수용할 수 있다.'[81]라고 하였다.

'사람(人民)[82]을 부린다.'라는 것은 다섯 번째, 권속을 늘이는 허물이다. 여기서의 권속은 밖의 권속들이지 뜻을 함께하는 자들은 아니다. 무슨 까닭으로 단지 인(人)만을 말하지 아니하고 다시 민(民)을 설하였는가? 그것은 함께 있는 사람들 가운데는 선법(善法)[83]이 명료하지 못해서 축생

게 물들인 옷이라도 취하는 순간 사타죄가 됨을 강조함으로서 물들이지 않은 하얀 옷이나 여법하지 못한 염색 옷은 거론할 필요조차 없음을 드러내고 있다. 그리고 이어서 세 종류의 옷을 취득하면 사타죄가 되고, 두 종류의 옷을 취득하면 돌길라죄가 됨과 규정에 맞는 발우를 취득하더라도 사타죄가 된다는 등을 설명하고 있으며, 마지막으로 비구가 비구니에게 필요한 옷을 얻거나 비구니가 비구에게 필요한 옷을 얻으면서도 이를 거래로 여기지 않고 옷의 인연을 구실삼아 온갖 수단으로 얻게 되면 끝까지 도를 방해할 뿐만 아니라 갖가지의 불편이 일어나기 때문에 이 계율을 허락하신다고 밝히고 있다.

- 80 440년경 마가다국 불음(佛音)의 저술로 전하며, 갖춘 이름은 『선견율비바사(善見律毘婆娑)』이다. 총 18권으로 구성되어 있으며, 승니(僧尼)의 계율을 자세히 기록하고 있다. 한역은 제나라 때 승가발타라가 번역한 것이 있으나 원전과 비교했을 때 2분의 1 이하는 초역(抄譯)되어 있다.
- 81 『善見律毘婆沙』(大正 24卷, p.776), 若居士布施田地 比丘不得受 云何不得受 比丘語居士言 比丘法不得受田池 居士語比丘言 此田地中能生四種淨物 用供養眾僧 若如是者得受 若居士言 以池布施眾僧 使洗浴浣濯 及一切眾生飲隨意用 若如是施池得受.
- 82 중국 고전에서는 학식이 풍부한 군자 등을 '인(人)'이라고 부르고, 일반 백성들은 '민(民)'이라고 부른다.
- 83 불과(佛果)의 성취를 돕는 법으로 오계, 십선, 삼학, 육바라밀 등의 총칭이다. '선(善)'은 경론에 따라 다양한 분류법이 있으나 네 가지로 나누면 다음과 같다. ① 자성선(自性善)은 탐진치 등이 없는 세 가지의 선근이요, ② 상응선(相應善)은 선심이 일어날 때에 심왕과 심소에 일시에 함께 일어나는 것이며, ③ 발기선(發起善)은 신어(身語)의 업이 발하여 내심의 생각한 바를 표하는 것이요, ④ 제일의선(第一義善)은 체성이 본래 스스로 청정한 것을 이른다. 『萬善同歸集』(大正 48卷, p.986), 大凡善法略有四種 一自性善 無貪瞋癡等三善根 二相應善 善心起時心王心所一時俱起

의 번뇌를 가진 자도 있기 때문이다. 『증일아함경』에 이르길, '장자(長子)는 장차 여인을 부처님께 시주하고자 하였으나 부처님은 받지 않으시고, 만약 여인을 받는 자는 점점 죄가 무거워질 것이다.'라고 하셨다. 『승기율(僧祇律)』[84]에 이르길, '만약 원민(園民)[85]이나 부녀자(婦人)를 시주하면 응당 받아서는 안 되지만, 만약 승가에 남자인 정인(淨人)을 시주·공급하겠다고 하면 받아들일 수 있다.'[86]라고 하였다. 비구니는 이와 반대이다.

'노비(奴婢)'는 여섯 번째, 겸손한 마음을 내기 어려운 허물이 있다. 「일장분(日藏分)」[87]에 이르길, '나의 법 가운데 설사 여법하더라도 (모여 사는 대중이) 1인에서 4인까지는 전택이나 원림, 거마, 노비 등의 상주물을 마음대로 받아들여서는 안 된다. 만약 5인 이상이면 곧 수용할 수 있다.'[88]라고 하였으니, 『대집일장경(大集日藏經)』[89] 또한 동일하다.

三發起善 發身語業 表內心所思. 四第一義善 體性清淨 참조.

- [84] 네 가지 광율 가운데 하나로 갖춘 명칭은 『마하승기율(摩訶僧祇律)』이다. 『승기율』을 제외한 나머지 율장 즉, 사분율, 오분율, 십송율 등은 대체로 상좌부 계통의 부파에서 전승된 계율이다. 반면에 승기율은 대중부의 전승 계율인지라 상좌부 계율보다 더 엄격한 특징이 있다. 내용은 대체로 계율을 제정하게 된 동기와 계율의 세부적인 부분을 설명하고 있으며, 제1권부터 제35권까지는 비구와 비구니 모두에 해당되는 계율이며, 제36권부터 제40권까지는 비구니에게만 해당되는 계율이다. 이역본으로는 『마하승기율대비구계본(摩訶僧祇律大比丘戒本)』과 『마하승기비구니계본(摩訶僧祇比丘尼戒本)』이 있다.
- [85] 원전(園田)으로 농사지으며 살아가는 일반 서민을 말한다.
- [86] 『摩訶僧祇律』(大正 22卷, p.495), 若人言我施僧婢不聽受 若言我施僧園民婦不聽受 若言施僧奴不聽受 若言施僧使人不應受 若供給僧男淨人聽受 若別施一人婢不聽受 若奴若使人若園民不聽受 若淨人為料理僧故得受 若施尼僧奴人聽受 若施園民不聽受 若施婢不聽受 若言供給尼僧女淨人聽受 若別施一比丘尼奴不聽受 若別施一比丘尼奴不聽受 若施園民不聽受 若施淨女人為料理僧故得受.
- [87] 『대집경(大集經)』 60권 17품 가운데, 제34~45권 사이에 있는 「호지정법품」, 「다라니품」 등 3품을 포괄하는 부분이다.
- [88] 『大方等大集經』(大正 13卷, p.237), 於我法中有諸比丘. 假令如法始從一人乃至四人 我不聽受彼田宅園林象馬車乘奴婢等常住僧物 若滿五人乃可得受.
- [89] 60권본 『대집경』이 회편되기 전에 각 품은 별행본의 경전으로 유통이 되었다. 그 가운데 제14품

'축생(畜生)'은 일곱 번째, 살아있는 것을 길러서 이익을 구하는 허물이 있다. 『사분율』[90]에 이르길, '비구는 축생인 고양이나 개, 더 나아가 뭇 새들을 모두 길러서는 안 된다.'[91]라고 하였으며, 남산 율사가 이르길, "요즘 사찰에 축생을 보시하는 경우가 있는데, 금지된 사실을 알고서도 판매하는 자가 있으니 모두 성인의 가르침에 합당하지 않는다."라고 하였다.

'일체 씨앗 심는 일'은 여덟 번째, 다분히 일이 많아짐으로 생기는 허물이 있다. 『승기율』에 이르길, '승가를 위하여 경작하고 다스리는 땅이라도 따로 사람을 얻을지언정, (승니가 씨앗 심는 것은) 허락하지 않는다.'[92]라고 하였으니, 승니가 스스로 심거나 타인을 시키는 일체가 합당하지 않다.

'모든 재화와 보물'은 아홉 번째, 쌓임이 늘어남으로 생기는 허물이 있다. 만약 원작전(元作錢)[93]이라 할지라도 스스로 모은다면 성인의 뜻에 합당하지 않지만 만약 청정한 보시로서 타인에게 베풀어 주려는 의도라면 율문(律文)에 의거하여 허용이 된다. 『승기율』에 이르길, '만약 병든 사람

에 해당하는 「일장분(日藏分)」의 별행본이 『대방등대집일장경(大方等大集日藏經)』이다.
- 90 불멸 후 100년 경 담무덕이 상좌부의 근본율 가운데 자기 견해에 맞는 것만 네 부분으로 나누어 만든 율장으로 요진의 축불념과 불타야사가 한역하였다(410~412). 총 60권으로 되어 있으며, 내용은 비구 250계와 비구니 348계를 순서대로 자세히 서술한 다음에 승가의 운영규정을 22章[22犍度]으로 설하고 있다. 그리고 마지막으로 불멸 후 제1결집과 제2결집 등의 결집상황을 보여 주는 2장이 부가되어 있으나 후대에 첨가된 것으로 추정하고 있다. 주석서에는 혜광(慧光)의 『약소(略疏)』 4권과 지수(智首)의 『광소(廣疏)』 20권, 도선(道宣)의 『행사초(行事鈔)』 13권 등이 있다.
- 91 『四分律』(大正 22卷, p.961), 爾時世尊在舍衛國 時諸比丘多畜鸚鵡鳥鸜鵒鳥 初夜後夜鳴喚 亂諸比丘坐禪 諸比丘白佛 佛言不應畜如是鳥 爾時世尊在拘睒彌 時跋難陀釋子畜狗子 見諸比丘吠比丘白佛 佛言不應畜 爾時世尊在婆祇提國 時毘舍離婆闍子比丘畜羆子 裂破比丘衣鉢坐具針筒 乃復傷比丘身體 諸比丘白佛 佛言不應畜.
- 92 『摩訶僧祇律』(大正 22卷, p.546), 佛住舍衛城 爾時釋種女摩羅女大姓家女出家 種優鉢羅華取而賣之 為世人之所譏 此非出家人 此是賣華女耳 諸比丘尼以是因緣往白世尊 乃至答言實爾 佛言從今已後 不聽種華賣以自活命 若比丘尼種優鉢羅華以自活命者越比尼罪 為塔為供養佛故無罪 … 爾時世尊制戒 不聽種華樹.
- 93 전세를 받을 때 쌀이나 콩 등의 곡식 대신 돈으로 환산한 금액이다.

은 정인(淨人)●94으로 하여금 재화를 모아 두게 할 수 있으나 약과 바꾸기 위한 까닭이다.'●95라고 하였으며, 또한 '말리(末利) 부인●96이 승가에 포살전(布薩錢)을 시주하자 부처님께서는 흔쾌히 수용하되 뜻에 준하여 타인에게 주라.'고 말씀하셨다.●97 『선견율』에 이르길, '만약 병장기(兵仗器)를 승가에 시주하면 마땅히 때려 부수어서 사용하고 판매해서는 안 된다. 그러나 악기를 시주한 것은 잡을 수는 없지만 판매할 수는 있다.'●98라고 하였다.

'모두 응당 멀리 여의어야 한다.'라는 문장은 비록 앞에 있으나 뜻으로는 뒤쪽에 두어야 할 문장이다. 그러므로 논주가 이르길, "수행하는 보살은 마땅히 이 열 가지 허물이 늘어나는 일을 속히 멀리 여의고 가까이 해서는 안 될 것이니, 큰 불덩이 비슷한 법은 피해야 하는 까닭이라."●99

●94 재가자의 신분으로 사찰에 있으면서 스님들을 받들고 사찰 일을 돕는 남자나 여자를 말한다.

●95 『摩訶僧祇律』(大正 22卷, p.311), 世尊以五事利益故 五日一行諸比丘房 見一比丘痿黃羸瘦 佛知而故問 比丘忍苦不安隱住不 答言 世尊 我不安隱疾病苦惱 佛語比丘 汝不能索隨病食隨病藥耶 答言 我聞世尊制戒 不得自手捉生色似色 復無人與我 是故受苦惱 佛言 從今日後 聽病人得使淨人畜莫貪著 佛告諸比丘 依止迦維羅衛城比丘 皆悉令集以十利故 與諸比丘制戒 乃至已聞者當重聞 若比丘自手捉生色似色 若使人捉擧 貪著者尼薩耆波夜提.

●96 법명은 Mallikā이며, 평소 여러 가지 꽃으로 화만을 만들었다 하여 승만 부인(勝鬘夫人)이라 의역하기도 한다. 말리 부인은 원래 가비라국의 한 촌읍에서 태어났지만 빼어난 용모와 지혜로 인하여 바사익 왕의 첫째 부인이 되었으며, 나라를 번영하도록 돕고 늘 왕과 함께 부처님의 법문을 들었다고 한다.

●97 『十誦律』(大正 23卷, p.285), 僧布薩時 末利夫人施僧錢 諸比丘不受 佛未聽受布薩錢 諸比丘不知云何 是事白佛 佛言 聽受.

●98 『善見律毘婆沙』(大正 24卷, p.762), 若人施器仗與眾僧不得捉賣 唯得打壞隨處用 若比丘往戰鬪處見 此是糞掃器仗 先打壞然後拾取 若得楯破作板雜用 一切樂器不得捉 若未成器者猶是朴得捉 若人布施者 得隨意賣.

●99 『遺教經論』(大正 26卷, p.284), 此十一種增過事 修行菩薩宜速遠離不應親近 避大火聚相似法故 如經皆當遠離如避火坑故(이 열한 가지의 허물이 늘어나는 일을 수행하는 보살은 마땅히 속히 멀리 여의어서 가까이 해서는 안 될 것이니, 큰 불덩이 비슷한 법은 피해야 하는 까닭이다. 저 경에서 '모두 응당 멀리하여 마치 불구덩이 피하듯 해야 한다'고 한 것과 같다).
 ※ 원문에는 '십일종(十一種)'으로 되어 있으나 『논소절요』에서는 '십종(十種)'으로 인용하였다. 그것은 『유교경론』에서는 '皆當遠離如避火坑'을 또 하나의 허물로 포함시켰으나 여기에서는 제외시

고 하였다.

'베거나 개간하지 말라.'는 것은 열 번째, 위의(威儀)를 수순하지 아니하여 도리어 중생에게 손해 보이는 허물이 있다. 밖의 사람들은 초목에 생명이 있다는 것을 소홀히 생각한다. 여래께서는 세상 사람들을 수순하여 비방을 그치게 하고자 초목을 베지 않는 것으로써 자비심을 보이신다. 곧 이는 비니(毘尼) 가운데 괴생종계(壞生種戒)[100]이며, 땅을 개간하는 것은 굴지계(掘地戒)[101]에 해당한다. 『사분율』에 이르길, '만약 들판에 불이 붙어 사찰 근처까지 타들어오면 머무는 곳을 보호하기 위한 까닭에 비구는 부득이 풀을 베고 땅을 파야 하니 불길을 끊어야 하는 까닭이라.'[102]고 하였으며, 『살바다론』에 '땅을 파서 무너뜨리지 아니하면 무릇 세 가지 이익(三益)이 있으니, 이것을 대호(大護)라 이른다.'[103]라고 하였다.

어떤 본에 이르길, '세상일에 참예하는 것[參預世事]까지 포함하여 열한 가지 허물로 만들지 않는 것은 글이 이미 뒤에 있으므로 지금은 의지하지 않는 바라.'[104]고 하였다.

졌기 때문이다. 『遺教經論』(大正 26卷, p.284), 十者不覺增過 如經皆當遠離如避火坑 참조.
- [100] 90바일제 가운데 제11번째에 해당하는 계명(戒名)으로 '모든 초목을 파괴하지 말라.'이다. 『오분율』에 의거하면, '살아 있는 초목을 직접 죽이거나 혹은 사람을 시켜서 죽이더라도 모두 바일제가 된다.'고 하였으니, 남을 시켜서 허물어도 안 되는 것이다.
- [101] 90바일제 가운데 제10번째에 해당하는 계명(戒名)으로 '땅을 파지 말라.'이다. 율장에서는 혹 비구가 스스로 땅을 파든 사람을 시켜서 땅을 파든 모두 바일제가 된다고 밝히고 있는데 땅을 파는 행위로 인하여 땅속의 생물을 죽이는 결과를 초래하기 때문이다.
- [102] 『四分律』(大正 22卷, p.960), 時祇桓外有野火燒蔓延來至 諸比丘不知云何卽白佛 佛言 聽逆除中間草 若作坑塹斷 若以土滅 若逆燒.
- [103] 『薩婆多毘尼毘婆沙』(大正 23卷, p.543), 與諸比丘結戒者 爲不惱衆生故 爲止誹謗故 爲大護佛法故 凡有三戒 大利益佛法在餘誦 一不得擔 二不殺草木 三不掘地 若不制三戒 一切國王當使比丘種種作役 有此三戒 帝主國王 一切息心.
- [104] 『遺教經論住法記』(續藏 53卷, p.606), 釋喻中 經文在第十過 前論家從義故 在後結論文 上下多從義判 不爲文局學者 須知文結十種或有論本 取下參預世事為十一種 (參預增過為第十不順威儀為第十一) 然參預等 自屬根本身處木叉 豈得兼前方便戒耶 今依古本以十為定.

【補註】草木有命者는 外人은 以有知為命이나 如來는 以有生為命也니라 草木은 有生而無知언만 有生者는 不宜殺이니라 以此順世요 非順其有知也니라 二의 不同外道損智護에 二니 初는 行法根本이요 二는 行處根本이라 謂世間分別見故로 此分別見에 有伍句十種이니라 初의 行法根本이라

'초목에 생명이 있다.'는 것은 밖의 사람들은 앎이 있는 것으로써 생명이 있다고 여기지만 여래께서는 살아 있는 것으로써 생명이 있다고 여기신다. 초목은 살아 있지만 앎은 없다. 그러나 살아 있는 것은 마땅히 죽여서는 안 된다. 이로써 여래께서는 세간을 수순하는 것이지 그 앎이 있다는 견해에 수순하신 것은 아니다.

두 번째, 외도와 같이 지혜를 손실하지 않도록 보호하는 것에 둘이니, 첫째는 행법의 근본이요[行法根本], 둘째는 행처의 근본이다[行處根本]. 말하자면, 세간은 분별견(分別見)인 까닭에 이 분별견에 오구십종(五句十種)[105]이 있다는 것이다. 첫 번째, 행법의 근본이다.

(2) 부동외도손지호(不同外道損智護)

가. 행법근본(行法根本)

合和湯藥하며 占相吉凶하며 仰觀星宿하며 推步盈虛하며 曆[106]數算計를 皆所不應이니라

●105 『遺教經論』(大正 26卷, p.284), 此分別見有五句十種分別 如經合和湯藥乃至皆所不應故 遮異見故(이 분별견에 다섯 구절로 설한 열 가지 분별이 있다. 경에서 '탕약을 만들거나 더 나아가 이 모든 것을 해서는 안 된다'고 한 것과 같으니, 다른 견해를 막기 위한 까닭이다).

●106 曆이 『宮』『宋』『元』『永樂』에는 歷으로 되어 있다.

탕약을 만들거나, 관상을 보고 길흉을 점치거나, 하늘을 우러러 별자리를 연구하거나, 달의 차고 기욺으로 흥망을 예언하거나, 역수(曆數)로 헤아리는 등은 모두 해서는 안 된다.

【節要】合和湯藥者는 以邪心求利故이니라 若學五明하야 以濟於物인댄 如華嚴中에 學醫方明인달하니 謂善方藥療治衆病은 即五地菩薩耳니라 占相吉凶者는 周易에 云하되 吉凶與民同患이라 하며 若依華嚴學工巧明인댄 謂占相工業은 由前世善惡爲因이니 感此吉凶之報니라 仰觀星宿者는 同不淨活命으로 觀視星宿也니라 宿音秀니 謂五星二十八宿等이라 推步盈虛者는 步亦推也니 周易에 云하되 天地盈虛도 與時消息이라 하나라 曆數算計者는 曆數列次也니 尚書洪範에 云하되 五曰曆數라 하며 孔穎達의 正義에 謂算日月行道所曆하고 計氣朔早晩之數할새 所以爲一歲之曆이라 하니라 皆所不應者는 總結遮止니 論에 云하되 遮異見也라 하니라 夫沙門者는 志求解脫하고 當制心一處이어늘 豈得攻乎異端하야 損減正智리요 且秦緩不救膏盲이어늘 神竈安知天道리요 世間方術은 信虛誕矣니라 假如法門●107 之慈濟하고 一行之闡揚하면 則釋子之五明도 有裨正化이언만 世有內昧道하고 要影附高蹤하야 惟利是求不思聖制니라 往不可諫이나 來者可追니라 昔人이 以此行法根本으로 註爲懸科者는 無乃失之於近乎아 有謂其行法根本이 即是前文의 依根本清淨戒者는 此又失之於遠矣니라 且馬鳴은 謂此修多羅中에 建立菩薩所修行法을 有七分이라 하니 所修行法이 旣通一經일새 故로 準近文科하야 此五句니라 如謂未然인댄 吾從論也니라

●107 門이 『甲』에는 開로 되어 있다.

'탕약을 만든다.'라는 것은 삿된 마음으로 이익을 구하는 까닭이다. 만약 오명(五明)●108을 배워 중생을 구제하려면 『화엄경(華嚴經)』의 내용 가운데 의방명(醫方明)을 배우는 것과 같아야 한다. 말하자면 약을 잘 처방하여 뭇 병을 치료하는 자는 곧 5지보살(五地菩薩)●109뿐이다.

'관상을 보고 길흉을 점친다.'라는 것은 『주역(周易)』●110에 이르길, '길흉간(吉凶間)에 백성과 더불어 근심을 함께 한다.'●111라고 하였으며, 만약

●108 인도에서 사용하는 학문과 기술의 분류법으로, 여기에는 불교인으로서 배워야 할 내오명(內五明)과 일반인이 배우는 외오명(外五明)이 있다. (1) 내오명(內五明)은 ① 성명(聲明: 언어를 밝히는 학문), ② 인명(因明: 인도의 논리학), ③ 내명(內明: 불교의 진리를 밝히는 학문), ④ 의방명(醫方明: 의학을 연구하는 학문), ⑤ 공교명(工巧明: 여러 가지 기술에 관한 학문)이며, (2) 외오명(外五明)은 ① 성명(聲明), ② 의방명(醫方明), ③ 공교명(工巧明), ④ 주술명(呪術明), ⑤ 부인명(符印明)이다.

●109 「화엄십지품」에 의거하면, 이 보살은 사성제와 선정바라밀을 주로 닦으며, 중생을 이익되게 하기 위하여 문자·산수·약방문·글씨·노래·춤·재담 등 세간의 온갖 기예를 모두 익혀서 누구도 이길 수 없는 한량없는 방편을 구족하기 때문에 난승지보살이라 부른다고 하였다. 『80華嚴經』(大正 9卷, p.556c1~11), 是菩薩利益眾生故 知世所有經書技藝 文章算數 金石諸性 治病醫方 乾消癩病 鬼著蠱毒等 妓樂歌舞 戲笑歡娛 國土城郭 聚落室宅 園林池觀 華果藥草 金銀瑠璃 珊瑚琥珀 硨磲碼碯 示諸寶聚 日月五星 二十八宿 占相吉凶 地動夢怪 身中諸相 布施持戒 攝伏其心 禪定神通 四無量心 四無色定 諸不惱亂 安眾生事 哀眾生故 出со此法 令入諸佛無上之法 菩薩住難勝地 值數百千萬億佛 恭敬供養 尊重讚歎 (云云). 참조.
※ 십지(十地)란 보살의 수행계위인 52위 가운데 제41위로부터 제50위까지를 말하는데 이 십지는 불지(佛智)를 생성하고 능히 주지하여 움직이지 아니하며, 온갖 중생을 짊어지고 교화 이익하는 것이 마치 대지가 만물을 싣고 이를 윤익(潤益)함과 같으므로 '지(地)' 자를 붙였다. ① 환희지(歡喜地: 기쁨이 넘치는 지위), ② 이구지(離垢地: 번뇌의 때를 벗은 지위), ③ 발광지(發光地: 지혜의 광명이 나타나는 지위), ④ 염혜지(焰慧地: 지혜가 매우 치성한 지위), ⑤ 난승지(難勝地: 진제와 속제를 조화하여 매우 이기기 어려운 지위), ⑥ 현전지(現前地: 지혜로 진여를 나타내는 지위), ⑦ 원행지(遠行地: 광대한 신리의 세계에 이르는 지위), ⑧ 부동지(不動地: 다시 동요하지 않는 지위), ⑨ 선혜지(善慧地: 바른 지혜로 설법하는 지위), ⑩ 법운지(法雲地: 대법우의 비를 내리게 하는 구름과 같은 지위).

●110 유가(儒家) 삼경(三經)의 하나로, 음양의 원리로 천지만물의 변화하는 현상을 설명하고 해석한 경전이다. 총 12편으로 되어 있으며, 주나라 때에 이루어졌기 때문에 주역이라는 명칭이 붙었다. 복희씨가 처음 그렸다는 괘(卦)에 주나라의 문왕(文王)이 괘사(卦辭)하고, 이어서 주공(主公)이 효사(爻辭)한 것을 공자(孔子)가 완성한 것으로 전한다.

●111 『周易』(下經, 繫辭上傳, 第11章), 是故 蓍之德圓而神 卦之德方以智 六爻之義易以貢 聖人 以此

『화엄경(華嚴經)』의 공교명(工巧明)을 배우는 것에 의거한다면 점상(占相)의 공업(工業)은 전생의 선악업(善惡業)을 말미암아 인연된 것이니, 이 길흉의 과보를 감득한 것이다.[112]

'하늘을 우러러 별자리를 연구한다.'라는 것은 청정하지 못한 생업 수단으로 별자리를 관찰하는 것이다. 여기서 숙(宿) 자의 음은 수이니, 오성(五星)[113]이나 이십팔수(二十八宿)[114] 등을 말한다.

'달의 차고 기움으로 흥망을 예언한다.'라는 것은 보(步)도 또한 추(推)의 뜻이니, 『주역』에 이르길, '천지의 흥망도 때에 따라 진퇴한다.'[115]라고 하였다.

'역수(曆數)[116]로 헤아린다.'라는 것은 역수는 나열한 차례이니, 『서경

洗心 退藏於密 吉凶與民同患 神以知來 知以藏往 其孰能與於此哉 古之聰明叡知神武而不殺者夫(그러므로 점대의 덕은 둥글어 신묘하고 괘의 덕은 네모져 지혜로우며, 육효의 뜻은 변역하여 길흉을 알려준다. 성인이 이로써 마음을 깨끗이 씻어 은밀함에 물러가 감추며, 길흉 간에 백성과 더불어 근심을 함께 하여 신(神)으로서 미래를 알고 지(知)로써 지나간 일을 보관하니, 그 누가 이에 참여하겠는가! 옛날에 총명하고 예지하며 신무하고 죽이지 않는 자일 것이다).

- [112] 『華嚴經疏』(大正 35卷, pp.799~800), 日月至無錯謬 即占相工業 是所得報分過作惡因障對治 謂皆由前世惡因 感此凶吉等故(해와 달이 착오 없이 이른다는 것은 곧 점상공업(占相工業)이니, 이것은 얻은바 업보의 부분으로 과거 악인(惡因)을 지은 장애의 대치이다. 말하자면 모두 전생의 선·악업을 말미암아 이 길흉 등을 감득하는 까닭이다).
- [113] 오행(五行)의 정(精)이라고 불리는 다섯 가지 별로 목성(木星), 화성(火星), 금성(金星), 수성(水星), 토성(土星)을 말한다.
- [114] 천문학에서 하늘을 사궁(四宮)으로 나누고, 다시 각 궁(宮)마다 일곱 성수(星宿)로 나눈 것을 말한다.
- [115] 『周易』(下經, 55. 豊), 日中則申 月盈則食 天地盈虛 與時消息. 而況於人乎 況於鬼神乎(해는 중천에 있으면 기울고 달은 차면 먹히니, 천지의 성쇠(盛衰)도 때에 따라 진퇴(進退)하는데 하물며 사람에 있어서며 하물며 귀신에 있어 서랴).
- [116] 일월성신(日月星辰)의 운행을 추산(推算)하여 세시와 절기를 정하는 방법으로 역법이라고도 한다.

(書經)』●117「홍범(洪範)」편에 이르길, '다섯째는 역수라.'●118고 하였다. 그리고 이 문장을 공영달(孔穎達)●119의 『오경정의(五經正義)』●120에서 풀이하길, '해와 달이 움직이는 길을 따라 지나는 것을 헤아리고, 절기(節氣)와 삭일(朔日)이 빠른지 느린지 그 수효를 계산하니, 따라서 한 해의 역이 되었다.'라고 하였다.

'모두 해서는 안 된다.'라는 것은 막음을 총결(總結)한 것이다. 논에 이르길, '다른 견해를 막는 까닭이라.'●121라고 하였다.

무릇 사문은 해탈을 구함에 뜻을 두고 마땅히 마음을 한 곳에 다스려야 하거늘, 어찌 삿된 도를 전공하여 바른 지혜를 손감(損減)시키려 하는

●117 유가(儒家) 삼경(三經)의 하나로, 한나라 때에는 '상서(尙書)'로 불리던 것이 송나라 때에 '서경(書經)'으로 바뀌었다. 우서(虞書), 하서(夏書), 상서(商書), 주서(周書) 등 요순과 삼대의 정치와 역사를 사관이 기록한 것을, 주나라 말에 공자가 산정하여 편찬한 것으로 전한다.

●118 『書經』(周書, 洪範 第8章), 四五紀 一曰歲 二曰月 三曰日 四曰星辰 五曰曆數(네 번째, 오기(五紀)는 첫 번째는 세(歲)이고, 두 번째는 월(月)이고, 세 번째는 일(日)이고, 네 번째는 성신(星辰)이고, 다섯 번째는 역수(曆數)이다).
※ 세(歲)는 사시(四時)를 차례 하는 것이며, 월(月)은 그믐과 초하루를 정하는 것이며, 일(日)은 하늘의 운행하는 도수(度數)를 바로잡는 것이며, 성(星)은 경성(經星)과 위성(緯星)이며, 신(辰)은 해와 달이 만나는 열두 방위이다. 마지막의 역수(曆數)는 하늘의 운행을 점치는 방법이니, 세(歲)·월(月)·일(日)·성신(星辰)을 기록하는 것이다.

●119 당나라 형수(衡水) 사람으로 자(字)는 중달(仲達)이며, 시호는 헌(憲)이다. 수나라 말에 명경(明經)에 천거되었고, 당(唐)에서 국자사업(國子司業)과 제주(祭酒)를 지냈다. 위징(魏徵)과 함께 『수사(隋史)』를 편찬하였고, 태종의 명으로 『오경정의(五經正義)』를 찬하기도 했다. 공자의 32세손이다.

●120 당나라 시대 공영달이 오경인 역경, 서경, 시경, 예기, 춘추를 정리한 해설서이다.

●121 『遺教經論』(大正 26卷, p.284) 참조.

가! 또한 진완(秦緩)●122도 고황(膏肓)●123의 병을 구휼(救恤)하지 못했거늘, 비조(裨竈)●124인들 어찌 하늘의 도를 알았겠는가! 세간의 온갖 방법과 기술은 진실로 허광(虛誑)하기 짝이 없다.

만약 법답게 열어서 자비롭게 구제하고 한결같은 덕행으로 천양(闡揚)한다면, 불제자[釋子]의 오명(五明)도 바른 교화를 도울 것이나, 세상에는 내적으로 도에 우매하면서 종요로이 겉모습만 버젓이 고상한 행적에 부쳐진 채 오직 이익만을 구하고 성스러운 법제(法制)에는 관심도 없는 수행자들이 있었다. 지나간 잘못은 돌이킬 수 없을지라도 앞으로는 바르게 추구해야 한다.

옛 사람들이 이 행법근본(行法根本)을 주(註)하여 현과(懸科)라고 한 것은 아마도 조금 빗나간 견해가 아닌가 한다. 또한 '이 행법근본(行法根本)이 그대로 전문(前文)의 근본청정계(根本淸淨戒)에 속한다.'라고 해설한 것은 이는 더욱 멀리 빗나간 견해인 듯하다. 또한 마명 보살은 논에서 '이 수다라 가운데 보살이 수행하는바 법을 칠분(七分)으로 건립한다.'●125라고 하였으니, 수행할 바의 법이 이미 일경(一經)을 관통하였으므로, 최근 주석한 과목을 기준하여 이 오구(五句)를 (행법의 근본으로) 보고자 한다. 만일 그렇지 않다고 하면 나는 논을 따를 것이다.

●122 춘추시대 명의인 편작(扁鵲)을 말한다. 진완은 성명이며, 편작은 조나라에 갔을 때 지어진 이름이라고 한다. 『사기』에는 조간자(趙簡子)가 의식을 잃었을 때 소생하리라고 알아맞힌 이야기, 괵(虢)의 태자가 시궐(尸厥)이라는 병에 걸려 거의 죽은 것으로 여겨졌을 때 함석(鍼石)·위법(熨法) 등을 사용하여 치유시킨 이야기, 제(齊) 환공(桓公)의 안색만을 보고 병의 소재를 알아냈다는 이야기 등이 기록되어 있다.
●123 고(膏)는 심장의 아랫부분이고, 황(肓)은 횡격막 윗부분으로 곧 명치 부분을 말한다. 여기에 병이 나면 치료하기가 어렵다고 하여 불치병을 이르는 말로도 쓰인다.
※ 절요의 '고맹(膏盲)'은 '고황(膏肓)'의 잘못된 표기로 보인다.
●124 춘추시대 정나라의 점성술가로서 예언한 일들이 거의 적중한 것으로 전한다.
●125 『遺敎經論』(大正 26卷, p.283), 此修多羅中 建立菩薩所修行法有七分 一序分 二修習世間功德分 (云云) 七離種種自性淸淨無我分.

【補註】藥以濟病애 而云不應者는 以邪心求利故ㅣ라 邪心有二니 一은 不知天命하고 妄冀延年이요 二는 殺生充藥은 利人害物이니 皆名邪心이라 以之求利는 爲罪彌大니라 未登五地에 且究一心이어늘 無暇爲此리요 二의 行處根本에 三이니 初는 身處木叉요 二는 口處木叉요 三은 意處木叉니라 初의 身處木叉라

약으로써 병 고치는 일에 응하지 말라고 이른 것은 삿된 마음으로 이익을 구하는 까닭이다. 삿된 마음에 두 가지가 있다. 첫째는 천명(天命)[126]을 알지 못하고 망령되이 장수를 바라는 것이요, 둘째는 살생으로 충당한 약은 사람을 이롭게 하고자 중생을 해친 것이니 모두 삿된 마음이다. 이렇게 이익을 구하는 것은 죄만 더욱 커질 뿐이다. 아직 5지보살 지위에 오르지 못한 자라면 우선 일심(一心)[127]을 궁구하기에도 겨를이 없거늘 무슨 틈이 있어 이러한 짓을 하리요.

두 번째, 행처의 근본에 셋이 있으니, 첫째는 몸에 있는 바라제목차요 [身處木叉], 둘째는 입에 있는 바라제목차요[口處木叉], 셋째는 뜻에 있는 바라제목차이다[意處木叉]. 첫 번째, 몸에 있는 바라제목차이다.

● 126 타고난 수명을 말한다. 사람으로 태어난 이상 죽지 않는 사람은 없다. 그러므로 누구나 자신의 업에 따라서 약간의 차이만 있을 뿐 정해진 호흡의 수가 있다고 보는 것이다.
● 127 존재의 근본원리로서 만유의 진실한 체(體)인 진여(眞如), 여래장(如來藏) 등을 말한다. 특히 『기신론』에서는 일심을 세워 만유의 본체인 진여의 모양과 만유가 전개되는 상태를 삼세육추(三細六麤)로 설명하고 있으며, 또한 대승경전의 꽃이라 할 수 있는 『화엄경』의 사구게만 보아도 일심이 곧 대승불교의 핵심임을 알 수 있다. 元曉, 『起信論疏』(大正 44卷, p.204), 大乘法 唯有一心 一心之外更無別法(대승법은 오직 일심뿐이니, 일심의 밖에 다시 다른 법이 없다) 및 『入楞伽經』(大正 16卷, p.519), 寂滅者名爲一心 一心者名爲如來藏 如來藏 名爲阿梨耶識(적멸은 일심을 말하며, 일심은 여래장을 말하며, 여래장은 아뢰야식을 말한다) 참조

나. 행처근본(行處根本)

가) 신처목차(身處木叉)

節身時食의 淸淨自活로 不得參預世事하고 通致使命하며

몸을 절제하고 때맞추어 공양하는 청정한 생활로 세상일에 관여하거나, 관료의 하수인이 되거나,

【節要】節身者는 儉絶他求하며 勤捨放逸이요 時食者는 離非時食하며 於食知止足也니라 淸淨自活者는 不相追求며 遠離四邪故니라 不預世事者는 自性止多事故니라 不通使命者는 自性不作輕賤事故니라 夫出家者는 無爲無欲으로 孤高自守이어늘 若爲使命하면 則降志辱身하야 癈●128亂正業이니라 易曰 不事王侯하고 高尙其事라 하니 況乎形服超世하야 而甘爲賤役이리요 良用慨然이로다 律開하니 爲父母等과 馳書往返은 一切不犯이라 하다 二는 口處木叉니라

'몸을 절제한다.'라는 것은 검소하여 남의 것을 갈구하지 않으며, 근면으로써 방일함을 버리는 것이다. '때맞추어 공양한다.'라는 것은 때가 아니면 공양하지 않으며, 공양할 적에는 그칠 바를 알고 만족할 줄 아는 것이다. '청정한 생활'이란 서로 추구(追求)하지 않으며, 네 가지 삿됨[四邪]●129을 멀리 여의는 까닭이다. '세상일에 참예하지 않는다.'라는 것은

● 128 癈가 『甲』, 『永樂』, 『乾隆』에는 廢로 되어 있다.
● 129 네 가지 부정한 생활법인 하구식(下口食), 앙구식(仰口食), 방구식(方口食), 사유구식(四維口食)을 말한다. ① 하구식은 논과 밭을 경작하여 생활하는 것이며, ② 앙구식은 천문학을 연구하여 생활을 영위하는 것이며, ③ 방구식은 돈과 권력에 아첨하여 생활하는 것이며, ④ 사유구식은 주술이나 점을 쳐서 생활하는 것이다.

자성(自性)[130]에 일이 많은 것을 그치게 하는 까닭이요. '관료의 하수인이 되지 말라.'는 것은 자성이 가볍고 천한 일을 짓지 않도록 하는 까닭이다.

무릇 출가한 자는 무위(無爲)와 무욕(無欲)으로 고고하게 스스로를 지켜야 하거늘 만약 관료의 하수인이 된다면 굴복된 의지와 수치스런 몸으로 정업(正業)을 폐란(廢亂)하게 된다. 『주역』에 이르길, '왕후를 섬기지 아니하고 그 일을 고상히 한다.'[131]라고 하였으니, (세속의 선비도 그러하거늘) 하물며 형복(形服)을 세간과 달리하고서 달게 천한 부림을 당할 것인가! 진실로 개탄할 일이다. 다만 율장에서는 '세속 부모 등과 편지를 교환하는 것은 허용하여 모두 범하는 것은 아니다.'[132]라고 하였다. 두 번째, 입에 있는 바라제목차이다.

※ 『잡아함경』에 다음과 같은 이야기가 있다. "어느 날 사리불 존자가 왕사성에서 걸식을 하고 나무 아래에서 공양을 하고 있었는데 그 때 마침 정목(淨目)이라는 여자가 다가와서 인사하며, '하구식 합니까, 앙구식 합니까, 방구식 합니까, 사유구식 합니까'하고 묻자 사리불 존자는 모두 부정하면서 다음과 같이 일러주었다. '논밭을 경작하여 먹고 사는 것을 하구식이라 하고, 천문학을 연구하여 먹고 사는 것을 앙구식이라 하고, 권세부호와 친근하여 먹고 사는 것을 방구식이라 하고, 주술이나 점을 쳐서 먹고 사는 것을 사유구식이라 하는데 나는 이러한 네 가지 방법으로 살지 않고 다만 청정한 걸식만으로 먹고 산다네.'라고 하였다. 『雜阿含經』(大正 2卷, pp.131~132) 참조.

- [130] 범어 svabhāva의 번역으로 모든 존재가 다른 것과 혼동되지 않고 불변하는 각각의 독립된 존재성을 말한다. 중관론자들은 무자성(無自性)을 강조한 반면 유식론자들은 청정자성(淸淨自性)을 강조하였는데 두 가지 모두 '연기실상을 설명한다.'는 측면에서는 다를 것이 없다. 다만 설명의 관점이 다를 뿐이다. 즉, 중관론자들이 말하는 무자성의 자성은 '자성이 없다.'는 무(無)의 입장을 표명하여, 아(我)라는 고집을 파하기 위한 관점이라면, 유식론자들이 말하는 청정자성의 자성은 '진여불성의 근본사리를 표명한다.'는 관점에서 연기청정의 유(有)를 강조한다고 할 수 있다.
- [131] 『周易』(下經, 18. 蠱), 上九 不事王侯 高尙其事.
- [132] 『四分律』(大正 22卷, p.599), 若爲父母病 若閉在獄 若爲篤信優婆塞有病 若閉在獄看書往 若爲塔爲僧爲病比丘事持書往返者 一切不犯(혹 부모가 병이 들었거나 옥에 감금되었거나, 혹 믿음이 돈독한 우바새가 병이 들었거나 옥에 감금되었을 적에 서신을 가지고 간다거나, 혹 사찰이나 승가에 관련된 큰일이나 병든 비구의 일로서 서신을 가지고 왕래하는 것은 모두가 범하는 것이 아니다).

나) 구처목차(口處木叉)

呪術仙藥하고 結好貴人하야 親厚媟慢[133]을 皆不應作이니라
    주술을 하고 선약을 찾거나, 귀인과 가까이하여 친분을 두텁게 하고 버릇없이 교만을 부리는 짓들도 모두 해서는 안 된다.

【節要】呪術僊藥者는 依邪法語에 有二니 一은 呪術이니 依邪術惱亂眾生語요 二는 僊藥이니 依邪藥作世辯[134]不正語니라 結好貴人者는 依邪人語에 有二니 一은 與族姓同好하야 多作鄙媟語요 二는 親近族姓이 多作我慢語니라 貴人은 謂族姓權豪也오 媟은 狎也니 郭璞이 云하되 相親狎也라 하니라

    '주술선약(呪術僊藥)'은 삿된 법에 의한 말로서 두 가지가 있다. 첫째는 주술이니, 사술(邪術)을 가지고서 중생을 뇌란(惱亂)하는 말이요. 둘째는 선약[135]이니, 삿된 약을 가지고서 세상이 바르게 분별 짓지 못하도록 하는 말이다.
    '귀인을 가까이 한다.'라는 것은 삿된 사람에 의한 말로서 두 가지가 있다. 첫째는 친척이나 뜻이 맞는 사람으로 더불어 다분히 비천하고 문란한 말을 나누는 것이요. 둘째는 친한 사람이나 친척끼리 다분히 교만스러운 말을 나누는 것이다. '귀인(貴人)'은 족성(族姓)이나 권력 있고 부유한 사람이요, '설(媟)'은 친압(親狎)[136]의 뜻이니, 곽박(郭璞)[137]이 이르길, "서로 친압(親狎)한다."라고 하였다.

● 133 慢이 『高麗』에는 嫚으로 되어 있다.
● 134 辯이 『甲』에는 辨으로 되어 있다.
● 135 신선이 먹는 약으로 불로초 등을 말한다.
● 136 윗사람에게 버릇없이 구는 것을 말한다.
● 137 동진 시대의 복서가(卜筮家)로서 박학하고 시문과 점술에 뛰어났다. 원제(元帝) 때 저작좌랑을 지내며 왕은(王隱)과 『진사(晉史)』를 편찬하고 왕돈의 휘하에서 기실참군을 지냈지만 왕돈의 모반 때 점괘가 불리하다고 만류하였다가 살해되었다.

【補註】儞藥과 貴人은 似濫身處니 不專屬口니라 但經文太散하야 姑束成 三業亦得이니라 三은 意處木叉니라

선약과 귀인은 신처(身處)에도 해당되는 듯하니, 오로지 구처(口處)에만 속하는 것은 아니다. 다만 경문이 태산(太散)하여 잠시 묶어서 삼업(三業)[138]으로 보는 것도 좋은 방법일 뿐이다. 세 번째, 뜻에 있는 바라제목차이다.

다) 의처목차(意處木叉)

當自端心하고 正念求度이언정 不得包[139]藏瑕[140]疵하고 顯異惑衆하며 於四供養에 知量知足하고 趣得供事하야 不應畜積이니라

마땅히 스스로의 마음을 단정히 하고 정념으로 해탈을 구할지언정 허물을 감추고 기이함을 드러내어 대중을 현혹하지 말며, 네 가지 공양물에 적당한 양을 알아 만족할 줄 알고, 공양 받는 일에 나아가서는 마땅히 따로 축적하지 말라.

【節要】當自端心者는 無見他過也니 見他過하면 則不能自淨其心이니라 正念求度者는 勿得邪思也니 起邪思하면 則無由超度下地니라 包藏瑕疵者는 起瞋毒故로 有過라도 不甘發露니라 顯異惑衆者는 起癡毒故로 現己勝

- [138] 삼업은 ① 신업(身業: 몸으로 짓는 업)과 ② 구업(口業: 입으로 짓는 업)과 ③ 의업(意業: 뜻으로 짓는 업)을 말한다. 업(業, karma)이란 처음에 윤회사상과 함께 인도철학의 초기 우파니샤드 사상에서 발생하였는데 뒤에 불교에 도입되어 인간의 행위를 규제하고, 또 살아 있는 모든 중생들에게 윤회의 축이 되는 중요한 용어가 되었다.
- [139] 包가 『高麗』에는 苞로 되어 있다.
- [140] 瑕가 『宮』과 『宋』에는 痕로 되어 있다.

行을 令他로 不正解니라 不應畜積者는 起貪毒故로 於供에 不知止足이니라 瑕는 過也며 疵는 病也니라 顯異惑眾은 不出五邪니 王制에 曰 疑眾者殺이라 하며 毘尼에 云하되 得聖者夷라 하니라 四供養者는 謂飮食衣服臥具湯藥이요 趣●¹⁴¹得供事者는 知節量知止足하고 不求豊厚故로 無畜積하니 五百問論에 昔有比丘가 多乞積聚하고 旣不爲福하고 又弗行道라가 命終에 作肉駱駝하니 山廣數十里라 適値凶年하야 國人이 日取食之나 隨割隨生하니 俄而隣國取之에 卽大喚할새 問其故하니 答曰 吾本道人也니 爲貪財不施하야 負此國人物多矣니라 故로 以肉償之이어니와 我不負卿也라 하니라 或曰 性重之戒를 都無敎誨者는 何耶잇가 答曰 向佛總勸하야 當尊重木叉라 하니 則包乎五篇輕重性遮하야 無所遺也니라 若惟昴重하면 則將犯輕이언만 今輕尙囑하니 重可知矣니라 大爲之坊하야도 民猶踰之어늘 豈得惟約性重乎아

'마땅히 스스로의 마음을 단정히 한다.'라는 것은 타인의 허물을 보지 않는 것이다. 타인의 허물을 보면 스스로의 마음을 청정히 할 수 없다. '정념(正念)●¹⁴²으로 해탈을 구한다.'라는 것은 삿된 생각을 하지 말라는 것이니, 삿된 생각을 일으키면 낮은 처지를 뛰어넘어 해탈할 연유가 없어지기 때문이다. '허물을 감춘다.'라는 것은 진독(瞋毒)을 일으키는 까닭에 허물이 있더라도 달게 드러내지 않는다. '기이함을 드러내어 대중을 현혹한다.'라는 것은 치독(痴毒)을 일으키는 까닭에 스스로의 수승한 행을 타인

● 141 趣가 『甲』과 『永樂』에는 趣로 되어 있다.
● 142 념(念)은 팔리어 sati를 번역한 것으로 선심의 부수에만 해당한다. 남방불교에서는 이것을 지금의 마음[今+心]으로 해석하여 '마음 챙김, 깨어 있음, 알아차림' 등의 뜻으로 이해한 반면, 북방불교에서는 '기억'의 의미로 해석하여 '늘 잊지 않는다.'라는 뜻으로 이해하였다. 따라서 팔정도의 정념은 '바른 마음 챙김'이나 '바른 기억', '잊지 않고 알아차림' 등으로 풀이된다.
※ 사띠(sati)에는 '잊지 않음[憶持]', '가르침에 의거해서 생각을 지어감[隨念]', '알아차림[覺知]'의 뜻이 모두 들어 있기 때문에 문맥에 따라 적합한 의미로 '념(念)'을 해석해야 한다(조성래 역해, 『대승기신론 수행신심분』, pp.30~31 참조).

으로 하여금 바르게 이해하지 못하도록 드러낸다. '쌓아두지 말라.'는 것은 탐독(貪毒)을 일으키는 까닭에 공양에 대하여 지족(知足)을 알지 못하도록 한다. '하(瑕)'는 허물이며, '자(疵)'는 병(病)이다.

기이함을 드러내어 대중을 현혹하는 것은 오사(五邪)[143]를 벗어나지 않는다. 왕제(王制)[144]에 이르길, '대중을 현혹(眩惑)하는 자는 사형시킨다.'[145]라고 하였으며, 비니(毘尼)에 이르길, '성위(聖位)를 얻었다고 하는 자는 바라이죄(波羅夷罪)라.'[146]고 하였다.

'네 가지 공양물'은 음식, 의복, 와구, 탕약을 말한다. '공양 받는 일에 나아가서는 마땅히 따로 축적하지 않는다.'라는 것은 적당한 양을 알아 만족할 줄 알고 필요 이상을 구하지 않는 까닭에 축적함이 없다. 『오백문론(五百問論)』[147]에 다음과 같은 이야기가 전한다.

- [143] 다섯 가지 그릇된 생활을 말한다. ① 이상한 형상을 나타내어 이양을 취하는 것[詐現異相], ② 자기 자신의 공덕을 말하여 이양을 취하는 것[自說功能], ③ 점성술을 배워 이양을 취하는 것[占相吉凶], ④ 큰 소리로 위세를 가장하여 이양을 취하는 것[高聲現威], ⑤ 저곳에서 이양을 얻으면 이곳에서 칭찬하고, 이곳에서 이양을 얻으면 저곳에서 칭찬하여 이양을 취하는 것[說所得利以動人心].
- [144] 『예기(禮記)』의 편명(篇名)이다. 『예기』는 오경의 하나로서 예의 이론과 실제 및 음악, 정치, 학문에 걸쳐 예의 근본정신에 대하여 기술한 책이다. 이 책은 한나라 무제(武帝) 때 하간헌왕(河間憲王)이 공자와 그 후학들이 지은 131편의 책을 모아 정리한 것을 선제(宣帝) 때 대덕(戴德)이 85편으로 엮어 대대례(大戴禮)라고 하였고, 대덕의 조카인 대성(戴聖)이 49편으로 줄여 소대례(小戴禮)라고 하였다. 현재의 『예기』는 소대례의 별칭이다.
- [145] 『禮記』(王制 第五), 作淫聲異服奇技奇器以疑衆殺 行僞而堅 言僞而辯 學非而博 順非而澤 以疑衆殺 假於鬼神時日 卜筮以疑衆殺(음란한 소리, 괴상한 의복, 기이한 기술, 기이한 기물을 만들어서 대중을 현혹하는 자는 사형시킨다. 거짓을 행하면서도 뻔뻔하고, 거짓을 말하면서도 변명하며, 학문이 그릇되게 박식하고, 그릇된 것을 수순하면서도 윤택하여 대중을 현혹하는 자는 사형시킨다. 귀신이나 시일(時日), 복서(卜筮)를 가차(假藉)하여 대중을 현혹하는 자는 사형시킨다).
- [146] 『十誦律』(大正 23卷, p.383), 若說得聖弟子法 得波羅夷(만약 성인의 제자법을 증득했다고 설한다면 바이라죄가 된다).
- [147] 『불설목련문계율중오백경중사(佛說木連問戒律中五百輕重事)』의 약칭으로, 『오백문사경(五百問事經)』 또는 『오백문사(五百問事)』라고도 한다. 동진 시대에 번역된 것으로 전하지만 번역자는 알려져 있지 않다. 내용은 말세의 비구가 계율을 범했을 때 그 과보의 경중에 대하여 자세히 설

옛날 어떤 비구가 걸식을 많이 하여 쌓아두고서 복을 짓지도 않고 또한 도를 행하지도 않다가 목숨이 다하자 살찐 낙타로 태어났다. 넓이가 수십 리인 산에 살고 있는데, 때마침 흉년이 들어 그 나라 사람들이 날마다 와서 그 살을 베어 먹었다. 베어낸 곳은 이내 되살아났다. 그러나 갑자기 이웃나라에서도 베어가려 하자 곧장 극심한 고통을 호소하기에, 다그쳐 그 까닭을 물었더니 다음과 같이 대답하였다. "나는 본래 수행자였는데 재물을 탐하고 베풀지 아니하여 이 나라 사람들에게 빚진 것이 너무나 많다. 이러한 까닭에 현재 나의 살로써 그 빚을 갚고 있는 것이다. 하지만 내가 그대에게 빚진 것은 없다."라고 하였다.

혹자가 묻길, "성중계(性重戒)●148를 전혀 가르쳐 주시지 않은 것은 무슨 까닭인가?" 답하길, "앞에서 부처님께서 총괄하여 '마땅히 바라제목차를 존중하라.'고 권했으니, 이 말씀에는 오편(五篇)의 가볍고 무거운 성계(性戒)●149와 차계(遮戒)●150가 모두 포함되어 남는 바가 없다. 만약 오직 무거운 계율[性戒]만 힘쓰라고 하셨다면 장차 가벼운 계율[遮戒]은 범할 것이다. 그러나 지금 가벼운 계율도 오히려 은연 중에 부촉하시니, 무거운 계율은 당연히 포함된 것임을 알 수 있다. 큰 제방을 만들어도 백성들은 오히려 넘나들어 어기거늘, 어찌 성중계(性重戒)만을 잡을 것인가!"

하고 있는데 모두 18품으로 구성되어 있다. 제목에는 500개의 물음으로 되어 있지만 본문에는 367개의 문답이 있을 뿐이다. 『축책장경목록(縮冊藏經目錄)』에서는 이 경전을 소승율에 넣고 '의사잡위경(疑似雜僞經)'이라고 적고 있다.
- ●148 성계(性戒) 중에서 특히 무거운 죄인 살생, 투도, 사음, 망어를 말한다.
- ●149 부처님이 그 계를 제정하지 않더라도 본래적인 성질이 죄악이라고 하여 제지(制止)한 계율을 말한다.
- ●150 행위 자체가 죄악은 아니지만 이로 인해 본질적인 계인 성계(性戒)를 범할 수 있으므로 제지한 계율을 말한다.

【補註】 上三業中에 自古高僧은 有置庄田者하며 有畜夫力者하며 有鋤地者하며 有牧牛者하며 有聽鈴聲者하며 有為七帝門師者하며 有示現種種神通者하니 蓋大士所作은 超出尋常하야 非律所拘할새 不可以此議彼니라 但末世比丘와 初心菩薩은 唯宜遵佛遺教니라 三의 結示二戒能生定慧에 三이니 初는 結方便遠離戒요 二는 通示二戒為解脫因이요 三은 正明二戒能生定慧라 初의 結方便遠離戒라

이상 삼업(三業)의 계율에서 예로부터 고승들은 광대한 토지를 소유한 자도 있었으며, 인부(人夫)의 힘을 축척한 자도 있었으며, 땅을 일구는 자도 있었으며, 소를 치는 자도 있었으며, 방울 소리를 듣는 자도 있었으며, 칠제문사(七帝門師)[151]가 된 자도 있었으며, 갖가지 신통을 시현하는 자도 있었으니, 대체로 대사(大士)[152]들의 행위는 평범함을 뛰어넘어 계율에 구속되는 바가 아니므로 이로써 저들을 논할 수는 없다. 다만 말세의 비구와 초심보살들만은 부처님께서 남기신 가르침을 분명히 준수해야 한다.

세 번째, 두 가지 계가 능히 선정과 지혜를 냄을 맺어 보인 것에 셋이니, 첫째는 방편으로 멀리 여의는 계를 맺음이요[結方便遠離戒], 둘째는 두 가지 계가 해탈의 인이 됨을 통틀어 보임이요[通示二戒為解脫因], 셋째는 두 가지 계가 능히 선정과 지혜를 냄을 바로 밝힘이다[正明二戒能生定慧]. 첫 번째, 방편으로 멀리 여의는 계를 맺는다.

●151 청량 국사가 9조(九朝)를 지내면서 일곱 황제[代宗·德宗·順宗·憲宗·穆宗·敬宗·文宗]의 스승이 된 것을 일컫는 말이다. 청량 국사(734~839)는 중국 당나라 사람으로 청량산에 있었으므로 청량 대사라 불렀다. 14세에 출가하여 불교의 교학과 내외의 학예를 폭넓게 연구하였으며, 특히 화엄종의 제4조로서 화엄에 대한 종의를 밝히는 데 노력하였다. 저술에는 『화엄경주소』, 『화엄경소초』, 『화엄경강요』등 총 4백여 권의 저술이 있다.
●152 범어 mahāpuruṣa 또는 mahāsattva의 번역으로 불보살을 통칭하는 말이다.

3) 결시이계능생정혜(結示二戒能生定慧)

(1) 결 방편원리계 (結方便遠離戒)

此則略說持戒之相이니
이상은 간략히 계를 지니는 상(相)을 설한 것이니,

【節要】 略說戒相者는 前遠離戒니 據佛滅後人喜犯者하야 略示其相故로 不廣說也니라 二는 通示二戒爲解脫因이라
'간략히 계상(戒相)을 설했다.'라는 것은 앞의 원리계(遠離戒)를 말함이니, 부처님 멸도 후 사람들이 즐겨 범할 것을 선택하여 간략히 그 상(相)을 보인 까닭에 널리 설하지 않은 것이다. 두 번째, 두 가지 계가 해탈의 인(因)이 됨을 통괄적으로 보이다.

(2) 통시이계위해탈인 (通示二戒爲解脫因)

戒是正順解脫之本일새 故로 名波羅提木叉니라
계는 해탈의 근본을 바르게 수순하므로 '바라제목차'라고 이름한다.

【節要】 戒是正順者는 正以揀邪하고 順不違理하니 則是逆生死流하야 順涅槃流也니라 解脫之本者는 有餘無餘의 二種解脫이 以戒爲基할새 故로 云爲之本이니라 波羅提木叉者는 牒名證義니 以木叉翻解脫故니라 此는 顯戒名木叉가 從果立稱也니라

'계가 바르게 수순한다.'라는 것은 바른 것으로써 삿된 것을 가려내고 수순하여 이치를 어기지 않는 것이니, 곧 이는 생사의 흐름을 거슬러서 열반의 흐름에 수순함이다. '해탈의 근본'이란 유여(有餘)와 무여(無餘)의 두 가지 해탈이 계로써 토대를 삼는 까닭으로 근본이라 하였다. '바라제목차'라는 계명(戒名)을 인용하여 이치를 증득함이니, 목차(木叉)가 해탈로 번역되는 까닭이다. 이것은 계명(戒名)인 목차(木叉)가 과(果)를 쫓아 세워진 명칭임을 뜻한다.

【補註】一師가 云하되 持者는 正順解脫하고 犯者는 正順煩惱라 하니 亦通이나 終以前說為正이로다 三은 正明二戒能生定慧라

한 스승이 이르길, "지계자(持戒者)는 바로 해탈에 수순하고, 범계자(犯戒者)는 바로 번뇌에 수순한다."라고 하였으니, 역시 의미상 통하긴 하지만 그래도 앞의 설명으로써 바른 풀이를 삼아야 한다. 세 번째, 두 가지 계가 능히 선정과 지혜를 냄을 바로 밝히다.

(3) 정명이계능생정혜(正明二戒能生定慧)

依因此戒하야 得生諸禪定과 及滅苦智慧니라
이 계율을 지킴으로 인하여 능히 모든 선정과 괴로움을 소멸하는 지혜를 낼 수 있다.

【節要】依戒得生定慧者는 四禪八定이 由戒而生也니 戒出三塗하며 定出六欲하며 慧出三界할새 故로 滅苦果也니라

'계율을 의지하여 능히 선정과 지혜를 낸다.'라는 것은 사선팔정(四禪八定)[153]이 계율을 말미암아 일어난다는 뜻이다. 계율은 삼악도(三惡塗)[154]를 벗어나게 하며, 선정은 육욕천(六欲天)[155]을 벗어나게 하며, 지혜는 삼계(三界)를 벗어나게 하므로 괴로움의 과보를 소멸시키는 것이다.

【補註】首楞嚴에 云하되 因戒生定하고 因定發慧라하니 正此意也니라 然이나 彼但說戒能生定하고 慧自從定而生이어니와 今則戒能生定하고 戒能生慧라 與彼稍別이로다 蓋贊戒之至也니라 四는 別伸五勸修戒利益이라

『능엄경』에 이르길, '계율을 인하여 선정이 생기고, 선정을 인하여 지혜가 발한다.'[156]라고 하였으니 바로 이러한 뜻이다. 그러나 저기는 다만 계율이 능히 선정만을 내고 지혜는 선정으로부터 생긴다고 설하였지만, 지금은 계율이 능히 선정을 내고 계율이 능히 지혜를 낸다는 뜻이므로

- [153] 사선(四禪)은 색계천의 사선(四禪)이며, 팔정은 색계의 사선(四禪)과 무색계의 사무색정(四無色定)을 합한 것이다. 따라서 팔정(八定)에 사선이 포함되었다고 할 수 있다. 그러나 굳이 사선과 팔정을 나란히 이름한 것은 색계와 무색계를 상대한 것으로서 색계는 선(禪)이고 무색계는 정(定)이기 때문이다. 즉, 색계에는 정(定)과 혜(慧)가 균등하지만 무색계에는 다분히 정(定)이 많다. 『구사론』에 의하면, 색계 4선정과 무색계 4선정은 마음부수[尋·伺·喜·樂·心一境性·捨]에 있어서는 차이가 없으나 다만 대상의 차이가 있을 뿐이라고 밝히고 있다. (1) 색계사선(色界四禪)은 ① 초선(初禪), ② 이선(二禪), ③ 삼선(三禪), ④ 사선(四禪)이며, (2) 무색계사정(無色界四定)은 ① 공무변처정(空無邊處定), ② 식무변처정(識無邊處定), ③ 무소유처정(無所有處定), ④ 비상비비상처정(非想非非想處定)이다.
- [154] 지옥[火塗], 아귀[刀塗], 축생[血塗]의 세계를 말한다.
- [155] 욕계 육천인 사왕천(四王天), 도리천(忉利天), 야마천(夜摩天), 도솔천(兜率天), 화락천(化樂天), 타화자재천(他化自在天)을 말하는 것으로 이 하늘의 사람들은 모두 욕망이 있으므로 욕천(欲天)이라고 한다.
- [156] 『楞嚴經』(大正 19卷, p.131), 佛告阿難 汝常聞我毘奈耶中 宣說修行三決定義 所謂攝心爲戒 因戒生定 因定發慧 是則名爲三無漏學(부처님께서 아난에게 말씀하셨다. 너는 항상 내가 '계율 가운데 수행의 세 가지 결정된 뜻이 있으니, 이른바 마음을 거두는 것으로 계를 삼고, 계로 인하여 선정이 생기고, 선정으로 인하여 지혜가 드러난다고 설설함을 들었을 것이다. 이것이 곧 이름하여 세 가지 무루학이니라).

저와는 조금 다름이 있다. 모두 계율을 찬탄하는 지극함이다. 네 번째, 계를 닦고 권하는 이익을 다섯 가지로 따로 펼친다.

4) 별신오권수계이익(別伸五勸修戒利益)

是故로 比丘여 當持淨戒하야 勿令毀缺●¹⁵⁷하라 若人能持淨戒하면 是則能有善法하고 若無淨戒하면 諸善功德이 皆不得生하나니 是以當知하라 戒爲第一安隱功德之所住處니라

이러한 까닭으로 비구들은 마땅히 청정한 계를 수지하여 흐트러짐이 없도록 하라. 만약 사람이 청정한 계를 수지하면 능히 선법이 자라나게 되고, 만약 청정한 계가 없으면 모든 선근공덕이 자라나지 않게 된다. 그러므로 마땅히 알라. 계는 가장 편안하게 공덕이 머무는 자리이다.

【節要】當持淨戒者는 一 勸不失自體요 勿令毀損者는 二 勸不捨方便이요 能有善法者는 三 勸遠離諸過하고 身語意業으로 常集功德이요 諸善不生者는 四 勸知多過患者는 於三業中에 一切時不生功德이요 安隱住處者는 五 顯示菩薩所修戒中에 有如是得失하니 我當住安隱處하고 不住不安隱處니라 此는 正示現勸修利益勝義也니라

'마땅히 청정한 계를 수지하라.'는 것은 첫 번째, 계체(戒體)를 잃지 않도록 권함이요. '흐트러짐이 없도록 하라.'는 것은 두 번째, 방편을 버리

●157 缺이『高麗』에는 犯으로 되어 있다.

지 않도록 권함이요. '능히 선법이 자라난다.'라는 것은 세 번째, 모든 허물을 멀리 여의고 몸과 말과 뜻으로 항상 공덕 모을 것을 권함이요. '모든 선근공덕이 자라나지 않게 된다.'라는 것은 네 번째, 많은 허물들은 삼업(三業) 가운데에서 언제나 공덕이 자라지 못하게 한다는 것을 알도록 권함이요. '편안하게 머무는 자리'는 다섯째, 보살이 닦는 바 계율 가운데 이와 같은 득실(得失)이 있으므로 스스로 마땅히 편안한 곳에 머무르고 편안하지 않은 곳에는 머무르지 말 것을 현시함이다. 이것은 바로 계를 닦고 권하는 이익의 수승한 이치를 나타내 보인 것이다.

【補註】雖名五勸이나 大意를 通結하면 上文의 能有善法者니 即戒能生定生慧也니라 詳言之하면 則六度萬行이 皆由此生故로 安隱之處가 雖多나 戒為第一이며 無能過者니라 二의 對治修習止苦功德에 三이니 初는 根欲放逸苦對治요 二는 多食苦對治요 三은 懈怠睡眠苦對治라 初의 根欲放逸苦對治에 二니 初는 根放逸이요 二는 欲放逸이라 初의 根放逸에 三이니 初는 戒護요 二는 念護요 三은 智護라 此三生起者는 雖住淨戒나 若不攝念하고 戒不堅固하면 攝念治障은 由智裁擇일새니라 初의 戒護라

비록 과목의 명칭은 '오권수계이익(五勸修戒利益)'이나 대의(大意)를 통틀어 맺으면 윗글의 '능히 선법을 자라게 함'이니, 곧 계율로 인하여 능히 선정과 지혜가 생겨남이다. 더 자세히 말한다면, 육도만행(六度萬行)[158]이

●158 보살이 육바라밀을 온전하고 원만하게 실천하는 것을 말한다. 육바라밀은 보시(布施), 지계(持戒), 인욕(忍辱), 정진(精進), 선정(禪定), 지혜(智慧)이다.
※『유교경』의 내용 가운데 지계를 비롯해서 인욕·정진·선정·지혜에 대해서는 자세한 내용이 보이지만 보시바라밀에 대해서는 구체적인 내용이 보이지 않는 듯하다. 그러나 이것은 출가자를 위한 마지막 법문이므로 재보시에 대해서 강조하지 않았을 뿐 법보시에 대한 설법은 법문상 주의 법문 속에 자연스레 녹아 있다고 보아야 할 것이다.

모두 이를 말미암아 생겨나는 까닭에 편안한 곳이 비록 많지만 계율이 제일이며 이를 능가하는 것은 없는 것이다.

두 번째, 괴로움을 대치 수습하는 공덕에 셋이니, 첫째는 근이 방일하고자 하는 괴로움을 대치함이요[根欲放逸苦對治], 둘째는 많이 먹는 괴로움을 대치함이요[多食苦對治], 셋째는 해태와 수면의 괴로움을 대치함이다[懈怠睡眠苦對治]. 첫 번째, 근이 방일하고자 하는 괴로움을 대치하는 것에 둘이니, 첫째는 근이 방일함이요[根放逸], 둘째는 방일하고자 하는 것이다[欲放逸].

첫 번째, 근이 방일한 것에 셋이니, 첫째는 계로 보호함이요[戒護], 둘째는 정념으로 보호함이요[念護], 셋째는 지혜로 보호함이다[智護]. 여기서 세 번째 '지호(智護)'를 세움은 비록 청정한 계율에 머물더라도 만약 생각이 흩어지고 계율 또한 견고하지 못할 경우, 생각을 갈무리하고 장애를 다스림은 결국 지혜로 분별하고 간택해야 하는 까닭이다. 첫 번째, 계로 보호하다.

2. 대치수습지고공덕 對治修習止苦功德

1) 근욕방일고대치(根欲放逸苦對治)

(1) 근방일(根放逸)

가. 계호(戒護)

汝等比丘여 已能住戒어든

너희 비구들이여, 이미 계에 안주할 수 있거든

【節要】亦是躡前起後니라

또한 앞을 이어서 뒤를 일으키는 것이다.

【補註】躡前者는 躡其所已能이요 起後者는 起其所未能也니라 二의 念護에 三이니 初는 牧牛喩요 二는 惡馬喩요 三은 劫賊喩라 初의 牧牛喩에 二니 初는 法이요 二는 喩라 初의 法이라

'앞을 잇는다.'라는 것은 이미 능한 바를 이음이요. '뒤를 일으킨다.'라는 것은 아직 능하지 못한 바를 일으킴이다.

두 번째, 정념으로 보호하는 것에 셋이니, 첫째는 소를 치는 비유요[牧牛喩], 둘째는 거친 말의 비유요[惡馬喩], 셋째는 겁탈하는 도적의 비유이다[劫賊喩]. 첫 번째, 소를 치는 비유에 둘이니, 첫째는 법이요[法], 둘째는 비유이다[喩]. 첫 번째, 법이다.

나. 염호(念護)

가) 목우유(牧牛喩)

(가) 법(法)

當制五根하야 勿令放逸入於五欲하라

마땅히 오근(五根)을 다스려서 방일함으로 오욕(五欲)에 빠지지 않도록 하라.[159]

●159 『大正』에는 '勿令放逸入於五欲(방일함으로 오욕에 빠지지 않도록 하라)'에 대한 풀이가 생략되어 있으나 『永樂』에는 '應知色如熱金 聲如毒鼓 香如惡風 味如沸蜜 觸如蚖蛇 皆不可著著 則傷害故 勿令放逸也(응당 색(色)은 뜨거운 쇠와 같고, 성(聲)은 독 묻은 북과 같고, 향(香)은 악취 나는 바람과 같고, 미(味)는 끓는 꿀과 같고, 촉(觸)은 독사와 같아서 모두 가히 붙잡을 수 없음을 알아야 한다. 만약 붙잡으면 상처를 입는 까닭에 방일하지 말라고 하신 것이다)'라는 풀이가

【節要】 五根者는 各能生識故로 並名根이요 而不言意者는 論에 云하되 示現色非色別故라 하니라

'오근(五根)'은 각각 능히 식(識)을 낼 수 있는 까닭으로 아울러 근(根)이라고 부른다. 그러나 의(意)를 말하지 않는 것은 논에 이르길, '색과 색이 아닌 것을 따로 시현하기 때문이다.'●160라고 하였다.

【補註】 非色이 能宰色故로 下文에 云하되 此五根者는 意爲其主라 하니라 二는 喩라

색이 아닌 것이 능히 색을 주재하는 까닭에 아래의 글에서 이르길, '이 오근은 의(意)가 그 주인이 된다.'라고 하였다. 두 번째, 비유이다.

(나) 유(喩)

譬如牧牛之人이 執杖視之호대 不令縱逸하야 犯人苗稼니라

비유하면, 소치는 사람이 채찍을 잡고 감시하되 소가 함부로 날뛰어 남의 곡식을 침범하지 않도록 하는 것과 같다.

【節要】 牛는 喩五根이요 人은 喩比丘요 執杖은 喩攝念이요 苗稼는 喩三昧方便과 及正受功德이라 五欲不起에 正念成就는 如不犯苗稼니라

'소'는 오근을 비유하며, '사람'은 비구를 비유하며, '채찍을 잡은 것'

있다.『佛遺敎經論疏節要』(永樂 174卷, p.792) 참조.
●160 『遺敎經論』(大正 26卷, p.285), 何故但說五根 示現色非色別故(무슨 까닭으로 단지 오근만을 설하였는가? 색과 비색의 차별을 시현하는 까닭이다).

은 갈무리하는 마음을 비유하며, '곡식'은 삼매방편(三昧方便)과 정수공덕
(正受功德)을 비유한다. 오욕(五欲)●161이 일어나지 않으면 정념(正念)이 성취
되는 것은 마치 소가 남의 곡식을 침범하지 않으면 열매가 맺히는 것과
같다.

【補註】石鞏과 南泉이 領斯旨矣니라 又三昧正受는 古謂華梵成文이나 今
日 三昧方便과 及正受功德이라 하니 則二須有別이니라 二의 惡馬喩에 二니
初는 法이라

석공(石鞏)●162 선사와 남전(南泉)●163 선사가 이 종지(宗旨)를 받아들였다.
또한 '삼매정수(三昧正受)'●164는 옛날에는 중국 말[華]과 인도 말[梵]로 이루
어진 하나의 단어로 여겼으나 지금은 이르되, '삼매방편(三昧方便)과 정수
공덕(正受功德)'이라 하였으니, 두 단어가 응당 구별되어야 한다.

　두 번째, 거친 말의 비유에 둘이니, (첫째는 법이요, 둘째는 비유이다.) 첫 번
째, 법이다.

- 161 일반적으로 오욕은 다섯 가지 욕망인 재욕(財欲), 색욕(色欲), 식욕(食欲), 명예욕(名譽欲), 수면욕(睡眠欲)을 말하지만, 여기서의 오욕은 색·성·향·미·촉에 집착하여 일어나는 욕망인 색욕(色欲), 성욕(聲欲), 향욕(香欲), 미욕(味欲), 촉욕(觸欲)을 말한다.
- 162 당나라 시대의 고승으로 생몰 연대는 알 수 없다. 원래 수렵을 업으로 생활하다가 어느 날 마조도일 선사를 만나서 설법을 듣고 출가 하였다.
- 163 남전(南泉, 748~834) 선사는 당나라 시대의 고승으로 마조도일의 법을 잇고 남전산에 30여 년간 머물면서 하산하는 일이 없이 직접 밭을 일구며 삿갓 쓰고 소 치며 선풍을 펼쳤다.
- 164 삼매(三昧)는 samādhi의 음역이며, 정수(正受)는 samāpatti의 의역이다. samāpatti와 samādhi의 차이는 samādhi가 samatha와 vipassanā를 두루 아우르는 일반적 큰 설명이라면, samāpatti는 samādhi와 같은 의미를 내포하지만 이루어진 결과를 두드러지게 강조할 때 쓰인다.

나) 악마유(惡馬喩)

(가) 법(法)

若縱五根하면 非唯五欲이 將無涯^{●165}畔하야 不可制也라

만약 오근을 방종하도록 두면 오욕이 끝이 없어서 다스릴 수 없을 뿐만 아니라,

【節要】若不攝守五根하면 非獨起欲妨道라 將沈苦海하야 而無涯畔하리니 旣失戒念인댄 對治甚難不可制也니라 故로 須防萌杜漸하야 勿令動心이어다 二는 喩라

만약 오근을 안으로 거두어 들여 지키지 않으면 단지 오욕이 일어나 수도를 방해할 뿐만 아니라, 장차 고통의 바다에 빠져서 괴로움이 끝이 없을 것이다. 이미 계념(戒念)을 잃었다면 대치하여 제어하기란 매우 어렵다. 그러므로 모름지기 오욕의 맹아가 싹트지 않도록 미리 막아서 마음이 흔들리지 않도록 해야 한다. 두 번째, 비유이다.

(나) 유(喩)

亦如惡馬하야 不以轡制하면 將當牽人墜於坑埳^{●166}이니

또한 거친 말과 같아서 고삐로 매어 두지 않으면 장차 사람을 끌어다 구렁에 빠뜨릴 것이니,

●165 涯가『高麗』에는 崖로 되어 있다.
●166 埳이『高麗』와『永樂』에는 陷으로 되어 있다.

【節要】惡馬는 喩五根이요 不以轡制는 喩無正念이요 墜坑埳은 喩沈惡道니라

'거친 말'은 오근을 비유하며, '고삐로 매어두지 않은 것'은 정념(正念)이 없음을 비유하며, '구렁에 빠짐'은 악도에 떨어짐을 비유한다.

【補註】牛馬二喩가 似同而別이니 犯苗稼喩는 敗壞善根爲因이요 墜坑埳喩는 沈淪惡道爲果니라 三의 劫賊喩에 二니 初는 喩요 二는 法이라 初의 喩라

소와 말의 두 비유가 비슷한 듯하나 다르다. 소가 곡물을 침범하는 비유는 선근을 무너뜨리는 것으로 원인을 강조함이요, 말이 구렁에 빠뜨리는 비유는 악도에 빠지게 하는 것으로 결과를 강조함이다.

세 번째, 겁탈하는 도적의 비유에 둘이니, 첫째는 비유요, 둘째는 법이다. 첫 번째, 비유이다.

다) 겁적유(劫賊喩)

(가) 유(喩)

如被劫害는 苦止一世어니와

도적의 겁탈을 당함은 그 고통이 한 때에 그치지만

【節要】澄照의 戒疏에 云하되 公自[167]而取曰劫이라 하다 二는 法이라

징조(澄照)[168]의 『계소(戒疏)』에 이르길, '힘으로 곧장 탈취(奪取)하는 것

● 167 自가 『甲』과 『永樂』에는 白으로 되어 있다.
● 168 징조(澄照, 596~667)는 중국 남산율종의 시조인 도선(道宣) 율사의 시호이다. 장성에서 태어나 16세에 출가하여 지수(智首) 율사로부터 구족계를 받고 율전을 배웠다. 무덕 7년(624)에 종남산

이 겁(劫)이라.'●169고 하였다. 두 번째, 법이다.

(나) 법(法)

五根賊禍는 殃及累世하야 爲害甚重하니 不可不愼이니라

오근 도적의 화는 그 재앙이 여러 생에 미치어 그 해로움이 매우 크니 반드시 조심해야 한다.

【節要】 招殃累世하고 苦又過之니 勸愼五根하야 誡勿起欲이니라

재앙을 부름이 여러 생에 걸쳤고 고통 또한 모든 고통을 능가하므로 오근을 조심하여 오욕이 일어나지 않도록 경계할 것을 권함이다.

【補註】 謗賢聖者는 六萬世라도 而舌根尙缺하며 耽音樂者는 證羅漢이라도 而習氣猶存이니 殃之及也寧有旣乎아 三은 智護라

현성(賢聖)●170을 비방한 자는 육만 세 동안 설근(舌根)이 온전하지 못하였

에 들어가 백천사(白泉寺)를 짓고 계율을 엄정히 지키며 선 수행을 하였으므로 세상에서 남산 율사라 부르게 되었다. 건봉 2년 10월에 입적하니, 세수 72세였다. 저서에는 『속고승전』『광홍명집』『사분율행사초』 등 20여 부가 있다.
● 169 南山律師, 『四分律含註戒本疏行宗記會本』(卷六), 公白取者為劫 公白謂力直奪(공백)으로 취하는 것이 겁(劫)이니, 공백은 힘으로 곧장 빼앗는 것이다.)
● 170 현인(賢人)과 성인(聖人)을 함께 일컫는 말인데 현성의 구분은 경론마다 약간의 차이가 있다. 『구사론』에서는 ① 오정심(五停心), ② 별상무념주(別相無念住), ③ 총상념주(總相念住), ④ 난(煖), ⑤ 정(頂), ⑥ 인(忍), ⑦ 세제일법(世第一法)의 일곱 지위를 칠현(七賢)이라고 하고, ① 수신행(隨信行), ② 수법행(隨法行), ③ 신해(信解), ④ 견지(見至), ⑤ 신증(身證), ⑥ 혜해탈(慧解脫), ⑦ 구해탈(俱解脫)의 일곱 지위를 칠성(七聖)이라고 하여 칠현칠성(七賢七聖)의 수행계위를 세웠다. 『화엄경』 등에서는 ① 십주(十住), ② 십행(十行), ③ 십회향(十回向)의 세 지위를 삼현(三賢)이라고 하고, 초지(初地)부터 십지(十地)까지 보살들을 십성(十聖)이라고 하여 삼현십성(三

으며, 음악을 탐한 자는 아라한과를 증득하여도 습기가 오히려 남아 있었으니, [171] 재앙의 미침이 어찌 다함이 있겠는가! 세 번째, 지혜로 보호하다.

다. 지호(智護)

是故로 智者는 制而不隨하고 持之如賊하야 不令縱逸하나니 假令縱之라도 皆亦不久에 見其磨滅이니라

이러한 까닭에 지혜로운 자는 오근을 다스려 오욕을 따르지 아니하고, 보호하여 지니길 마치 도적을 붙잡아 두는 듯하여 방종하거나 방일하지 않도록 하나니, 설령 방종하게 되더라도 모두 또한 오래지 않아 그 마멸함을 볼 것이다.

【節要】有智之人故로 名智者니라 夫有智면 則能裁[172]斷是非하고 分別利害하리니 既知戒念是利호대 而非害故로 制而不隨요 既知根欲是害호대 而非利故로 持之如賊이니라 論에 云하되 此是重障故로 不令縱이라 하고 下에 示輕障이라 假令縱之者는 謂細相習障이 縱有根欲이나 不作意起也니라

賢十聖)의 수행계위를 세웠다.
- 171 가섭 존자는 아라한과를 얻어 부처님의 상수제자가 되었지만 과거 음악을 즐기던 습성 때문에 어느 날 대수긴나라 왕이 부처님 법문을 듣고 환희심에 음악을 연주하자 가섭 존자도 덩달아 음악에 취하여 춤을 추었다고 한다.『大智度論』(大正 25卷, p.70), 如舍利弗瞋恚氣殘 難陀婬欲氣殘 必陵伽婆磋慢氣殘 譬如人被鎖初脫時行猶不便(사리불은 성내는 습기가 남았고, 난타는 음욕의 습기가 남았고, 필릉가바차는 교만한 습기가 남았으니, 비유하면 죄인이 묶였던 오랏줄에서 처음 풀려났을 때 걷기는 하지만 조금 어색한 것과 같다) 참조.
- 172 裁가『甲』에는 截로 되어 있다.

不久에 見其磨滅者는 云◦¹⁷³何立見가 示現依見時說故니 譬之無常이 必
歸磨滅이니라

지혜가 있는 사람이므로 '지자(智者)'라고 한다. 무릇 지혜가 있다면
능히 옳고 그름을 재단하고 이로움과 해로움을 분별할 수 있다. 이미 계
념(戒念)이 이롭되 해로운 것이 아님을 아는 까닭에 절제하여 오근의 욕망
을 따르지 않는 것이요, 이미 오근의 욕망이 해로운 것이되 이로운 것이
아님을 아는 까닭에 보호하여 지니길 마치 도적을 잡아 두는 듯 하는 것
이다. 논에 이르길, '이것은 무거운 장애인 까닭에 제멋대로 두어서는 안
된다.'라고 하고서 아래 가벼운 장애를 보였다.

'설령 방종하게 된다면'이라고 한 것은 미세한 모양의 습관성 장애가
비록 근욕(根欲)에 있지만 고의적으로 일으키는 것이 아님을 말한다. '오
래지 않아 그 마멸함을 본다.'라는 것은 어떻게 본다는 것인가? 보는 때
에 의지하여 설함을 시현하는 까닭이니,◦¹⁷⁴ 무상한 것은 반드시 마멸로
돌아감을 비유한다.

【補註】此承上文하야 五根旣如牛하고 如馬如賊할새 是故로 智人은 制此
五根하야 而不隨順이니라 假令縱之者는 意謂五根을 決不可縱이언만 就使
縱之라도 亦不過薤露風燈하야 刹那之間에 總歸磨滅耳니 何足樂乎아 此
解與前少別이니 或可備一說云이니라 二의 欲放逸에 四니 初는 標由心이요
二는 勸勤遮요 三은 示障法이요 四는 修三昧라 初의 標由心이라

◦173 云이『甲』에는 是中云으로 되어 있다.
◦174『遺教經論』(大正 26卷, p.285), 性은 無對不相見故 如經見其磨滅故 是中云何立見 示現依見時說
故 彼無見故滅見故(성품은 만질 수도 없고 볼 수도 없기 때문에 저 경에서 '그 마멸함을 볼 것
이라'하였으니, 이 가운데에서 어떻게 봄(見)을 세울 것인가? 보는 때를 의지하여 설함을 시현
하는 까닭에 저것이 보이지 않으므로 멸함을 본다고 한다).

여기서는 위의 글을 이어서 오근이 이미 소와 같고, 말과 같고, 도적과 같으므로 지혜로운 사람은 이러한 오근을 잘 다스려서 따르지 않는다는 것이다.

'설령 방종하게 된다면'의 뜻은 오근을 결단코 방종하도록 두어서는 안 된다는 것을 말하지만, 설사 방종하게 되더라도 또한 오근의 욕망은 풀잎의 이슬이나 바람 앞의 등잔불에 지나지 않아 한 순간에 모두 마멸로 돌아갈 뿐이니, 어찌 족히 즐거워할 것인가! 이 해석은 앞의 해석과 조금 다른데 혹자가 일설에 갖추어 이른 것이다.

두 번째, 방일하고자 하는 것에 네 가지가 있으니, 첫째는 마음에서 연유함을 표함이요[標由心], 둘째는 부지런히 막을 것을 권함이요[勸勤遮], 셋째는 장애의 법을 보임이요[示障法], 넷째는 삼매를 닦음이다[修三昧]. 첫 번째, 마음에서 연유함을 표한다.

(2) 욕방일(欲放逸)

가. 표유심(標由心)

此五根者는 心為其主니라
이 오근은 마음을 그 주인으로 한다.

【節要】 五根起欲이 皆是自心이라 若本無心인댄 五塵寧染가 則知心王而為主也니라
오근이 욕망을 일으키는 것은 모두 마음으로부터 연유한다. 만약 본

래 마음이 없다면 오진(五塵)●175이 어찌 물들일 수 있겠는가! 그러므로 심왕(心王)●176이 주인인 것을 안다.

【補註】 心為主有四니 迦葉佛이 云하되 欲生於汝意라 하니 則以六識心為主며 又云하되 意以思想生이라 하니 則以七識心為主며 妄想是阿賴耶見分이라 하니 則以八識心為主며 含藏無性이 即白淨真如라하니 則總之以圓覺妙心으로 而為主也니라 二는 勸勤遮라

마음으로 주인 삼는 것에 네 가지가 있다. 가섭불(迦葉佛)●177께서 이르시되, '욕망은 그대의 뜻에서 일어난다.'라고 하였으니, 곧 육식(六識)●178

●175 청정자성을 오염시키는 다섯 가지 경계 대상으로 색, 성, 향, 미, 촉을 말한다.
●176 심법(心法)의 주체를 심왕이라고 한다. 심왕은 심(心)·의(意)·식(識)의 세 가지 이름으로 불린다. 심(心)은 범어로 citta인데 '집기(集起)'라는 뜻이며, 심왕의 힘에 의하여 심소 및 일과 행동을 일으킨다는 의미이다. 의(意)는 범어로 manas인데 사량(思量)이란 뜻이며, 깊이 사유·고찰하고 능히 다른 심심소를 발생하는 소의지(所依止)라는 의미이다. 식(識)은 범어로 vijñāna인데 요별이라는 뜻이며, 소연(所緣)을 식별하는 능력이 있다는 의미이다. 이 심왕의 요별 작용은 세 가지로 나뉘는데 하나는 자성분별로서 현재 직각(直覺)하는 작용이며, 둘째는 수념분별로서 과거를 추상하는 작용이며, 셋째는 계도분별로서 삼세에 걸쳐 널리 대상의 표면을 직각할 뿐만 아니라 또한 이면(裏面)에까지 추급(推及)하여 분별하는 것이다.
※ 심소(心所)는 심왕(心王)에 종속해서 움직이는 심의 작용이므로 심왕의 소유라는 뜻에서 심소라고 한다. 심왕과 심소에 대한 분류 체계는 논서에 따라 약간의 숫자적인 차이는 있지만 단지 보는 관점의 차이일 뿐 기본 틀이나 발상은 동일하다. 『유식론』에서는 5위 100법으로 분류하며, 『구사론』에서는 5위 75법으로 분류하며, 아비담마 교학에서는 4위 82법으로 분류한다.
●177 과거칠불(過去七佛)의 한 분으로서 인간 수명이 이만 세(歲) 때에 출현하셨던 석가세존 이전의 부처님이다.
※ 과거칠불(過去七佛)이란 ① 비바시불(毘婆尸佛), ② 시기불(尸棄佛), ③ 비사부불(毘舍浮佛), ④ 구류손불(拘留孫佛), ⑤ 구나함모니불(俱那含牟尼佛), ⑥ 가섭불(迦葉佛), ⑦ 석가모니불(釋迦牟尼佛)이다.
●178 범어 manovijñāna를 번역한 의식(意識)을 말한다. 감각기관에 의지하는 전5식과는 달리 인식 대상에 대하여 비교하거나 추리, 추억하는 작용을 말한다. 가령, 어떤 소리를 들었을 때 듣는 자체는 이식(耳識)의 작용이지만 그 소리가 사람의 소리인가, 동물의 소리인가 등을 분별하는 것은 제6식의 작용인 것이다. 식(識)을 외향식(外向識)과 내향식(內向識)으로 나눌 때 전5식과 제6식은 모두가 외경에 대한 인식이며 요별이기 때문에 외향식에 해당된다.

의 마음으로써 주인을 삼은 것이다. 또 이르되, '뜻은 생각에 의해 일어난다.'라고 하였으니, 곧 칠식(七識)[179]의 마음으로써 주인을 삼은 것이다. '망상은 아뢰야식의 견분(見分)이라.'고 하였으니, 팔식(八識)[180]의 마음으로써 주인을 삼은 것이다. '아뢰야식[含藏識]의 무자성(無自性)이 곧 백정진여(白淨眞如)[181]이다.'라고 하였으니, 최종적으로 원각묘심(圓覺妙心)[182]으로써 주인을 삼은 것이다. 두 번째, 부지런히 막을 것을 권한다.

- [179] 범어 manasvijñāna를 번역한 말나식(末那識)을 말한다. 일반적으로 제6식과의 분명한 구분을 위해서 원어를 그대로 사용한다. 범어 manas를 중국에서는 의(意)로 번역하였다. 이 말나식은 제8식을 소의처(所依處)로 하여 집착하는 사량식(思量識)으로서 항상 제8식을 대상으로 하여 그것이 바로 나의 주체라는 아집과 그것이 실재한다는 법집을 일으킨다. 따라서 말나식은 아집과 법집을 끊기 전까지는 존재한다고 할 수 있으며, 생사윤회를 벗어나지 못하도록 하는 앞잡이라고 할 수 있다. 대표적 상응심소는 아치(我癡), 아견(我見), 아애(我愛), 아만(我慢)이다.
- [180] 범어 ālayavijñāna의 음역인 아뢰야식(阿賴耶識)으로 통상 부르지만 현장 법사는 이를 쌓아둔다는 뜻으로 보아 함장식(含藏識)으로 번역하였고, 진제 삼장은 없어지지 않는다는 뜻으로 보아 무몰식(無沒識)으로 번역하였다. 또한 제8식의 여러 가지 특성상 선악의 업인으로 무기의 과보를 얻는다는 의미에서 이숙식(異熟識), 범부에서부터 부처에 이르기까지 모두 종자를 집지한다는 의미에서 집지식(執持識) 등으로 불리기도 한다. 아뢰야식의 작용은 크게 세 가지로 정리해 볼 수 있다. 첫째는 모든 인식 행위의 결과를 업종자의 형태로 저장하며, 둘째는 윤회의 주체가 되며, 셋째는 종자와 신체의 작용을 유지하는 것이다.
- [181] 제9식인 암마라식(庵摩羅識)을 말한다. 범어 amalavijñāna의 음역으로 중국에서는 무구식(無垢識) 또는 청정식(淸淨識), 백정식(白淨識) 등으로 번역하였다. 제8식인 아뢰야식이 미혹을 버리고 깨달음의 모습으로 전환하여 청정한 지위에 이른 것을 말한다. 곧, 중생들의 마음은 본연의 모습에 있어서는 미망을 여읜 청정무구한 것임을 이렇게 표현한 것이다. 그러나 현장 법사 이후의 신역경가들은 제9식설을 세우지 않고 암마라식을 아뢰야식이 가지고 있는 청정한 면에 불과하다고 간주하여 제8식설까지만 세우고 있다.
- [182] 『원각경』에서 불성을 달리 표현한 것인데 줄여서 '각심(覺心)'이라고도 한다. 『圓覺經』(大正 17卷, p.914), 善男子 一切眾生 種種幻化 皆生如來圓覺妙心 猶如空花從空而有 幻花雖滅空性不壞 眾生幻心 還依幻滅 諸幻盡滅 覺心不動

나. 권근차(勸勤遮)

是故로 汝等은 當好制心하라

그러므로 너희들은 마땅히 마음을 잘 다스려야 한다.

【節要】 旣知五欲이 悉由心故로 故勸防制니라 瑞應經에 云하되 得一心則萬邪滅矣라 하니라

이미 오욕이 모두 마음에서 연유한 것임을 알았기 때문에, 따라서 잘 막아 다스리라고 권하신 것이다. 『서응경(瑞應經)』[183]에 이르길, '일심(一心)을 얻으면 온갖 삿됨이 사라진다.'라고 하였다.[184]

【補註】 制有二니 事制는 則謹守根門하야 不令奔境이며 理制는 則根境本寂하야 念自不生이니라 三의 示障法에 三이니 初는 心性差別障이요 二는 輕動不調障이요 三은 失諸功德障이라 初의 心性差別障이라

다스림에는 두 가지가 있다. 현상적인 다스림은 오근의 문을 굳게 지켜 경계에 이끌리지 않도록 삼가는 것이며, 이치적인 다스림은 근(根)과 경(境)이 본래 공적함을 알아차려 생각자체가 일어나지 않도록 하는 것이다.

세 번째, 장애의 법을 보이는 것에 셋이니, 첫째는 심성을 차별하는 장애요[心性差別障], 둘째는 가벼이 움직여 조화롭지 못한 장애요[輕動不調障], 셋째는 모든 공덕을 유실하는 장애이다[失諸功德障]. 첫 번째, 심성을 차별하는 장애이다.

●183 『태자서응본기경(太子瑞應本起經)』을 약칭한 것으로 오나라의 지겸(支謙)이 번역하였다. 총 2권으로 되어 있으며, 내용은 석존의 전신인 유동 보살(儒童菩薩)이 도솔천에 태어나서 성도하기까지의 8상도(八相圖)와 부처님의 18불공법(十八不共法), 10력(十力), 4무소외(四無所畏)를 얻은 것, 5비구와 가섭을 교화한 일 등을 서술하고 있다.

●184 『瑞應經』(大正 3卷, p.475), 得一心者 則萬邪滅矣.

다. 시장법(示障法)

가) 심성차별장(心性差別障)

心之可畏가 甚於毒蛇惡獸怨賊하니 大火越逸로도 未足喻也니라

마음은 독사나 맹수, 원수나 도적보다도 더 두려워할 것이니, 큰 불이 번지는 것으로도 비유가 되지 않는다.

【節要】 可畏者는 招感生死하야 無解脫期가 旣皆由心이니 安得不畏아 毒蛇는 喻瞋心對違境이며 惡獸는 喻癡心對中庸境이며 怨賊은 喻貪心對順境이니라 三毒爲害가 過蝮蛇等故로 云甚於니라 大火遍燒로 以喻等分이나 等分越逸이 亦過大火故로 未足喻라 하니라

'두려워할 만하다.'라는 것은 생사에 얽매여 해탈할 기약이 없는 것이 모두 마음을 말미암으니 어찌 두렵지 않을 수 있겠는가! '독사'는 역경계에 대하여 성내는 마음을 비유하며, '맹수'는 중용(中庸)[185]의 경계에 대하여 어리석은 마음을 비유하며, '원적(怨賊)'은 순경계에 대하여 탐내는 마음을 비유한다.

삼독(三毒)의 해로움은 살무사 등을 능가하므로 '보다 심하다[甚於].'라고 이른다. 큰 불이 두루 태우는 것으로써 삼독 등의 해로움을 비유하였

●185 수순하지도 거역하지도 않는 요지부동한 상태를 뜻한다. 이것은 유교의 중심 사상인 '중정불역(中正不易)'의 도이다.
※ 중도(中道)가 중용(中庸)과 다른 점은 모자라지도 지나치지도 않는 '중정불역(中正不易)'의 상태조차 집착의 한 부분으로 간주하여 진정한 무소득(無所得)의 상태로 볼 수 없다는 것이 중도의 관점이다.

으나, 삼독 등의 번지는 것이 또한 큰 불이 번지는 것을 능가하므로 '비유가 되지 않는다.'라고 하였다.

【補註】 蛇獸賊等은 總喩可畏이언만 今分配三毒者는 蛇主恚怒며 獸主愚闇이며 賊主擄掠이라 據多分也니라 火之所至는 玉石俱焚하야 無所揀別일새 故로 以遍燒로 喩等分也니라 □•¹⁸⁶는 輕動不調障이라

독사, 맹수, 원적 등은 총체적으로 두려움을 비유하는데 지금 굳이 삼독에 나누어 배대한 것은 독사는 성냄의 대명사이며, 맹수는 우치함의 대명사이며, 원적은 탐냄의 대명사인지라 많은 부분을 의지했을 뿐이다.•¹⁸⁷ 큰 불이 닿는 곳은 옥석(玉石)조차 모두 태워서 가리는 것이 없으므로 두루 태우는 것을 삼독 등에 비유함이다. 두 번째, 가벼이 움직여 조화롭지 못한 장애이다.

나) 경동부조장(輕動不調障)

譬如有人이 手執蜜器•¹⁸⁸하고 動轉輕躁하야 但觀於蜜하고 不見深坑인달하며 譬如狂象無鉤하고 獼猴得樹인달하야 騰躍踔•¹⁸⁹躑에 難可禁制니라 當急挫之하고 無令放逸이어다

● 186 □: 이(二) 자가 생략되었다. 『佛遺敎經論疏節要』(永樂 174卷, p.793) 참조.
● 187 지욱의 『유교경해』는 여기의 설명과는 달리 탐욕번뇌를 독사에 비유하고, 진에번뇌를 맹수에 비유하고, 치암번뇌를 원수도적에 비유하고, 등분번뇌를 큰 불길에 비유하고 있다. 『遺教經解』(續藏 37卷, p.641), 貪分煩惱吸善根 過於毒蛇 瞋分煩惱吞害善根 過於惡獸 癡分煩惱損減善根 過於怨賊 等分煩惱焚燒善根 過於大火越逸 故云未足喻也.
● 188 譬如有人 手執蜜器가 『高麗』와 『永樂』에는 빠져 있다.
● 189 踔가 『高麗』에는 跳로 되어 있다.

비유하면, 어떤 사람이 꿀이 담긴 그릇을 손에 든 채 가볍고 성급하게 움직여,[190] 다만 꿀만 보고 깊은 구덩이를 보지 못하는 것과 같다. 또한 마치 광분한 코끼리를 제어할 갈고리가 없고 원숭이가 나무를 만난 것과 같아서, 뛰어오르고 분주히 달리는 것을 가히 제어하기란 어렵다. 응당 속히 탐욕심을 꺾어서 방일하지 말지어다.

【節要】喻心有瞖하면 不見未來니 百喩經에 云하되 昔에 有貪夫가 於野求蜜[191]이라가 旣得一樹하고 擧足前進하야 欲取蜂蜜에 不覺草覆深井하야 因失足而亡이라 하다 狂象者는 喻心起三毒也니 涅槃經에 以醉象狂逸호미 如貪恚愚癡醉할새 故로 多造惡業이라 하다 獼猴者는 喻根起五欲也니 有說에 譬如一獼이 現於五窓인달하야 心猴亦爾하야 遍彼五根이라 하다 騰躍은 釋上狂象이요 踶躑은 釋上獼猴니 踶는 獼跳也니라 當急挫之者는 示其抑入無動處故요 無令放逸者는 令其攝入하야 調伏聚故니라

(다만 꿀만 보고 깊은 구덩이를 보지 못함은) 마음이 욕심의 구름에 가려지면 미래를 보지 못함을 비유하니, 『백유경(百喩經)』[192]에 이르길, '옛날에 욕심 많은 사람이 들판에서 벌꿀을 찾던 중에 꿀이 있는 나무를 발견하고 급히 발을 옮겨 벌꿀을 취하려다가, 미쳐 풀숲에 덮인 깊은 우물을 알아차

- [190] 『大正』에는 動轉輕躁(가볍고 성급하게 움직여)에 대한 풀이가 생략되어 있으나, 『永樂』에는 識徧諸根 動無暫停(인식이 모든 근(根)에 두루하여 잠시도 머무름이 없이 구른다)라고 풀이하였다. 『佛遺敎經論疏節要』(永樂 174卷, p.793) 참조.
- [191] 蜜이 『甲』에는 密로 되어 있다.
- [192] 범명 Śatāvadāna sūtra의 번역으로 남제(南齊) 영명(永明) 10년(429)에 구나비지(求那毘地)가 한역하였다. 5세기경 인도 사문인 승가사나(僧伽斯那)가 중생을 교화하기 위하여 여러 경전 가운데에서 비유 부분만 98가지를 가려내어 만든 경전이다.

리지 못한 탓으로 그만 발이 미끄러져 죽고 말았다.'라고 하였다.

'광분한 코끼리'는 마음에 삼독심(三毒心)이 일어남을 비유하니, 『열반경(涅槃經)』에 이르길, '술 취한 코끼리가 광분함은 마치 중생이 삼독에 취한 것과 같으므로 많은 악업을 짓는다.'[193]라고 하였다.

'분주한 원숭이'는 오근에 오욕이 일어남을 비유하니, 어떤 글에 이르길, '비유하면, 한 마리의 원숭이가 다섯 개의 창문에 모두 나타나듯이, 마음 원숭이 또한 그러하여 저 오근에 두루한다.'[194]라고 하였다. '등약(騰躍)'은 위의 광분한 코끼리를 묘사하고, '초척(踔躑)'은 위의 원숭이를 묘사한 것으로서 '초(踔)'는 원숭이가 분주히 달아나는 것이다.[195]

'응당 속히 탐욕심을 꺾어라.'는 것은 문득 무동처(無動處)에 들어갈 것을 보인 까닭이요, '방일하지 말라.'는 것은 그들로 하여금 오근을 잘 갈무리해서 번뇌를 조복하도록 하는 까닭이다.

- [193] 『涅槃經』(大正 12卷, p.512), 譬如醉象狂驗暴惡多欲殺害 有調象師以大鐵鉤鉤斷其頂 即時調順 惡心都盡 一切眾生亦復如是 貪欲瞋恚愚癡醉故欲多造惡(비유하면, 술 취한 코끼리가 미쳐서 날뛰며 포악하게 많은 생명을 살해를 할 적에 코끼리를 조련하는 사람이 큰 쇠갈고리로써 그 정수리를 찍으면 즉시에 조순하여 악심이 모두 사라짐과 같으니, 일체중생도 또한 다시 이와 같아서 탐욕과 성냄과 어리석음에 취한 까닭으로 많은 악을 짓느니라).
- [194] 『大乘義章』(大正 44卷, p.538), 如一獼猴六窓俱現非有六猴 心識如是 六根中現 非有六心(마치 한 마리의 원숭이가 여섯 개의 창문에 모두 나타나지만 여섯 마리가 있는 것은 아니 듯이, 심식도 이와 같아서 육근 가운데 드러나지만 여섯 마음이 있는 것은 아니다).
  ※ 『대승의장』에서는 여섯 개의 창문에 나타나는 원숭이라고 되어 있으나, 여기에서는 오근을 이야기하므로 다섯 개의 창문으로 바꾸어 인용하였다. 또한 원문에서 비유한 내용은 마음의 체성이 하나인 것과 육근과의 관계성을 드러내기 위한 비유이나, 여기에서는 다만 산란한 마음이 마치 분주히 날뛰는 원숭이와 같다는 것을 강조하는 비유로 인용되었다. 『대승의장』은 수나라 때 혜원이 지은 저술로 총 20권으로 되어있으며, 불교용어를 알기 쉽게 풀이한 책이다.
- [195] 『大正』에는 '踔獿跳也(초는 원숭이가 분주히 달아나는 것이다)'라고 간략히 되어 있으나, 『永樂』에는 '踔丑教切切韻曰獿跳也(초 자는 축교(丑敎)의 반절(半切)로, 절운(切韻)에서는 '원숭이가 날뛰는 모습'이라고 하였다)'라고 되어 있다. 『佛遺教經論疏節要』(永樂 174卷, p.793) 참조.

【補註】曀는 陰而風也니 陰喩昏沈이요 風喩妄想이라 淸明之空이 爲陰風所蔽는 喩寂照之心이 爲昏妄所障也니라 是以로 俱趣目前之欲하고 不思身後之虞也니라 三은 失諸功德障이라

'에(曀)'는 음(陰)과 풍(風)의 뜻이니, 음은 혼침을 비유하고 풍은 망상을 비유한다. 청명(淸明)한 허공이 음풍(陰風)에 가려짐은 적조(寂照)한 마음이 혼침과 망상에 의해 장애됨을 비유한다. 이러한 까닭에 모두 눈앞의 욕망으로 치닫고 죽은 후의 근심은 생각하지 않는다. 세 번째, 모든 공덕을 유실하는 장애이다.

다) 실제공덕장(失諸功德障)

縱此心者는 喪人善事언만

이러한 마음을 쫓아가는 사람은 착함을 잃게 되지만,

【節要】由不制伏하야 則世出世善이 悉皆喪滅이니라 四는 修三昧라

마음을 제어하고 조복하지 못함을 말미암아 세간과 출세간의 선한 일들이 모두 사라진다. 네 번째, 삼매를 닦다.

라. 수삼매(修三昧)

制之一處하면 無事不辦이니라 是故로 比丘여 當勤精進하야 折伏汝[196]心이어다

●196 汝가 『高麗』에는 其로 되어 있다.

마음을 다스리면 이루지 못할 일이 없다. 이러한 까닭에 비구들은 마땅히 부지런히 정진하여 그대들의 마음을 항복받아야 한다.

【節要】 制之一處者는 無二念三昧로 翻斷心性差別障이니 一處는 謂心也라 制之於心하면 則四分差別이 自然休息이니라 無事不辦者는 起多功德三昧로 翻斷失諸功德障이니 文小不次라 若依論在後언만 今順經文居中이니라 折伏汝心者는 調柔不動三昧로 翻斷躁動不調障이니 既知制心之益일새 是故로 精進折伏하야 不令動轉輕躁也니라

'마음을 다스린다.'라는 것은 두 가지 생각이 없는 삼매[無二念三昧]로써 심성(心性)을 차별(差別)하는 장애를 뒤집어 끊는 것이다. '일처(一處)'는 마음을 뜻하니, 마음을 다스리면 네 가지 차별이 자연히 쉬게 된다.[197]

'이루지 못할 일이 없다.'라는 것은 많은 공덕을 일으키는 삼매[起多功德三昧]로써 모든 공덕을 잃게 하는 장애를 뒤집어 끊는 것이다. 문장의 순서가 조금 맞지 않은데, 만약 논에 의거한다면 뒤에 두어야하지만[198] 지

● 197 『遺教經論』(大正 26卷, p.285), 心性差別障者 如經心之可畏 甚於毒蛇惡獸怨賊 大火越逸未足喻也故 是中差別者 貪等四種差別故(「심성차별장(心性差別障)」에서 '마음은 독사나 맹수, 원적보다도 심히 두려워할 만하니, 큰 불이 번지는 것으로도 비유가 되지 않는다.'라고 한 것과 같다. 여기서 차별은 탐분(貪分)·진분(瞋分)·치분(痴分)·등분(等分)의 네 가지 차별이다).

● 198 『유교경론』에서는 두 번째에 '조유부동삼매상(調柔不動三昧相)'을 두고, 세 번째에 '기다공덕삼매상(起多功德三昧相)'을 두었다. 『遺教經論』(大正 26卷, p.285), 何者是三昧相 云何障法相 三昧相者有三種 一者無二念三昧相 二者調柔不動三昧相 三者起多功德三昧相故 障法相者亦有三種 一者心性差別障 二者輕動不調障 三者失諸功德障 참조.
※ 지욱의 『유교경해』에서도 『유교경론』의 순서를 따라서 다음과 같이 밝히고 있다. "오근은 색법이므로 완고하고 우둔해서 앎이 없고, 마음을 의지해 구하는 까닭으로 모두 마음이 주인이 된다. 그러므로 오욕을 다스리고자 하면 마음을 다스리는 것이 제일이다. 마음을 다스리고자 하는 자는 응당 알라. 이 마음에는 세 가지의 삼매상(三昧相)과 세 가지의 장법(章法)이 있다. 세 가지 삼매상(三昧相)이란 ① 두 가지 생각이 없는 삼매상[無二念三昧相]과 ② 조화되고 부드러

금은 경문을 수순하여 가운데 두었다.

'그대의 마음을 항복 받아야 한다.'라는 것은 조화되고 부드러워 흔들리지 않는 삼매[調柔不動三昧]로써 성급히 움직여 고르지 못하게 하는 장애를 뒤집어 끊는 것이다. 이미 마음 다스리는 이익을 알았기 때문에 정진으로 항복받아 가볍고 성급하게 움직이지 않도록 해야 한다.

【補註】 無事不辦은 所該者廣이니 當知하라 萬法由心이니 其心一故로 百千三昧와 辯才神通光明을 無不具足이니라 二의 多食苦對治에 三이니 初는 示平等이요 二는 戒多求요 三은 勸籌量이라 初는 示平等이라

'이루지 못할 일이 없다.'라는 것은 포함하는 범위가 아주 넓다. 마땅히 알라. 만법은 마음을 말미암으니, 그 마음을 하나로 집중하기 때문에 백천삼매와 변재, 신통, 광명을 구족치 않음이 없다.

두 번째, 많이 먹는 괴로움을 대치하는 것에 셋이니, 첫째는 평등을 보임이요[示平等], 둘째는 많이 구하는 것을 경계함이요[戒多求], 셋째는 헤아릴 것을 권함이다[勸籌量]. 첫 번째, 평등을 보이다.

2) 다식고대치(多食苦對治)

(1) 시평등(示平等)

위 흔들리지 않는 삼매상[調柔不動三昧相]과 ③ 공덕이 많이 일어나는 삼매상[起多功德三昧相]이며, 세 가지 장법(障法)이란 ① 심성을 차별하는 장애[心性差別障]와 ② 가볍게 움직여 조화되지 못하는 장애[輕動不調障]와 ③ 모든 공덕을 유실하는 장애[失諸功德障]이다.『遺敎經解』(續藏 37卷, p.641) 참조.

汝等比丘여 受諸飮食에 當如服藥하야 於好於惡에 勿生增減하며 趣得支身하야 以除饑渴이어다

너희 비구들이여, 모든 음식을 받을 적에 마땅히 약을 복용하는 것처럼 좋은 음식이건 나쁜 음식이건 더하거나 덜지 말며, 능히 몸을 지탱하는 정도에서 기갈만을 면해야 한다.

【節要】藥取療病이니 不分善惡이니라 以飮食爲藥하야 除饑渴之病亦然이니 不應於好食에 增心貪著하며 於惡食에 減心厭棄니라 意在除饑渴이요 不取珍美也니라

약은 병을 치료하기 위해 취할 뿐이니 좋고 나쁜 것을 구분하지 않는다. 음식으로 약을 삼아 기갈의 병을 없애는 것도 그러하니, 응당 좋은 음식에 대하여 마음을 더 내어 탐착하지 말며, 거친 음식에 대하여 마음을 거두어 싫어하거나 버려서는 안 된다. 음식을 먹는 뜻은 기갈을 없애는 것이지 진미(珍美)를 취함이 아니기 때문이다.

【補註】支는 持也라 足持其身하고 卽已不貪味也니라 所謂爲療形枯聊接氣也니라 二의 戒多求에 二니 初는 喩요 二는 合이라 初의 喩라

'지(支)'는 유지함이다. 몸을 유지하는 정도에서 만족하고 스스로 맛을 탐해서는 안 된다. 이른바 형상이 마름을 치료하기 위해서 약간 부족한 듯 음식을 먹어야 한다.

두 번째, 많이 구함을 경계하는 것에 둘이니, 첫째는 비유요, 둘째는 합이다. 첫 번째, 비유이다.

(2) 계다구(戒多求)

가. 유(喩)

如蜂採花에 但取其味하고 不損色香인달하야

마치 꿀벌이 꽃을 딸 때 다만 그 맛만을 취하고 색과 향을 손상시키지 않는 것처럼,

【節要】蜂은 喩諸比丘며 華는 喩受供養이며 取味는 喩除饑渴之惱며 不損色香은 喩不壞善心이니라

'꿀벌'은 모든 비구를 비유하며, '꽃'은 받을 공양물을 비유한다. '맛만을 취한다.'라는 것은 기갈의 번뇌를 제거함을 비유하며, '색과 향을 손상시키지 않는다.'라는 것은 선한 마음을 무너뜨리지 않음을 비유한다.

【補註】此解는 是言比丘가 不壞己之善心이니라 二는 合이라

이 풀이는 비구가 스스로의 착한 마음을 무너뜨리지 않음을 말한다. 두 번째, 합이다.

나. 합(合)

比丘도 亦爾하야 受人供養에 趣[199]自除惱하고 無得多求하야 壞其善心이어다

───────────────

●199 趣가 『高麗』에는 取로 되어 있고, 『乾隆』에는 趣로 되어 있다.

비구도 또한 그러하여 사람들의 공양을 받을 적에 스스로의 번뇌를 없애는 정도에서 그칠 뿐 많이 얻기를 구하여 그들의 선한 마음을 무너뜨리지 말라.

【節要】 多求長貪故로 壞其善也니라
많이 구하고 오래 탐하는 까닭에 그 선한 마음을 무너뜨린다.

【補註】 文云하되 無得多求하야 壞其善心은 是壞彼施者之善心也니라 以求索無厭에 施者生退倦일새 故로 如佛世에 比丘過聚落而掩門이 是也니라 以上下文으로 貫之尤明이니라 三은 勸籌量이라

경문에서 '많이 얻기를 구하여 그들의 선한 마음을 무너뜨리지 말라.'는 것은 저 보시자들의 선한 마음을 무너뜨리지 말라는 것이다.

만족할 줄 모르는 요구에 보시자는 퇴굴심과 피로함을 낸다. 따라서 부처님 계실 적에, '비구들이 마을을 지나자 사람들이 문을 닫아 버렸다.'라는 이야기는 좋은 예로서 회자되곤 한다. 아래의 문맥으로써 꿰면 더욱 분명해진다. 세 번째, 헤아릴 것을 권하다.

(3) 권주량(勸籌量)

譬如智者는 籌量牛力所堪多少하야 不令過分하야 以竭其力이니라
비유하면, 지혜로운 자가 소의 힘이 얼마를 감당할 수 있는가를 헤아려서 한계를 넘지 않도록 하여 그 힘을 다하게 하는 것과 같다.

【節要】牛能負重이언만 若所負過分하면 則竭其力이니라 比丘受施에 多求美食하면 則敗其道니라 三의 懈怠睡眠苦對治에 二니 初는 合釋前二睡眠이요 二는 離辯後一睡眠이라 論에 云하되 懈怠者는 心懶惰故요 睡眠者는 心悶重故니 此二相이 順共成一苦니라 然이나 起睡眠에 乃有三種하니 一은 從食起요 二는 從時節起요 三은 從心起니라 前二是阿羅漢眠이니 以彼不從心生故며 無所蓋故라 하니라 初의 合釋前二睡眠이라

소가 능히 무거운 짐을 질 수 있지만, 만약 진 짐의 무게가 과분(過分)하면 그 힘을 다 쓰게 된다. 마찬가지로 비구가 시주를 받을 적에 맛있는 음식을 많이 구하면 그 도를 손상시키게 된다.

세 번째, 해태와 수면의 고(苦)를 대치하는 것에 둘이니, 첫째는 앞의 두 가지 수면을 합하여 해석함이요[合釋前二睡眠], 둘째는 뒤의 한 가지 수면을 가려서 제거함이다[離辯後一睡眠]. 논에 이르길, '해태는 마음이 게으른 까닭이요, 수면은 혼미한 까닭이니, 이 두 가지 상(相)이 수순하여 함께 하나의 고통을 이룬다. 그러나 수면을 일으키는 것에는 세 종류가 있으니, 첫째는 음식을 쫓아 일어남이요, 둘째는 시절을 쫓아 일어남이요, 셋째는 마음을 쫓아 일어남이다. 앞의 둘은 아라한의 수면이니, 저들은 마음을 쫓아 일어나지 않는 까닭이며, 덥혀진 바가 없는 까닭이라.'●200고 하였다. 첫 번째, 앞의 두 가지 수면을 합하여 해석하다.

●200 『遺教經論』(大正 26卷, p.286), 懈怠者 謂心懶墮故 睡眠者身悶重故 此二相順共成一苦故 五種定障中共說故 於中起睡眠有三種 一從食起 二從時節起 三從心起 若從食及時節起者 是阿羅漢眠 以彼不從心生故 無所蓋故 是三種睡眠中 初二種以精進對治 無有時節故 無始來未曾斷故 (해태는 마음이 나태한 까닭이요, 수면은 몸이 번민하고 무거운 까닭이니, 이 두 가지 상(相)이 함께 하나의 고통을 이루는 까닭으로 다섯 가지 선정의 장애 가운데서도 함께 설하는 이유이다. 이 가운데 수면을 일으키는 것이 세 가지가 있으니, 첫째는 음식을 쫓아 일어남이요, 둘째는 시절을 쫓아 일어남이요, 셋째는 마음을 쫓아 일어남이다. 만약 음식과 시절을 쫓아 일어나는 것이라면 곧 아라한의 수면이니, 저는 마음을 따라서 생겨나는 것이 아닌 까닭이며, 덮여진 바가 아닌 까닭이다. 이 세 가지 수면 가운데 처음의 두 가지는 정진으로써 대치하니 시절이 없는 까닭이며, 무시이래로 일찍이 단절이 없었던 까닭이니라).

3) 해태수면고대치(懈怠睡眠苦對治)

(1) 합석전이수면(合釋前二睡眠)

汝等比丘여 晝則勤心으로 修習善法하야 無令失時하며 初夜와 後夜도 亦勿有廢하며 中夜誦經하야 以自消息하고 無以睡眠因緣으로 令一生空過하야 無所得也니라

너희 비구들이여, 낮에는 근면한 마음으로 선한 법을 닦고 익혀 때를 잃지 않도록 하며, 초저녁과 새벽에도 또한 정진을 중단하지 말며, 한밤중에도 경전을 읽고서 스스로 쉬어야 한다. 잠을 자느라 일생을 아무런 소득 없이 헛되이 보내지 말라.

【節要】晝勤心者는 對治從食起睡眠이며 夜不廢者는 對治從時起睡眠이며 無空過者는 總結上二하야 皆以精進勤策으로 爲能治也니라 智度論에 云하되 眠如大闇無所見하니 日日欺誑奪人明이라할새 是故로 宰予晝寢에 仲尼가 貽朽木之責하며 那律假寐에 能仁이 興蚌蛤之譏하시니 眠之廢學妨道가 其故大矣니라

'낮의 근면한 마음'은 음식으로부터 일어나는 수면을 대치하며, '밤에도 중단하지 않음'은 시절로 부터 일어나는 수면을 대치하며, '헛되이 보내지 않음'은 앞의 둘을 총결하여 모두 정진과 근책(勤策)으로써 잘 다스릴 것을 밝히고 있다. 『대지도론』[201]에 이르길, '수면은 마치 큰 어둠과

●201 Mahāprajñāpāramita śastra의 번역으로, 『마하반야바라밀경석론(摩訶般若波羅蜜經釋論)』, 『마하반야석론(摩訶般若釋論)』, 『대혜도경집요(大慧度經集要)』라고도 하며, 간략히 『석론(釋論)』, 『지론(智論)』, 『대론(大論)』 등으로 부르기도 한다. 이 논서는 용수 보살의 저작으로 알려져 있지만

같아서 보이는 바가 없으니, 날마다 속여 사람의 밝음을 빼앗아 간다.'●202 라고 하였다. 이러한 까닭으로 재여(宰予)●203가 낮잠을 자자 중니(仲尼)●204 는 썩은 나무를 빗대어 꾸짖었으며,●205 아누루타 존자가 졸자 부처님께 서는 조개를 비유로 들어서 꾸짖었다.●206 수면이 배움을 폐하고 도를 방해함은 진실로 막대하다.

일부 내용에 대해서는 첨삭된 것으로 의심을 받고 있으며, 심지어 산스크리트어 원전과 티베트어 역본이 모두 현존하지 않기 때문에 용수 보살의 직접 찬술에 대해서도 이견(異見)이 없지 않다. 총 100권으로 구성된 이 논서는 『대품반야경』의 주석서이지만 그 해설이 학설이나 사상, 용례, 전설, 역사, 지리, 승가 등에 미칠 정도로 매우 상세하고 방대하여 백과사전적인 성격도 가지고 있다. 여기에 인용된 경전이나 논서도 초기불교의 경전은 물론이고, 초기 대승 경전에 해당하는 모든 경전들이 인용되고 있어서, 예부터 초기 대승교학을 이해하는 필독서로 간주되어 왔다. 이 논서의 주석으로서 현존하는 것은 북주(北周)의 혜영(慧影)이 지은 『대지도론소』 24권 가운데 7권이 전해지고 있다.
●202 『大智度論』(大正 25卷, p.184), 眠為大闇無所見 日日侵誑奪人明.
●203 춘추시대 노나라 사람으로 공자의 제자 가운데 언어에 가장 뛰어났던 인물이다.
●204 공자의 자(字)이다. 공자는 춘추시대 노나라의 대사상가이며, 유가사상의 창시자이다. 여러 나라를 돌아다니며 도를 행하려다 이루지 못하고, 68세에 노나라로 돌아와 육경(六經)을 산술(删述)하고, 74세에 사망한 것으로 전한다. 공자의 사상이 가장 잘 드러난 저술로 『논어』를 꼽는다.
●205 『論語』(公冶長 第9章), 宰予晝寢 子曰 朽木 不可雕也 糞土之墻 不可朽也 於予與 何誅(재여가 낮잠을 자자 공자가 이르길, 썩은 나무를 조각할 수 없고 거름 흙으로 된 담장은 손질할 수 없으니, 내가 재여를 꾸짖을 것이 있겠는가).
※ 그 뜻과 기운이 흐리고 게을러 가르침을 베풀 곳이 없다는 뜻이며, 꾸짖을 것이 없다는 것이 바로 크게 꾸짖은 것이다.
●206 『楞嚴經指掌疏』(續藏 16卷, p.164), 增一云 佛在給孤園 為眾說法 那律於中眠睡 佛說偈訶云 咄咄何為睡 螺螄蚌蛤類 一睡一千年 不聞佛名字(증일아함에 다음과 같은 이야기가 전한다. 어느 날 부처님께서 기수급고독원에서 대중을 위하여 법을 설하셨다. 그런데 그날따라 아누루타 존자가 쏟아지는 잠을 이기지 못하고 꾸벅 꾸벅 졸고 있었다. 그러자 부처님께서는 잠시 하시던 법문을 멈추시고 게송을 설하여 꾸중하시길, '딱하구나, 어찌 잠만 자느냐! 조개 종류가 한 번 자면 천 년을 자는 까닭으로 부처님의 이름을 듣지 못하느니라).
※ 많은 대승불교 논소에서 '咄咄何為睡 云云'한 게송을 『증일아함경』의 게송으로 인용하고 있지만, 『아함경』에서는 이런 비유를 찾기 어렵다.

【補註】夜獨擧初中後者는 嚮晦入息이 人情之常일새 故로 晝日猶能修習이나 昏夜謂應睡眠이니 特爲重警之也니라 二의 離辯後一睡眠에 二니 初는 觀察對治요 二는 淨戒對治라 論에 云하되 自餘修多羅에 示現第三從心起睡眠을 有二種對治하니 一은 觀察對治요 二는 淨戒對治라 하니라 或曰 前二睡眠은 唯一精進으로 以爲能治어든 今玆一種은 能治具二何耶아 答하되 夫障有輕重이면 則治有一多니 前二睡眠은 從食從時인지라 則所治障輕할새 故로 以精進으로 通而治之어니와 今從心起者는 所治障重故로 以觀察淨戒로 約法引喩하야 一一別治耳니라 初의 觀察對治라

밤만 유독 초야(初夜)·중야(中夜)·후야(後夜)로 거론한 것은 해가 지고 어둠이 내리면 들어가 쉬는 것이 인정(人情)의 항상한 것이므로, 낮 동안은 오히려 능히 수행하지만 어두워지면 응당 잠을 자려는 생각을 내기 때문에 특별히 거듭 경책한 것이다.

두 번째, 뒤의 한 가지 수면을 가려서 제거하는 것에 둘이니, 첫째는 관찰로 대치함이요[觀察對治], 둘째는 청정한 계율로 대치함이다[淨戒對治]. 논에 이르길, '여타의 경전에서는 세 번째, 마음으로부터 수면이 일어나는 것에 대하여 두 가지의 대치(對治)로 시현(示現)하고 있으니, 첫째는 관찰대치(觀察對治)요, 둘째는 정계대치(淨戒對治)이다.'[207]라고 하였다.

혹자가 묻길, "앞의 두 가지 수면은 오직 정진으로써 능히 대치할 수 있는데, 지금 이 한 가지는 어째서 두 가지 방법을 갖추어야 대치할 수 있

●207 『遺敎經論』(大正 26卷, p.286), 自餘修多羅 示現第三從心起睡眠對治故 是中對治有二種 一者思惟觀察對治 觀諸生滅壞五陰故 (中略) 二者淨戒對治 謂禪定相應心戒故 六種境界心安住自心故(여타의 수다라는 세 번째, 마음을 좇아 일어나는 수면의 대치를 드러내 보이는 까닭에 이 가운데 두 가지의 대치가 있다. 첫째는 사유관찰대치(思惟觀察對治)니, 모든 생멸과 오음의 무너짐을 관찰하는 까닭이요, (중략) 둘째는 정계대치(淨戒對治)니, 선정과 상응하는 마음의 계를 말하는 까닭이며, 여섯 가지 경계에 마음이 편안하여 자심(自心)에 머무르는 까닭이다).

는가?" 답하길, "무릇 장애에 경중(輕重)이 있다면 다스림에도 일다(一多)가 있는 것이다. 앞의 두 가지 수면은 음식과 시절로부터 일어나는 것인지라 대치할 바의 장애가 가볍다. 그러므로 정진으로써 모두 다스릴 수 있으나, 지금의 마음으로부터 일어나는 것은 다스릴 바의 장애가 무거우므로, 관찰(觀察)과 정계(淨戒)로써 법을 잡고 비유를 인용하여 낱낱이 따로 다스리는 것이다." 첫 번째, 관찰로 대치하다.

(2) 이변후일수면(離辯後一睡眠)

가. 관찰대치(觀察對治)

當念無常之火가 燒諸世間하야 早求自度하고 勿睡眠也어다 諸煩惱賊이 常伺殺人함이 甚於怨家어늘 安可睡眠하야 不自警●208寤●209리오
마땅히 무상한 불이 모든 세간을 다 불태우고 있다는 것을 생각하여 잠자지 말고 속히 자신의 제도를 구하라. 모든 번뇌의 도적은 항상 틈을 엿보아 사람을 죽이려는 것이 원수보다도 심하니, 어찌 잠만 자고 스스로 경책하여 깨어 있지 아니할 것인가!

【節要】無常이 有二니 一은 麁요 二는 細라 一期生滅이 爲麁요 念念生滅이 爲細니 論애 云하되 觀諸生滅과 壞五陰故라 하니라 世間이 亦二니 謂三界是

●208 警이 『高麗』에는 驚으로 되어 있다.
●209 寤가 『宮』과 『宋』에는 悟로 되어 있다.

器世間이요 六道是有情世間이라 而此依正이 悉是速朽하니 如為火燒니라 又 仁王經에 云하되 劫火洞然하야 大千俱壞라 하며 馬鳴頌의 無常經에 云하되 未曾有一事라도 不被無常吞이라하다 早求自度者는 示求禪定智慧하야 度所度故니라 諸煩惱賊者는 三毒煩惱가 殺人法身慧命이니 論에 云하되 觀陰入界等이 常害故며 是中可畏하야 求自正覺故라 하니라

'무상(無常)'에는 두 가지가 있으니, 첫째는 추(麤)요, 둘째는 세(細)이다. 일기(一期)의 생멸이 거친 것[麤]이 되며, 염념(念念)의 생멸이 미세한 것[細]이 된다. 논에 이르길, '모든 생멸과 오온의 무너짐을 관찰하는 까닭이라.'[210]고 하였다.

'세간'에 또한 둘이니, 삼계(三界)는 기세간(器世間)[211]이요, 육도(六道)는 유정세간(有情世間)[212]이다. 그러나 이 의보(依報)나 정보(正報)가 모두 속히 무너지므로 '마치 불이 타는 것과 같다.'라고 하였다.

또한 『인왕경(仁王經)』[213]에 이르길, '겁화(劫火)가 활활 타올라 삼천 대천세계가 모두 무너진다.'[214]라고 하였으며, 마명 보살이 송(頌)한 『무상경

- [210] 『遺教經論』(大正 26卷, p.286) 참조.
- [211] 이세간(二世間) 가운데 하나이다. 간략히 기계(器界) 또는 기(器)라고도 한다. 일체 중생이 의지하여 살아가는 세간으로서, 곧 사대가 모여 이루어진 산하대지와 국토 등이 여기에 해당한다. 여기서 세간이란 유위법의 삼세(三世)에 변화하여 흐르는 것이 세(世)이고, 두두 물물의 간격이 간(間)이다.
- [212] 이세간(二世間) 가운데 하나이다. 오온이 가합하여 정식(情識)이 있는 것으로서, 곧 천인이나 사람, 축생, 귀신 등이 여기에 해당한다. 이세간(二世間)을 의정(依正)으로 구분하면 유정세간은 일체중생의 정보(正報)가 되고, 기세간은 일체중생의 의보(依報)가 된다. 여기서 보(報)라 한 것은 이세간(二世間)이 모두 자신의 과거 업에 의해서 정해지기 때문이다.
- [213] 『인왕반야경(仁王般若經)』 또는 『인왕호국반야바라밀경(仁王護國般若波羅蜜經)』을 간략히 명칭한 것이다. 이 경전의 한역본에는 구마라집이 번역한 것과 불공이 번역한 것이 있으나 내용에는 큰 차이가 없다. 다만 불공 번역본에 밀교적 요소가 배어 있다는 것이 특징이다. 모두 2권 8품으로 되어 있으며, 예부터 이 경전은 『법화경』, 『금광명경』과 더불어 호국 삼부경으로 불렸다. 따라서 이 경은 국가를 정당하게 수호하고 영구히 번영케 하고자 성립된 경이라 할 수 있다.
- [214] 『仁王經』(大正 8卷, p.840) 참조.

(無常經)』●²¹⁵에 이르길, '아직 일찍이 어떠한 일도 무상(無常)의 삼킴을 당하지 않은 것은 없다.'●²¹⁶라고 하였다.

'속히 자신의 제도를 구하라.'는 것은 선정과 지혜를 구하여 건너야 할 곳을 속히 건너라고 현시하는 까닭이다.

'모든 번뇌의 도적'이란 삼독(三毒)의 번뇌가 사람의 법신혜명을 죽이기 때문이다. 논에 이르길, '오음(五陰)·육입(六入)·십팔계(十八界) 등이 항상 해침을 관찰하는 까닭이며, 이러한 가운데 가히 두려워하여 자신의 정각을 구하는 까닭이라.'고 하였다.●²¹⁷

【補註】壞五陰者는 一期一念에 皆有五陰이니라 二의 淨戒對治에 二니 初는 正明對治요 二는 示對治法이라 初의 正明對治에 二니 初는 明有對治요 二는 明無對治라 初의 明有對治에 二니 初는 示煩惱可畏요 二는 勸淨戒斷除라 初의 示煩惱可畏라

'오음이 무너진다.'라는 것은 일기(一期)와 일념(一念)에 모두 오음이 있다는 것이다.

두 번째, 청정한 계율로 대치하는 것에 둘이니, 첫째는 바로 대치를 밝힘이요[正明對治], 둘째는 대치의 방법을 보임이다[示對治法]. 첫 번째, 바로 대치를 밝히는 것에 둘이니, 첫째는 유대치를 밝힘이요[明有對治], 둘째는 무대치를 밝힘이다[明無對治]. 첫 번째, 유대치를 밝히는 것에 둘이니,

---

●215 범명 Anityatāsūtra의 번역으로 당나라 의정(義淨)이 대족 원년(701)에 번역하였다. 1권으로 되어 있으며, 내용은 생사병사를 면하기 어려움을 설하고 있다. 후에 오언송(五言頌)과 칠언송(七言頌)이 덧붙여져서 『무상게(無常偈)』라고 칭하기도 하나, 게송의 작자에 대해서는 자세한 기록이 보이지 않는다.
●216 『佛說無常經』(大正 17卷, p.745) 참조.
●217 『遺教經論』(大正 26卷, p.286), 復次觀察陰界入等常害故 是中可畏求自正覺故.

첫째는 두려워할 만한 번뇌를 보임이요[示煩惱可畏], 둘째는 청정한 계율로 끊어 제거할 것을 권함이다[勸淨戒斷除]. 첫 번째, 두려워할 만한 번뇌를 보인다.

나. 정계대치(淨戒對治)

가) 정명대치(正明對治)

(가) 명유대치(明有對治)

ㄱ. 시번뇌가외(示煩惱可畏)

煩惱毒蛇가 睡在汝心호미 譬如黑蚖이 在汝室睡인달하니

번뇌의 독사가 너의 마음에 잠자고 있는 것이 마치 검은 뱀이 너의 방 안에 잠자고 있는 것과 같으니,

【節要】煩惱毒害가 己自名蛇이언만 更擧黑蚖은 喻之可畏니라 惑在心睡起에 必害慧하고 蚖在室睡起에 必害人이니라 二는 勸淨戒斷除라

번뇌의 독이 해롭다는 것은 이미 독사라고 부른 것에 충분히 드러났 건만, 다시 검은 살무사까지 거론한 것은 진정으로 두려움을 비유한다. 번뇌가 마음속에 있는데 그대로 잠을 잔다면 반드시 지혜를 해치고, 살무 사가 방안에 있는데 그대로 잠을 잔다면 반드시 사람을 해친다. 두 번째, 청정한 계율로 끊어 제거할 것을 권한다.

ㄴ. 권정계단제(勸正戒斷除)

當以持戒之鉤로 早屛[218]除之니라 睡蛇旣出하야사 乃可安眠이니라

마땅히 지계의 갈고리로써 속히 물리쳐 제거해야 한다. 잠자던 뱀이 나가야 이에 편안히 잠잘 수 있다.

【節要】持戒去惑호미 如鉤出蛇인달하니 此言定共戒也니라 論에 云하되 禪定相應心戒故라 하며 四分律에 云하되 云何爲學고 爲調三毒故라 하니라 蛇出安眠者는 上句는 明斷惑이요 下句는 明已辦이니라 總而示之컨대 以戒外防하며 以定內靜故로 能發慧斷惑也니라 若乃外衒持相하고 內無定慧하면 我慢自高麗하야 戒取斯起하야 更引黑蚖하야 以歸心室이니 不知其可也니라 智者는 思之誠之어다

계율을 수지하여 번뇌를 제거하는 것은 마치 방안의 뱀을 갈고리로 끌어내는 것과 같으니, 이것을 정공계(定共戒)[219]라 이른다. 논에 이르길, '선정이 마음의 계와 상응하는 까닭이라.'[220]고 하였으며, 『사분율』에 이

- [218] 屛이 『高麗』에는 摒으로 되어 있고, 『永樂』과 『乾隆』에는 倂으로 되어 있다.
- [219] 삼종계(三種戒)의 하나로 정려생율의(靜慮生律儀) 혹은 선율의(禪律儀)라고도 한다. 수행인이 색계의 사선정을 닦으면, 그 정과 함께 방비지악(防非止惡)의 계체가 생기는 것과 동시에 저절로 율의에 합하게 됨을 일컫는다. 이 정은 유루정(有漏定)이므로 그 계(戒) 또한 유루라고 한다. 『遺敎經解』(續藏 37卷, p.642), 言戒鉤者 木叉戒 能防身口 定共戒 能伏心惑 道共戒 能斷心惑 具此三戒 永滅八識田中煩惱種子 名爲睡蛇旣出(계구(戒鉤)에는 목차계(目叉戒)와 정공계(定共戒)와 도공계(道共戒)의 세 가지가 있다. 목차계는 몸과 입의 허물을 방제할 수 있고, 정공계는 마음의 의혹을 조복할 수 있으며, 도공계는 마음의 의혹을 끊을 수 있다. 이 세 가지의 계율을 갖추어 지키면 팔식의 밭 가운데 번뇌의 씨를 영원히 멸할 수가 있다. 이것을 가리켜 잠자던 뱀을 쫓아낸 것이라고 한다) 참조.
- [220] 『遺敎經論』(大正 26卷, p.286) 참조.

르길, '어째서 배운다고 합니까? 삼독(三毒)을 조복하는 까닭이라.'[221]고 하였다. '뱀이 나가고 편안히 잘 수 있다'는 것은 위 구절은 끊어지는 번뇌를 밝히고, 아래 구절은 이미 성취된 것을 밝힌다.

총체적으로 보면, 계율로써 바깥 경계를 막으며 선정으로써 내면을 고요히 하는 까닭으로 능히 지혜를 발하여 번뇌를 끊는 것이다. 만약 밖으로 계율 지니는 모양만을 자랑삼고 안으로 선정과 지혜가 없다면 아만이 저절로 높아져서 계취(戒取)[222]가 곧 일어나 더욱 검은 뱀을 이끌어 마음의 방에 들어오도록 하는 격이니, 그 옳음을 알지 못하도다. 지혜로운 자는 깊이 사유하고 경계할 일이다.

【補註】發慧斷惑이 是道共戒니 具斯二戒하야사 定慧雙修矣니라 二는 明無對治라

지혜를 발하여 미혹을 끊는 것이 도공계(道共戒)[223]이니, 이 두 가지 계

● 221 『四分律』(大正 22卷, p.996). 白世尊言 大德 是法之主 說言學 云何爲學 佛告諸比丘 學於戒故言學 云何學戒 增戒學增心學增慧學 是故言學 彼增戒學增心學增慧學時 得調伏貪欲瞋恚愚癡盡 彼得貪欲瞋癡盡已 不造不善不近諸惡 是故言學 佛說如是 諸比丘聞 歡喜信樂受持(부처님께 아뢰어 이르길, '큰 덕의 법왕이시여, 말씀하신 배움이란 어째서 배운다고 합니까?' 부처님께서 여러 비구들에게 말씀하시길, '계율에서 배우는 까닭으로 배운다고 말한다. 어째서 계율에서 배운다고 하는가? 계율을 배우고, 선정을 배우고, 지혜를 배우는 까닭으로 배운다고 말한다. 저 계율을 배우고, 선정을 배우고, 지혜를 배울 때에 능히 탐욕과 성냄과 어리석음을 조복해 다하고, 저 탐욕과 성냄과 어리석음을 다하고 나서는 불선(不善)을 짓지 아니하고 모든 악을 가까이 하지 않는 까닭으로 계율에서 배운다고 말한다.' 부처님께서 이와 같이 설하자 모든 비구들이 듣고 기뻐하면서 받들어 지녔다).
● 222 오견(五見)의 하나인 계금취견(戒禁取見)을 말하니, 정인(正因)이나 정도(正道)가 아닌 것을 정인정도(正因正道)라고 집착하는 것을 말한다. 가령, 축생이 죽어서 천상에 태어난다는 말을 듣고 굳은 신념으로 축생처럼 행동하는 등이다.
　※ 오견(五見)은 ① 신견(身見), ② 변견(邊見), ③ 사견(邪見), ④ 견취견(見取見), ⑤ 계금취견(戒禁取見)이다.
● 223 삼종계(三種戒)의 하나로 무루율의(無漏律儀)라고도 한다. 무루정(無漏定)에 들어가서 무루심을 일으킨 동안 얻어지는 계체(戒體)이다. 무루계는 번뇌를 끊은 뒤라야 가능하므로 견도 이상

를 구족해야만 선정과 지혜를 함께 닦을 수 있다. 두 번째, 무대치를 밝힌다.

(나) 명무대치(明無對治)

不出而眠이면 是無慚人也니라

독사가 나가지 않았는데도 잠을 잔다면 이는 부끄러워할 줄 모르는 사람이다.

【節要】不能對治煩惱하고 而懈怠安眠하면 此는 則不恥愚迷일새 名無慚人也니라 二의 示對治法에 二니 初는 正明勝法이요 二는 勸修勝法이라 初의 正明勝法이라

능히 번뇌를 대치하지 않고 해태심으로 편안히 잠잔다면, 이는 곧 부끄러움을 모르는 어리석은 미혹자이니, '무참인(無 人)'이라 부른다.

두 번째, 대치의 방법을 보이는 것에 둘이니, 첫째는 바로 수승한 방법을 밝힘이요[正明勝法], 둘째는 수승한 방법을 닦도록 권함이다[勸修勝法]. 첫 번째, 바로 수승한 방법을 밝히다.

나) 시대치법(示對治法)

(가) 정명승법(正明勝法)

慚恥之服이 於諸莊嚴에 最為第一이라 慚如鐵鉤하야 能制人非法이니라

의 성자만이 얻을 수 있다.

부끄러움의 옷이 온갖 장엄에서 가장 제일이다. 부끄러움은 마치 철로 된 갈고리와 같아서 능히 사람의 법답지 않은 것을 다스린다.

【節要】慚恥二字를 依經論合釋하리라 涅槃에 云하되 慚者는 內自羞恥라 하며 瑜伽에 云하되 內生羞恥爲慚이라 하다 當知하라 旣懷慚恥면 則策勤三業인지라 不暇寧居하며 而能三學是修가 速階賢聖故로 此云하되 戒定莊嚴이 爲第一也라 하니 而能制禦非法호미 如鉤制象일새니라

'참치(慚恥)'의 두 글자를 경론에 의거하여 합석(合釋)하리라. 『열반경』에 이르길, '참(慚)은 마음속으로 스스로 부끄러워하는 것이다.'[224]라고 하였으며, 『유가사지론』[225]에 이르길, '마음속으로 부끄러움을 일으키는 것이 참(慚)이다.'[226]라고 하였다. 마땅히 알라. 이미 부끄러운 마음을 품었다면 부지런히 삼업(三業)을 경책하는지라 편안히 거주할 겨를이 없으며, 능히 삼학(三學)을 닦는 것이 속히 현성(賢聖)의 지위에 오를 수 있는 계단이므로, 여기에서는 '계정혜(戒定慧)의 장엄이 제일이 된다.'라고 하겠다. 왜냐하면, 능히 그릇된 법을 제어하는 것이 마치 코끼리를 다스리는 갈고리와 같기 때문이다.

- 224 『涅槃經』(大正 12卷, p.720) 참조.
- 225 범명 Yogācārabhūmi의 번역으로 간략히 『유가론(瑜伽論)』이라고도 한다. 당나라 정관 22년(648)에 현장이 한역하였다. 총 100권으로 되어 있으며, 유가행자(瑜伽行者)의 경(境), 행(行), 과(果)와 아뢰야식설, 삼성설, 삼무성설, 유식설 등을 자세히 논하고 있다. 전설에 의하면, 이 논서는 미륵 보살이 무착 보살을 위해 중천축의 아유사 대강당에서 4개월에 걸쳐 매일 밤 강설한 것이라고 한다. 『아비달마대비바사론』이 소승 불교의 사상을 대표하고, 『대지도론』이 대승 불교가 발흥하던 시대의 사상을 대표하듯이, 이 논서는 대승 불교가 완성되고 있던 시대의 사상을 대표하는 것으로서 유식학파의 중도설과 연기론 및 3승교(三乘敎)의 근거가 되는 논서이다.
- 226 『瑜伽師地論』(大正 30卷, p.537), 內生羞恥 是名爲慚.

【補註】戒定三學이 皆以莊嚴法身이언만 唯有慚恥하야사 方能習學할새 故로 云第一이니라 二의 勸修勝法에 二니 初는 正示勸修요 二는 有無得失이라 初의 正示勸修에 二니 初는 勸其常修요 二는 遠離致損이라 初의 勸其常修라

계정혜(戒定慧) 삼학(三學)이 모두 법신을 장엄하지만, 오직 부끄러워하는 마음이 있어야만 바야흐로 능히 익히고 배우는 까닭에 '제일이 된다.'라고 하니라.

두 번째, 수승한 방법을 닦도록 권함에 둘이니, 첫째는 바로 닦도록 권함을 보이며[正示勸修], 둘째는 유무의 이득과 손실이다[有無得失]. 첫 번째, 바로 닦도록 권함을 보인 것에 둘이니, 첫째는 항상 닦도록 권함이요[勸其常修], 둘째는 치손을 멀리 여의게 함이다[遠離致損]. 첫 번째, 항상 닦도록 권한다.

(내) 권 수승법(勸修勝法)

ㄱ. 정시권수(正示勸修)

㉠ 권기상수(勸其常修)

是故로 比丘여 常當慚恥하야 無●227得暫替어다

이러한 까닭에 비구들은 항상 마땅히 부끄러워할 줄 알아서 잠시라도 계율을 소홀히 해서는 안 된다.

●227 無가 『宮』, 『宋』, 『元』에는 勿로 되어 있다.

【節要】是勝莊嚴故로 勸常修니라 二는 遠離致損이라

이는 수승한 장엄이므로 항상 닦을 것을 권함이다. 두 번째, 치손(致損)을 멀리 여의게 하다.

ⓛ 원리치손(遠離致損)

若離慚恥하면 則失諸功德이니라

만약 부끄러워하는 마음을 버리면 모든 공덕을 잃어버린다.

【節要】若離慚恥하면 則不能持戒하며 戒不淨故로 定不成이며 定不成故로 慧不發이니 三者俱無하면 則世間出世間功德이 從何生耶아 故로 失功德耳니라 二는 有無得失이라

만약 부끄러워하는 마음을 버리면 능히 계를 지닐 수 없으며, 계가 청정치 못한 까닭에 선정을 이룰 수 없으며, 선정을 이룰 수 없는 까닭에 지혜를 발할 수 없으니, 이 세 가지가 모두 없다면 세간과 출세간의 공덕은 무엇을 쫓아 생기겠는가! 그러므로 공덕을 잃을 따름이다. 두 번째, 유무의 이득과 손실이다.

ㄴ. 유무득실(有無得失)

有愧之人은 則有善法이어니와 若無愧者는 與諸禽獸로 無相異也니라

부끄러움이 있는 사람은 선법이 있거니와 만약 부끄러움이 없는 자라면 짐승과 다를 바가 없다.

【節要】 涅槃에 云하되 愧者는 發露向人이라 하며 瑜伽에 云하되 外生羞恥爲愧라 하니라 涅槃에 又 謂無慚愧者는 不名爲人이니 卽與飛禽走獸로 無相異也라 하니라

『열반경』에 이르길, '괴(愧)는 타인을 향해 허물을 드러내는 것이라.'[228]고 하였으며, 『유가사지론』에 이르길, '밖으로 부끄러움을 내는 것이 괴(愧)라.'[229]고 하였다. 『열반경』에 또 이르길, '안팎으로 부끄러움이 없는 자는 사람이라 할 수 없으니, 곧 날짐승이나 들짐승과 더불어 서로 다를 것이 없다.'[230]고 하였다.

【補註】 愧는 具上羞恥하니 蓋以一字가 當二義也니라 三의 對治修習滅煩惱功德에 三이니 初는 對治瞋恚煩惱요 二는 對治貢高煩惱요 三은 對治諂曲煩惱라 初의 對治瞋恚煩惱에 三이니 初는 示堪忍道요 二는 校量最勝이요 三은 約能不能이라 初의 示堪忍道에 二니 初는 堪忍則三業淸淨이요 二는 不忍則妨失道德이라 初의 堪忍則三業淸淨이라

괴(愧)는 위의 부끄러움[慙]의 뜻까지 갖추니, 대개 한 글자로 두 가지 뜻을 나타낸다.

세 번째, 멸번뇌를 대치 수습하는 공덕에 셋이니, 첫째는 성내는 번뇌를 다스림이요[對治瞋恚煩惱], 둘째는 교만의 번뇌를 다스림이요[對治貢高煩惱], 셋째는 아첨의 번뇌를 다스림이다[對治諂曲煩惱]. 첫 번째, 성내는 번뇌를 다스리는 것에 셋이니, 첫째는 감인의 도를 보임이요[示堪忍道], 둘째는 가장 수승한 것임을 헤아림이요[校量最勝], 셋째는 능과 불능을 잡음이라[約

●228 『涅槃經』(大正 12卷, p.720) 참조.
●229 『瑜伽師地論』(大正 30卷, p.537), 外生羞恥 是名爲愧.
●230 『涅槃經』(大正 12卷, p.477), 無慚愧者 不名爲人 名爲畜生.

能不能]. 첫 번째, 감인의 도를 보이는 것에 둘이니, 첫째는 감인하면 삼업이 청정함이요[堪忍則三業淸淨], 둘째는 감인하지 않으면 도의 공덕을 방해하여 잃게 됨이다[不忍則妨失道德]. 첫 번째, 감인하면 삼업이 청정하다.

3. 대치수습멸번뇌공덕 對治修習滅煩惱功德

1) 대치진애번뇌(對治瞋恚煩惱)

(1) 시감인도(示堪忍道)

가. 감인즉삼업청정(堪忍則三業淸淨)

汝等比丘여 若有人來하야 節節支解라도 當自攝心하야 無令瞋恨하고 亦當護口하야 勿出惡言하라

너희 비구들이여, 만약 어떤 사람이 와서 사지 마디마디를 끊는다 하더라도 마땅히 스스로 마음을 거두어 성내거나 원한을 품지 말라. 또한 마땅히 입을 보호하여 악한 말을 하지 말라.

【節要】論에 云하되 修行菩薩이 住堪忍地中하야 能忍種種諸苦惱故라 하니라 支解無瞋은 身意淨也요 勿出惡言은 口業淨也니라 然此一唱經으로 若例金剛論하면 則十八住中에 第十三忍苦住라 하니 當信行地也니라 起信에 亦云하되 如二乘觀智와 初發意菩薩等이라 하며 彼疏釋에 云하되 三賢菩薩과 與二乘同故라 하며 本論에 云하되 復示摩訶衍方便道가 與二乘共故라 하

니 則知하라 此經은 化身所說인지라 攝地前菩薩이니라 梵網은 報身所演인지라 攝地上聖人할새 故로 華嚴疏에 云호되 梵網即舍那가 坐千葉華하야 攝離垢地의 戒波羅蜜耳라하니라 昔人이 以遺教로 是藏通菩薩同稟者는 頗叶馬鳴奧義언만 若謂梵網으로 是別圓菩薩自稟者인댄 似違清涼深文矣니라

논에 이르길, '수행하는 보살이 감인지(堪忍地)[231]에 머물러 능히 갖가지의 모든 고통을 참아내는 까닭이라.'[232]고 하였다. '사지를 끊는다 하더라도 성내지 않는다.'라는 것은 신업(身業)과 의업(意業)이 청정함이요, '악한 말을 하지 말라.'는 것은 구업(口業)이 청정함이다. 그러나 이러한 주장을 내세운 경론으로서 만약『금강반야경론』[233]을 예로 든다면, '십팔주(十八住)[234] 가운데 열세 번째는 인고주(忍苦住)이다.'라고 하였으니, 신행지

● 231 보살의 수행계위인 십지(十地) 가운데 초지(初地)의 다른 이름이다. 이 지위는 사념처를 얻은 후에 머무르며, 온갖 고통을 능히 참아내는 지위인 까닭에 감인지(堪忍地)라 한다.『涅槃經』(大正 12卷, p.434), 菩薩爾時作是觀已得四念處 得四念處已則得住於堪忍地中 菩薩摩訶薩住是地已 則能堪忍貪欲恚癡 亦能堪忍寒熱飢渴蚊䖟蚤虱 暴風惡觸種種疾疫 惡口罵詈撾打楚撻身心苦惱一切能忍 是故名為住堪忍地 참조.

● 232『遺教經論』(大正 26卷, p.286) 참조.

● 233 범명 Vajracchedikāprajñāpāramitopadeśa를 번역한 것으로 간략히『반야론(般若論)』이라고도 한다. 이 논서는 무착 보살이 짓고 달마급다가 번역한 2권본『반야론』과 천친 보살이 짓고 보리류지가 번역한 3권본『반야론』이 있다. 따라서 편의상 전자를『무착론(無着論)』, 후자를『천친론(天親論)』이라고도 한다. 여기서의『반야론』은『무착론』을 말하는데, 이유는 18주위는 무착 보살의 과판이기 때문이다.

● 234 무착 보살이『금강경』의 내용을 18주위(住位)로 나눈 것이다. ① 광대심 등 네 가지 마음을 발하는 지위, ② 바라밀과 상응하는 수행의 지위, ③ 색신을 얻고자 하는 지위, ④ 법신을 얻고자 하는 지위, ⑤ 수도하여 수승함을 얻은 가운데서 교만함이 없는 지위, ⑥ 부처가 세상에 출현하는 때를 여의지 않는 지위, ⑦ 불토를 깨끗이 하기를 원하는 지위, ⑧ 중생을 성숙케 하는 지위, ⑨ 외론을 수순함으로 해서 산란해짐을 멀리 여의는 지위, ⑩ 물질과 중생을 끝까지 관찰하여 진리와 상응하는 지위, ⑪ 여래께 공양하고 급시하는 지위, ⑫ 이양과 궁핍으로 인해 번뇌가 생겨 정진을 일으키지 않거나 물러나는 허물을 여의는 지위, ⑬ 일체 고통을 참아내는 지위, ⑭ 고요함에 맛 들이는 허물을 여의는 지위, ⑮ 도를 증득할 적에 기뻐 날뛰는 허물을 여의는 지위, ⑯ 더욱 부처님의 가르침을 구하는 지위, ⑰ 도를 증득하는 지위, ⑱ 위로 불지를 구하는 지위.『金剛般若論』(大正 25卷, p.757), 此復有十八種 應知所謂一發心 二波羅蜜相應行 三欲得色身 四欲得法身 五於修道得勝中無慢 六不離佛出時 七願淨佛土 八成熟眾生 九遠離隨順外論

(信行地)●235에 해당한다.

『기신론』에서 또한 이르길, '저 이승(二乘)의 관하는 지혜와 처음 뜻을 낸 보살 등이다'●236라고 하였으며, 저 소석(疏釋)에 이르길, '삼현보살과 이승은 동일한 까닭이라.'●237고 하였으며, 본론(本論)에 이르길, '다시 마하연의 방편도가 이승과 같음을 보인 까닭이다.'●238라고 하였으니, 곧 이 경전은 화신(化身)●239이 설한 바이므로 초지 이전의 보살도 포함됨을 알 수 있다.

散亂 十色及眾生身搏取中觀破相應行 十一供養給侍如來 十二遠離利養及疲乏熱惱故 不起精進及退失等 十三忍苦 十四離寂靜味 十五於證道時遠離喜動 十六求教授 十七證道 十八上求佛地 是為十八種住處 於中菩薩應如是住 為滅度一切眾生故 참조.

- ●235 보살수행의 52계위에서 초지(初地) 이전의 지위를 총칭한다. 『十地經論』(大正 26卷, p.124), 是中一切菩薩者 謂住信行地 참조.
- ●236 『大乘起信論』(大正 32卷, p.576), 如二乘觀智初發意菩薩等 覺於念異念無異相 以捨麁分別執著相故 名相似覺(저 이승들의 관하는 지혜와 처음 뜻을 편 보살들은 생각의 달라지는 모습인 이상(異相)을 깨달아 생각에 달라지는 모습이 없어지니 거친 분별의 집착하는 모습을 버린 까닭에 상사각(相似覺)이라 하느니라).
- ●237 『大乘起信論義記』(大正 44卷, p.258), 以此菩薩雖留惑故不證人空然此位菩薩於人空實得自在 故與二乘同位論也(이 지위의 보살은 비록 미혹이 남아 있는 까닭에 인공(人空)을 증득하지는 못했지만, 그러나 이 지위의 보살은 인공(人空)에 실로 자재함을 얻었기 때문에 이승(二乘)과 더불어 동일하다고 논한다) ; 『釋摩訶衍論』(大正32卷, p.617), 第二位言如二乘觀智初發意菩薩等者 即是趣向行者 位在三賢 於此位中人空無漏 成就自在無所疑畏 故將二乘同於菩薩總明而已 참조.
- ●238 『遺敎經論』(大正 26卷, p.283) 참조.
- ●239 범어 nirmāna-kāya를 번역한 것으로 응화신(應化身) 또는 변화신(變化身)이라고도 한다. 이 불신은 중생을 교화하기 위하여 여러 가지 형상으로 변화무쌍하게 나타나는 불신으로서 석가모니불을 비롯한 과거칠불과 당래의 미륵불이 여기에 속한다. 즉, 구체적인 부처님으로 지전보살(地前菩薩)과 이승(二乘)의 근기를 제도하는 열응신(劣應身)을 의미하며, 아울러 초지(初地) 이상의 보살을 교화하는 승응신(勝應身)의 의미도 갖고 있다.

『범망경』●240은 보신(報身)●241이 한 바이므로 초지 이상의 성인을 포함한다. 그러므로 『화엄경소』에 이르길, 『범망경』에서 "노사나불이 천 개의 꽃잎에 앉아 이구지(離垢地)의 계바라밀을 포섭할 따름이라."●242고 하였다.

옛 사람들이 『유교경』의 내용으로써 '이는 장통보살(藏通菩薩)●243이 함께 품 받은 것'이라고 본 것은 마명 보살의 심오한 뜻에 거의 맞다고 할 수 있으나, 만약 『범망경』의 내용으로써 '별원보살(別圓菩薩)●244이 스스로

● 240 초기 경전의 『범망경[梵網六十二見經]』과 구별하기 위해 『범망보살계경(梵網菩薩戒經)』으로 부르는 것이 일반적이며, 본래 갖춘 이름은 『범망경노사나불설보살심지계품제십(梵網經盧舍那佛說菩薩心地戒品第十)』이다. 이것은 산스크리트어본의 60품 가운데 『십지계품(十地戒品)』만을 번역하였기 때문이다. 예부터 구마라집의 한역으로 알려져 왔으나 최근에는 5세기경 중국에서 편찬된 것으로 보는 견해도 있다. 내용은 제4선천에 계신 석가모니불께서 대중에게 심지 법문을 설하실 적에, 지혜의 광명을 놓아 연화장세계를 나타내어 광명궁중에 앉으신 노사나불로 하여금 10발취심(十發趣心)과 10장양심(十長養心)과 10금강심(十金剛心)과 10지(十地)의 법문 품을 설하도록 하셨는데 그 내용을 기록한 것이다. 천백 억의 석가는 천(千) 석가모니불의 화신으로서 그 근본은 노사나불임을 밝히고 있으며, 후반부에는 10중금계(十重禁戒)와 48경계(四十八輕戒)를 설하여 이것이 보살로서 마땅히 배워야 할 것임을 강조하고 있다. 주석서로는 고현의 『고적기(古迹記)』 4권과 지욱의 『현의(玄義)』 1권 등 수십 부가 있다.

● 241 범어 samdhogakāya를 번역한 것이다. 반드시 32상 80종호를 갖추어 나타나는 불신으로서 노사나불이나 아미타불, 약사불 등이 여기에 해당한다. 이 불신은 오랜 수행의 과정 속에서 무량한 공덕을 갖춘 불신의 속성을 의미하며, 그 나타난 몸은 세속적인 표현에 지나지 않는다.

● 242 『華嚴經疏』(大正 35卷, p.506), 或說舍那坐千葉華 攝二地說. ; 『華嚴經疏鈔』(大正 36卷, pp.31~32), 疏 或說舍那坐千葉華攝二地說者 第三通梵網等經 彼云 我今盧舍那 方坐蓮華臺 周匝千華上 復現千釋迦 一華百億國 一國一釋迦等者 即以蓮華臺上 為本源盧舍那 千葉釋迦復是大化 一釋迦更有百億 方為小化者 亦不言其身充滿一切世間 普賢蓮華 有不可說葉 量賢法界 十地菩薩之華 尚量等百萬三千大千世界 況如來耶 明知亦是他受用身 攝二地耳 以二地戒度圓滿故為說戒以初地化百佛刹 則有百葉之華 二地化千佛刹故 華有千葉 若至三地應見萬葉 四地億葉 五地千億 六地百千億 七地萬億那由他 八地百萬三千大千世界微塵數 九地百千萬億阿僧祇國土微塵數 十地不可說百千億那由他佛刹微塵數 據上十地 百萬三千尚猶略說 故知非顯真極之身.

● 243 천태종의 화법 4교 가운데 장교(藏敎)와 통교(通敎)에 해당하는 보살을 아우른 명칭이다. 즉, 분석해 보고서야 모든 것이 공인 줄 아는 석공(析空)과 모든 것이 있는 그대로가 공하다고 체달하는 체공(體空)을 근본 사상으로 하는 지위의 보살이다.

● 244 천태종의 화법 4교 가운데 별교(別敎)와 원교(圓敎)에 해당하는 보살을 아우른 명칭이다. 즉, 아직 융통무애한 이치에는 이르지 못했지만 공과 유에 치우치지 않는 중도인 단중(但中)과 만

품 받은 것'이라고 한다면 청량 국사의 깊은 글의 뜻을 어김과 같다.

【補註】無瞋이 似專屬意나 而云身意淨者는 任其支解하야 而手足不爲捍禦하면 即是身淨일새니라 二는 不忍則妨失道德이라

성 내지 않는 것은 전적으로 의업(意業)에만 속할 듯하나, '신업(身業)과 의업(意業)의 청정'이라고 이른 것은 그 사지를 마디마디 끊는 것에 맡겨 손이나 발로 막지 않으면, 곧 신업(身業)이 청정함을 이루기 때문이다. 두 번째, 감인하지 않으면 도의 공덕을 방해하여 잃게 된다.

나. 불인즉방실도덕(不忍則妨失道德)

若縱恚心하면 則自妨道하야 失功德利하니라

만약 성내는 마음을 방종하면 스스로 도를 방해하여 공덕의 이익을 잃게 된다.

【節要】若縱瞋者면 則自妨己道하고 失化利他니라 二는 校量最勝이라

만약 성냄을 그대로 놓아두면 스스로 자신의 도업에도 방해가 되지만, 타인을 이롭게 하는 교화의 공덕마저도 잃게 된다. 두 번째, 가장 수승한 것임을 헤아리다.

유 그대로가 공가중(空假中)이어서 현상(現象)과 실재(實在), 번뇌와 보리 등의 사이에 서로 구족하고 원융하다는 부단중(不但中)을 근본 사상으로 하는 지위의 보살이다.

(2) 교량최승(校量最勝)

忍之爲德은 持戒苦行이 所不能及이니
참는 것이 덕이 되는 것은 계를 지키거나 고행으로도 능히 미칠 바가 아니니,

【節要】謂第二地의 持戒苦行은 校量第三地의 忍辱之德인댄 所不能及이니라
제2지[離垢地]에서 닦는 지계와 고행의 공덕은 제3지[發光地]에서 닦는 인욕의 공덕에 비교하면 능히 미칠 바가 못 된다는 뜻이다.

【補註】云何戒行이 不及能忍고 良由戒高者는 輕世하고 苦己者는 瞋他이언만 忍則冤親等觀하고 苦樂無寄할새 故로 施戒生天이나 忍辱入道하니 何可及也리오 三의 約能不能勸誡에 二니 初는 擧能忍興勸이요 二는 約不能伸誡니라 初의 擧能忍興勸이라
어찌하여 계행이 능히 인욕에 미치지 못하는가! 진실로 계행이 높은 사람은 세상을 경시하기 쉽고, 스스로를 고통스럽게 하는 자는 타인에게 진심을 내기 십상이기 때문이다. 그러나 인욕하는 자는 원수와 친한 이를 동등히 보고, 고와 락에 기울어짐이 없다. 그러므로 보시와 지계는 천상에 태어나지만 인욕은 곧장 도에 들어간다. 어찌 가히 미칠 수 있으리오.
세 번째, 능과 불능을 잡아 경계할 것을 권하는 것에 둘이니, 첫째는 능인을 들어 권함을 일으킴이요[擧能忍興勸], 둘째는 불능을 잡아 경계할 것을 펼친다[約不能伸誡]. 첫 번째, 능인을 들어 권함을 일으킨다.

(3) 약능불능권계 (約能不能勸誡)

가. 거능인흥권 (擧能忍興勸)

能行忍者는 乃可名爲有力大人이니라

능히 인욕을 행하는 자는 곧 힘 있는 대인(大人)이라 부를 수 있다.

【節要】 犯而不校하면 世稱君子라할새 是故로 行三種忍이면 悉名大人이니라

침범해 오더라도 상대와 시비하지 않으면 세상에서는 군자라고 칭찬한다. 그러므로 세 가지 인욕을 실천하면 모두 대인이라 부른다.

【補註】 三忍에 有二니 一은 苦行忍이요 二는 生忍이요 三은 第一義忍이니 今且據二忍也니라 又 一은 耐怨害忍이요 二는 安受忍이요 三은 觀察忍이니 今且據初忍也니라 有力大人者는 凡夫는 以勝人으로 爲力이나 菩薩은 以讓人으로 爲力하니 血氣之力은 爲小人이요 道德之力이 爲大人也니라 二의 約不能伸誡에 三이니 初는 明不忍成愚요 二는 示瞋恚過患이요 三은 對白衣校量이라 初의 明不忍成愚니라

삼인(三忍)에는 두 종류가 있다. 첫째는 고행인(苦行忍)이요, 둘째는 생인(生忍)이요, 셋째는 제일의인(第一義忍)이니,[245] 지금 여기선 두 번째의 생

●245 『법화문구(法華文句)』에 의거하면, ① 고행인(苦行忍)은 수행자로서 스스로 절제하며 세운 뜻을 굳건히 지켜 나아가는 것이며, ② 생인(生忍)은 한적한 곳에 지내면서 악한 사람이나 동물의 핍박을 능히 견디어서 성내지 않는 것이며, ③ 제일의인(第一義忍)은 불도를 성취하기 위해 환희심으로 간경이나 참선을 게을리 하지 않는 것이다. 『法華文句』(大正 34卷, p.31b3), 忍有三種 閑林邃谷惡人惡獸忍耐無瞋卽生忍 自節守志卽苦行忍 爲求佛道卽第一義忍 又而作比丘卽苦行忍 獨處閑靜卽生忍 樂誦經典卽第一義忍 참조.

인(生忍)에 근거한다. 또한 첫째는 내원해인(耐怨害忍)이요, 둘째는 안수인(安受忍)이요, 셋째는 관찰인(觀察忍)이니,●246 지금 여기선 첫 번째의 내원해인(耐怨害忍)에 근거한다.

'힘이 있는 대인'이란 범부는 남을 이기는 것으로써 힘을 삼지만, 보살은 남에게 양보하는 것으로써 힘을 삼는다. 혈기(血氣)의 힘은 소인이고, 도덕(道德)의 힘이 대인이다.

두 번째, 불능을 잡아 경계할 것을 펼침에 셋이니, 첫째는 인욕하지 못하면 어리석어짐을 밝힘이요[明不忍成愚], 둘째는 성냄의 허물을 보임이요[示瞋恚過患], 셋째는 백의의 교량을 대치함이다[對白衣校量]. 첫 번째, 인욕하지 못하면 어리석어짐을 밝힌다.

나. 약불능신계(約不能伸誡)

가) 명불인성우(明不忍成愚)

若其不能歡喜忍受惡罵之毒을 如飮甘露者인댄 不名入道智慧人也니라

만약 악한 말로 매도하는 독을 기쁘게 참고 받아들이기를 마치 감로수 마시듯 할 수 없는 자라면 도에 들어간 지혜 있는 수행자라고 말할 수 없다.

●246 『섭대승론석』에 의거하면, ① 내원해인(耐怨害忍)은 다른 이로부터 미움, 원망 등의 어떠한 해를 입더라도 참아내는 것이며, ② 안수인(安受忍)은 질병이나 천재지변 등의 괴로움을 능히 참아내는 것이며, ③ 관찰인(觀察忍)은 제법이 불생불멸이라는 진리를 인정하여 마음에 흔들림이 없는 것이다. 『攝大乘論釋』(大正 31卷, pp.356~357), 耐怨害忍 能忍受他所作怨害 勤修饒益有情事時 由此忍力遭生死苦而不退 安受苦忍 能正忍受所遭眾苦 由此忍力 於生死中雖受眾苦而不退轉 諦察法忍 堪能審諦觀察諸法 由此忍力 建立次前所說二忍 참조.

【節要】甘露는 是諸天長生之藥이라 忍力既成인댄 則益法身하고 延慧命故로 以忍受惡罵를 喻飮甘露니라 不由彼辱하고 寧顯我忍이리요 猪揩金山喻意를 可識이로다 苟不如是하면 則無證道智慧일새 名凡夫愚人이니라

감로수(甘露水)는 모든 하늘의 불로장생하는 묘약이다. 참는 힘이 이미 성취되었으면 법신을 요익(饒益)하고 혜명을 늘이는 까닭에 악한 말로 매도함을 참고 받아들이는 것을 감로수 마시는 데 비유한 것이다. 저들의 모욕을 말미암지 않고서 어찌 나의 인내심이 드러날 수 있겠는가! 멧돼지가 금산을 문지른다는 비유의 뜻을 생각해 볼만하다. 진실로 이와 같지 않다면, 도를 증명하는 지혜가 없으므로 어리석은 범부라고 부른다.

【補註】猪揩金山에 金則愈光하고 石磨劍形에 劍則愈利니라 永嘉에 謂不因謗訕起冤親인댄 何表無生慈忍力고하니 是也니라 二의 示瞋恚過患에 二니 初는 徵釋過患이요 二는 誡令防護라 初의 徵釋過患이라

멧돼지가 금산을 문지르면 금은 더욱 빛이 나고,[247] 숫돌이 칼날을 갈수록 칼날은 더욱 날카로워진다. 영가(永嘉)[248]의 『증도가(證道歌)』[249]에 이르길, '비방과 헐뜯음으로 인하여 원망과 친함이 일어나지 않는다면 어떻게 성냄이 없는 자비인욕의 힘이 표출되겠는가.'[250]라고 하였으니 이것이다.

- [247] 『大智度論』(大正 25卷, p.281), 若人加惡 如猪揩金山 益發其明(만약 어떤 사람이 악한 짓을 더한다면, 마치 멧돼지가 금산을 비빌수록 그 밝음이 더욱 발하는 것과 같다).
- [248] 일숙각(一宿覺)으로 유명한 무상대사(無相大師) 영가현각(永嘉玄覺, ?~712) 선사를 말한다. 온주부의 도시 영가(永嘉)에서 태어났다고 하지만 생멸연대는 확실하지 않다.
- [249] 영가증도가(永嘉證道歌)라고도 한다. 영가현각(永嘉玄覺) 선사가 6조 혜능대사를 참방하고 활연대오한 후 절대 무위한 한도인(閑道人)의 경지를 247구의 시로 표현한 것이다. 대체로 4구를 1절로 하고, 절마다 운을 대체하여 성조(聲調)하고 있다. 3조 승찬(僧璨)의 『신심명』에 이어 중국 선종의 본격적인 가송집으로 평가받는다.
- [250] 『證道歌』(大正 48卷, p.396), 不因訕謗起冤親 何表無生慈忍力.

두 번째, 성냄의 허물을 보이는 것에 둘이니, 첫째는 허물을 따져 묻고 풀이함이요[徵釋過患], 둘째는 경계하여 방호토록 함이다[誡令防護]. 첫 번째, 허물을 따져 묻고 풀이하다.

나) 시진에과환(示瞋恚過患)

(가) 징석과환(徵釋過患)

所以者何오 瞋恚之害는 則●251破諸善法하고 壞好名聞하야 今世後世에 人不憙見일새니라

왜 그런가?●252 성냄의 해로움은 모든 선법을 파괴하고 좋은 명성을 무너뜨려서 금생이나 내생의 사람들이 기쁘게 보지 않기 때문이다.

【節要】破善者는 華嚴에 云하되 一念瞋心起에 百萬障門開라 하며 論에 云하되 善法者는 自利智慧相故며 名聞者는 利他善法名稱功德故며 人不喜見은 註曰●253自他世에 無可樂果報故라 하니라 二는 誡令防護니라

'선을 파괴한다.'라는 것은 『화엄경』●254에 이르길, '한 생각 성내는 마

●251 則이 『高麗』에는 能으로 되어 있다.
●252 '所以者何(왜 그런가)'에 대하여 『永樂』에서는 '上徵下釋(위의 내용을 징험하려고, 아래에서 풀이함을 나타낸다)'라고 하였다. 『佛遺敎經論疏節要』(永樂 174卷, p.797) 참조.
●253 見註曰이 『甲』과 『乾隆』에는 者로 되어 있으며, 『永樂』에는 생략되어 있다.
●254 범어 Buddhāvatamsakamahāvaipulya sūtra를 번역한 『대방광불화엄경(大方廣佛華嚴經)』의 약칭으로 『부사의경(不思議經)』, 『잡화경(雜華經)』, 『법계경(法界經)』, 『난사경(難思經)』이라고도 한다. 경전 성립 시기는 서북인도 중앙아시아 우전국에서 성립한 것으로 전하며, 현재 범본이 현존하는 「입법계품」과 「십지품」은 서기 100년을 전후해서 성립, 유통된 것으로 추정하고 있다. 그리고 불멸후 600~700년이 지나 용수 보살이 생존하던 시기를 전후해서 별행본이 성립 유통된 것으로 추정하고 있다. 한역본은 60화엄, 80화엄, 40화엄 등 3본이 있다. 먼저 60화엄은 중국

음이 일어나면, 백만 가지 장애의 문이 열린다.'●255라고 하였으며, 논에 이르길, '선법은 스스로를 이롭게 하는 지혜의 모양인 까닭이요, 명성은 남을 이롭게 하는 선법의 명칭공덕인 까닭이요, 사람들이 기쁘게 보지 않는 것은 자신이나 타인의 금생과 내생 가운데 좋아할 만한 과보가 없기 때문이다.'●256라고 하였다. 두 번째, 경계하여 방호토록 한다.

(나) 계령방호(誡令防護)

當知하라 瞋心은 甚於猛火하니 常當防護하야 無令得入이어다 劫功德賊은 無過瞋恚니라

마땅히 알라. 성내는 마음은 맹렬한 불보다 심하니, 항상 마땅히 막고 보호하여 들어오지 못하게 해야 한다. 공덕을 빼앗는 도적에는 성냄을 능가하는 것이 없다.

동진 중인도 계빈국 사문 불타발타라가 번역하였으며, 418~420년에 강릉 도장사에서 법업, 혜엄 등이 7처 8회 34품을 필수(筆受)하였다. 다음으로 80화엄은 중국 당나라 때에 우전국 실차난다가 번역하였으며, 측천무후의 칙명에 의해 699년에 불수기사에서 의정, 현수 등이 필수하였다. 마지막으로 40화엄은 중국 당나라 때에 계빈국 반야삼장이 덕종의 칙명으로 『입법계품』만을 번역하고 40화엄이라 불렀으며, 징관 등이 필수하였다(796). 우리나라에서는 예부터 80화엄을 귀히 여겨 전통강원 교재로 채택해 왔다. 이 경전은 개법교주(開法教主)인 비로자나불(Vairocana)이 해인삼매 중에 설법한 것이나, 부처님께서 직접 설한 것은 『아승지품』과 『여래수호광명품』뿐이고, 나머지 품은 부처님 주위에 모인 보살들이 삼매에 들어 부처님께서 깨달은 내용을 감득한 후 부처님의 가피력을 받아서 서로 묻고 답하며 설법한 내용이다. 이 경의 대지는 전통적으로 '만법을 하나로 묶어서 일심을 밝힘[統萬法 明一心]' 혹은 '만행을 닦아서 법계에 들어감[修萬行 入法界]' 등으로 정리해 왔다.

●255 『80華嚴經』(大正 10卷, p.257), 若諸菩薩於餘菩薩起瞋恚心 即成就百萬障門故(만일 모든 보살이 나머지 보살들에 대하여 성내는 마음을 일으킨다면, 곧 백만 가지 장애의 문이 성취되는 까닭이라).

●256 『遺教經論』(大正 26卷, p.287), 於中諸善法者 自利智慧相故 好名聞者 利他善法名稱功德故 人不喜見者 自他世無可樂果報故.

【節要】 論에 云하되 護自善法如防火요 護利他功德如防賊이라 하다 三의 對白衣校量에 二니 初는 白衣無對治法故容起요 二는 出家有對治法故不應起니라 初의 白衣無對治法故容起라

논에 이르길, '스스로의 선법을 보호하는 것은 마치 화재를 막는 것과 같으며, 이타의 공덕을 보호하는 것은 도적을 막는 것과 같다.'[257]라고 하였다.

세 번째, 백의(白衣)의 교량(校量)을 대치하는 것에 둘이니, 첫째는 백의는 대치법이 없는 까닭에 용서를 일으킴이요[白衣無對治法故容起], 둘째는 출가자는 대치법이 있는 까닭에 응당 용서를 일으키지 않는다[出家有對治法故不應起]. 첫 번째, 백의는 대치법이 없는 까닭에 용서를 일으킨다.

다) 대백의교량(對白衣校量)

(가) 백의무대치법고용기(白衣無對治法故容起)

白衣는 受欲하야 非行道人이라 無法自制하야 瞋猶可恕어니와

재가자는 욕심을 받아들이므로 도를 행하는 사람이 아니다. 스스로 다스릴 방법이 없기 때문에 성을 내더라도 오히려 용서받을 수 있지만,

【節要】 恕者는 聲類曰 以心度物也라 하니라 旣受著五欲하고 復無白淨對治之法일새 容可起瞋이어니와 出家反是니 不應瞋也니라

'서(恕)'란 성류(聲類)[258]에 가로되, '마음으로 사물을 헤아린다.'라고

● 257 『遺敎經論』(大正 26卷, p.287), 一者 護自善法如防火相似法故 二者 護利他功德防護賊相似法故.
● 258 삼국시대 위나라의 이등이 지은 중국 최초의 운서(韻書)이다.

하였다. 이미 오욕을 받아들여 집착하고 다시 백정대치법이 없으니, 가히 진심(瞋心)을 내더라도 용서할 수 있지만, 출가자는 이와 반대이므로 응당 화를 내서는 안 된다.

【補註】白衣는 通六欲天이니 上界는 不行瞋故니라 比丘는 志出三界이어늘 何可自同白衣리요 故로 云反是니라 二의 出家有對治法不應起에 二니 初는 法이요 二는 喻라 初의 法이라

백의(白衣)●259는 육욕천(六欲天)까지 통하는 말인데, 색계와 무색계에서는 화내지 않는 까닭이다. 비구는 뜻이 삼계를 벗어나는 데 있거늘, 어찌 가히 백의와 똑같이 행동하리요! 그러므로 반대라고 이른 것이다.

두 번째, 출가자는 대치법이 있는 까닭에 응당 용서를 일으키지 않는다는 것에 둘이니, 첫째는 법이요, 둘째는 비유이다. 첫 번째, 법이다.

(나) 출가유대치법고불응기 (出家有對治法故不應起)

ㄱ. 법(法)

出家行道無欲之人이 而懷瞋恚는 甚不可也니라

출가하여 욕심을 버리고 도를 닦는 사람이 성내는 마음을 품는 것은 참으로 옳지 못하다.

【補註】有欲之人은 欲順則憍恣故로 起瞋하고 欲違則忿恨故로 起瞋이니라

●259 인도인들은 일반적으로 흰 옷을 귀하게 여기고, 사문 이외의 귀족 등은 모두 백의를 입었으므로 재가자를 가리켜 백의라고 한다. 『遺教經解』(續藏 37卷, p.642), 從人至六欲天未入道者 皆名白衣 참조.

今은 無欲之人이 而起瞋恚故로 不可也니라 況有法對治乎아 二는 喩라

　욕심 있는 사람은 하고자 하는 것이 순조로우면 교만·방자해지는 까닭에 성냄을 일으키고, 하고자 하는 것이 어그러지면 분통한 원망 때문에 성냄을 일으킨다. 그러나 지금은 욕심이 없어야 할 사람이 성냄을 일으킴으로 옳지 않은 것이다. 하물며 출가자는 대치할 법도 있지 아니한가! 두 번째, 비유이다.

　　ㄴ. 유(喩)

譬如清冷雲中●260에 霹靂起火인달하니 非所應也니라

　비유하면, 맑고 차가운 구름 속에서 벼락이 쳐서 불이 일어나는 것과 같으니 응할 바가 아니다.

【節要】 清冷雲中은 喩行道無欲이요 霹靂은 喩懷瞋恚니라 郭璞이 云하되 雷之急激者를 謂霹靂이라 하며 論에 云하되 示道分中에 不應有故라하니라 二의 對治貢高煩惱에 二니 初는 正設對治요 二는 較量不應이라 初의 正設對治라

　'맑고 차가운 구름 속'은 도 닦는 자의 욕심 없음을 비유하고, '벼락'은 마음에 품은 성냄을 비유한다. 곽박(郭璞)이 이르길, "우레가 급하고 격하게 치는 것을 벼락이라 한다"고 하였으며, 논에 이르길, '도 닦는 분상

●260 中이 『宮』과 『宋』에는 中而有로 되어 있다.

에서는 응당 있을 수 없는 일을 현시하는 까닭이다.'●²⁶¹라고 하였다.

　두 번째, 교만의 번뇌를 다스리는 것에 둘이니, 첫째는 바로 대치를 시설함이요[正設對治], 둘째는 응하지 않아야 할 것을 교량함이다[較量不應]. 첫 번째, 바로 대치를 시설한다.

2) 대치공고번뇌(對治貢高煩惱)

(1) 정설대치(正設對治)

　　汝等比丘여 當自摩頭하라 已●²⁶²捨飾好하고 著壞色衣하며 執持應器하고 以乞自活이니 自見如是하야 若起憍慢인댄 當疾滅之어다

　너희 비구들이여, 마땅히 스스로의 머리를 만져보라. 이미 장식의 아름다움을 버리고 가사를 입었으며, 발우를 들고 걸식으로 스스로 살아가고 있다. 스스로 이러한 것을 돌이켜 보아서 만약 교만심이 일어나면 응당 속히 없애야 한다.

　　【節要】 夫在家人은 憑乎容儀하야 以傲於物하니 所以로 冠冕嚴其首하고 劍珮飾其身하고 朱紫煥其服하고 僮僕供其役하고 帑藏積其財언만 尙須 富而無驕하고 卑以自牧호려 하니라 我今躍出四民하야 期臻聖果아 毁其形하고 壞其服은 狀非驕慢耳니라 摩頭者는 反手摩頭하야 知無冠冕之嚴이요

●261 『遺教經論』(大正 26卷, p.287), 顯示道分中不應有 相似法故.
●262 已가 『宮』, 『宋』, 『元』에는 以로 되어 있다.

捨飾好者는 自身已捨劍珮之飾이요 壞色者는 反顧壞服하야 絶朱紫之華
彩요 執持應器者는 應器親持하야 無僮僕之供役이요 以乞自活者는 以乞
食養命하야 無帑藏之積財니라 上五句는 明不應慢이요 自見如是의 一句
는 明智慧成就하야 常自觀察故니라 後一句는 明慢起應治니 憍慢設起라도
宜疾思惟하야 以止妄心일새 故로 當滅之니라 非正色間色故로 名壞色이라
四分에 云하되 壞色은 靑黑木蘭也라 하니라 應器는 謂鉢也니 應法之器故로
名應器니라 憍慢者는 自舉曰憍요 陵他曰慢이니 俱舍에 云하되 慢對他心
起요 憍由染自法이라 하니라 二는 較量不應이라

무릇 세속 사람들은 용모나 거동에 의거하여 만물을 업신여긴다. 따
라서 갓과 면류관으로 머리를 장엄하고, 칼이나 패물로 몸을 장식하고,
붉은색과 자주색으로 옷을 빛나게 하고, 하인들로 하여금 일을 시중들도
록 하고, 금전으로 재물을 쌓아 저장한다. 그렇지만 오히려 부유하면서도
교만하지 않고[富而無驕],[263] 자신을 낮추어 수양하는 데 힘쓰려고 한다[卑
以自牧].[264]

우리는 지금 사민(四民)[265]을 벗어나 성과(聖果)에 이르길 기약하지 않
는가! 머리를 깎고 먹물 옷 입은 것은 모습이 교만하지 않고자 할 따름이
다.[266]

- [263] 『論語』(學而, 第15章), 子貢曰 貧而無諂 富而無驕 何如 子曰 可也 未若貧而樂 富而好禮者也(자 공이 가로되, '가난하되 아첨함이 없으며, 부유하되 교만함이 없으면 어떻습니까?' 공자가 가로 되, '괜찮으나 가난하면서도 즐거워하며, 부유하면서도 예의를 좋아하는 자만은 못하다) 참조.
- [264] 『周易』(上經, 15. 謙), 象曰 謙謙君子 卑以自牧也(상전에 가로되, '겸손함이 지극한 군자는 낮추는 것으로써 자처한다) 참조.
- [265] 백성의 신분을 네 가지로 나눈 것으로 사(士)·농(農)·공(工)·상(商)을 말한다.
- [266] 『大智度論』(大正 25卷, p.412), 或時自恃而生憍慢 是時應作是念 我剃頭著染衣持鉢乞食 此是破 憍慢法 我云何於中生憍慢(간혹 지나친 자부심으로 교만심이 일어나려고 할 적에 지체 없이 다음과 같은 생각을 지어야 한다. '나는 출가하여 머리를 깎고 승복을 입고 발우를 지니고 걸식을 하고 있다. 이러한 행위들이 그대로 교만을 파하는 법이거늘 내가 어떻게 이러한 와중에 교만심

'머리를 만져보라.'는 것은 손으로 반복하여 머리를 만짐으로써 갓이나 면류관의 장식이 없다는 것을 안다. '장식의 아름다움을 버렸다.'라는 것은 자신이 이미 몸에 차고 있던 칼이나 패물의 장식을 버렸다는 것이다. '괴색(壞色)'[267]은 색을 무너뜨린 옷을 돌아보면서 붉은 빛 화려한 색채를 끊은 줄 안다. '발우를 든다.'라는 것은 발우는 친히 들고 다님으로써 하인에게 의지하지 않음을 나타난다. '걸식으로써 스스로 살아간다.'라는 것은 걸식하여 생명을 유지함으로써 쌓아 모으는 재물이 없음을 나타낸다.

이상의 다섯 구절은 응당 교만하지 않아야 할 것을 밝힘이요, 그 다음의 '스스로 이러한 것을 돌이켜 본다.'라는 한 구절은 지혜를 성취하여 항상 스스로 관찰함을 밝힘이요. 마지막 한 구절은 교만이 일어날 적에 응당 다스릴 것을 밝히고 있으니, 교만이 설사 일어나더라도 마땅히 속히 바르게 사유하여 허망한 마음을 그치도록 해야 한다. 그러므로 '응당 속히 없애야 한다.'라고 하였다.

정색(正色)도 간색(間色)도 아니기 때문에 괴색(壞色)이라 부른다. 『사분율』에 이르길, '괴색은 청색과 흑색과 목란색이다.'[268]라고 하였다. '응기(應器)'는 발우를 말하니, 법에 응하는 그릇이므로 응기라고 부른다. '교만(憍慢)'은 스스로 추켜세우는 것을 교(憍)라 하며, 타인을 능멸하는 것을 만(慢)이라 한다. 『구사론』에 이르길, '만(慢)은 타인에 대하여 마음이 일어남

을 내겠는가!).
- 267 범어 kaṣāya를 번역한 것이다. 수행자들은 원색을 피하고 염괴(染壞)한 흐린 색을 입었기 때문에 붙여진 이름이다.
- 268 『四分律』(大正 22卷, p.998), 復有三壞色 青黑木蘭(다시 세 가지 무너진 색이 있으니, 청색·흑색·목란색이다).

이요, 교(憍)는 자신의 법에 염착을 내기 때문이다.'●269라고 하였다. 두 번째, 응하지 않아야 할 것을 교량(較量)한다.

(2) 교량불응(較量不應)

增●270長憍慢은 尚非世俗의 白衣所宜어든 何況出家한 入道之人이 爲解脫故로 自降其身●271하야 而行乞耶●272아

교만심을 늘이는 것은 오히려 세상의 보통 사람들도 마땅히 할 바가 아니거늘, 하물며 출가하여 도에 들어간 사람이 해탈하기 위한 까닭으로 스스로 그 몸을 낮추고 걸식을 행하는 데 있어서랴!

【節要】易曰 人道는 惡盈而好謙이라 하며 老子曰 柔弱者生이요 剛彊者死라 하니 故知하라 憍慢은 非世俗所宜니라 降身行乞者는 摩頭等五가 悉是 降身이요 擧要而言인댄 指歸行乞이니라

『주역』에 이르길, '사람의 도는 가득히 찬 것을 싫어하고 겸손한 것을 좋아한다.'●273라고 하였으며, 노자(老子)●274가 이르길, '부드러운 것은 산

●269 『俱舍論』(大正 29卷, p.21), 尋伺心麁細 慢對他心擧 憍由染自法 心高麗無所顧(심(尋)과 사(伺)는 마음의 거칠고 세밀한 것이며, 만(慢)은 타인에 대하여 거만한 마음이 일어나는 것이며, 교(憍)는 자신의 법에 염착함을 말미암아서 마음이 높아져 돌아봄이 없는 것이다).
●270 增이 『高麗』에는 謂로 되어 있다.
●271 身이 『高麗』에는 心으로 되어 있다.
●272 耶가 『宮』『宋』『元』『永樂』『乾隆』에는 也로 되어 있다.
●273 『周易』(上經, 15. 謙) 참조.
●274 주나라 말기 사람으로 도가(道家)의 시조이다. 저서에는 상·하 두 편으로 구성된 『도덕경(道德

것이고, 강한 것은 죽은 것이다.'●275라고 하였으니, 그러므로 알라. 교만은 세속에서도 마땅히 할 바가 아닌 것이다.

'몸을 낮추어서 걸식을 행한다.'라는 것은 머리를 만지는 등의 다섯 가지가 모두 몸을 낮추는 것이고, 요점만을 들어서 말하면 걸식의 행으로 귀결된다.

【補註】擧要者는 未見行乞之人이 而有冠冕劍珮朱紫僮僕者也니 故로 擧一該四니라 三의 對治諂曲煩惱에 二니 初는 擧過設治요 二는 誡諂勸直이라 初의 擧過設治에 二니 初는 擧過患이요 二는 設對治라 初의 擧過患이라

'요점을 든다.'라는 것은 아직 걸식을 행하는 사람이 갓과 면류관을 쓰거나 칼을 차거나 화려한 옷을 입거나 하인 부리는 모습을 보지 못하였으므로 하나를 들어서 나머지 네 가지를 갖춤이다.

세 번째, 아첨의 번뇌를 다스리는 것에 둘이니, 첫째는 허물을 들어 대치를 시설함이요[擧過設治], 둘째는 아첨을 경계하고 정직을 권함이다[誡諂勸直]. 첫 번째, 허물을 들어 대치를 시설하는 것에 둘이니, 첫째는 허물을 듦이요[擧過患], 둘째는 대치를 시설함이다[設對治]. 첫 번째, 허물을 들다.

經)』이 있다.
●275 老子,『道德經』(第76章), 故堅强者死之徒 柔弱者生之徒

3) 대치첨곡번뇌(對治諂曲煩惱)

(1) 거과설치(擧過設治)

가. 거과환(擧過患)

汝等比丘여 諂曲之心은 與道相違일새

너희 비구들이여, 아첨하는 마음은 도와 더불어 서로 어긋나는 것이다.

【節要】 希其意하야 而道其言曰諂이라 할새 是故로 其言諂者는 其心必曲이니라 道는 尚質直故로 與道相違니라

그 뜻하는 것을 바라면서 어떤 말을 하는 것을 '첨(諂)'이라 한다. 따라서 말이 아첨스러운 자는 그 마음이 반드시 굽어 있게 마련이다. 도는 질박하고 곧은 것을 숭상하는 까닭에 '도와 더불어 서로 어긋난다.'라고 하는 것이다.

【補註】 維摩經에 云하되 從初發心으로 至坐道場히 純一直心이라 中間에 並無諸委曲相이라 하니라 二는 設對治라

『유마경(維摩經)』[276]에 이르길, '처음 발심하여 도량에 안좌(安坐)할 때

---

[276] 산스크리트어본은 전해지지 않으며, 칠역본(七譯本)이 있다고 하지만 삼역본(三譯本)만이 현존한다. 현재 한역본 가운데 가장 널리 독송되고 있는 것은 구마라집 역본인 『유마힐소설경(維摩詰所說經)』인데, 이것은 범명 Vimalakīrtinirdeśasūtra의 번역으로 간략히 『정명경(淨名經)』 또는 『유마경(維摩經)』이라고도 한다. 후진 홍치 8년에 총 3권 14품으로 번역되었다. 이 경전은 반야경전에서 말하는 공사상에 기초한 윤회와 열반, 번뇌와 보리, 예토와 정토 등의 구별을 떠나, 일상생활 속에서 해탈의 경지를 체득해야 함을 유마힐이라는 주인공을 내세워서 설화 형식으로 설하고 있다.

까지 순일한 곧은 마음인지라 중간에 위곡(委曲)한 모습이 전혀 없다.'•277 라고 하였다. 두 번째, 대치를 시설한다.

나. 설대치(設對治)

是故로 宜應質直其心이어다

이러한 까닭에 마땅히 그 마음을 질박하고 정직하게 하여야 한다.

【節要】守心質直하면 則諂曲不起니 楞嚴에 亦云하되 出離生死는 皆以直心이라 하니라 二의 誡諂勸直에 二니 初는 誡諂曲이요 二는 勸質直이라 初의 誡諂曲이라

마음을 지켜 질박하고 정직하게 하면 아첨하는 마음이 일어나지 못한다. 『능엄경』에 또한 이르길, '생사를 벗어나는 것은 모두 직심으로써 한다.'•278라고 하였다.

두 번째, 아첨을 경계하고 정직을 권하는 것에 둘이니, 첫째는 아첨을 경계함이요[誡諂曲], 둘째는 질박과 정직을 권함이다[勸質直]. 첫 번째, 아첨을 경계한다.

•277 『維摩經』(大正 14卷, p.542), 直心是道場 無虛假故(직심이 곧 도량이니 헛된 거짓이 없는 까닭이다) 참조하시오. 그러나 『유마경』에는 보주에서 인용한 경문 전체가 보이지 않는다.
•278 『楞嚴經』(大正 19卷, p.107), 十方如來同一道故 出離生死皆以直心 心言直故 如是乃至終始地位 中間 永無諸委曲相(시방의 여래께서는 다 함께 하나의 방법으로 생사를 벗어나셨으니, 모두가 이 곧은 마음이었다. 마음과 말이 곧았기 때문에 시작부터 끝까지 그리고 그 가운데에도 전혀 위곡한 모습은 없었다).

(2) 계첨권직(誡諂勸直)

가. 계첨곡(誡諂曲)

當知하라 諂曲은 但爲欺誑이니 入道之人은 則無是處니라

마땅히 알라. 아첨은 단지 속임수일 뿐이니, 도에 들어선 사람에게는 옳지 못한 것이다.

【節要】道務質直이라 以曲入道하면 則無所詣니라 二는 勸質直이라

도는 질박과 정직에 힘쓰는 것인지라 위곡(委曲)한 마음으로써 도에 들어가면 이르는 바가 없다. 두 번째, 질박과 정직을 권하다.

나. 권질직(勸質直)

是故로 汝等은 宜當端心하야 以質直爲本이어다

이러한 까닭에 너희들은 마땅히 마음을 단정히 하여 질박과 정직으로써 근본을 삼아야 한다.

【節要】正道名直이요 離邊觀中커나 捨事求理는 悉名諂曲이니라

바른 도는 '곧다.'라고 이르며, 변(邊)을 여의고 중간을 관하거나 현상을 떠나서 이치를 구하는 것은 모두 '첨곡하다.'라고 이른다.

【補註】卽邊而中이라 尙非但中이어늘 況復遍執이며 卽事而理라 尙非單理

어늘 況復著相이리요 如是質直이어늘 豈僅僅誠實之謂耶아 三의 成就出世間大人功德에 八이니 初는 無求功德이요 二는 知足功德이요 三은 遠離功德이요 四는 不疲倦功德이요 五는 不忘念功德이요 六은 禪定功德이요 七은 智慧功德이요 八은 究竟功德이라 初의 無求功德에 五니 初는 知覺障相이요 二는 知覺治相이요 三은 知覺因果習起相이요 四는 知覺無諸障畢竟相이요 五는 知覺畢竟成就相이라 初의 知覺障相이라

변(邊)에 맞닿도록 한 중간인지라 오히려 중간뿐이라는 것도 비난하거늘, 하물며 다시 한쪽으로 치우친 집착이겠는가! 현상에 맞닿도록 한 이치인지라 오히려 이치뿐이라는 것도 비난하거늘, 하물며 다시 모양에 집착하는 것이겠는가! 이처럼 질박하고 정직하거늘 어찌 근근이 성실한 것을 이르겠는가!

세 번째, 출세간의 대인공덕을 성취하는 분(分)에 여덟이니, 첫째는 구함이 없는 공덕이요[無求功德], 둘째는 만족함을 아는 공덕이요[知足功德], 셋째는 멀리 여의는 공덕이요[遠離功德], 넷째는 피곤함을 모르는 공덕이요[不疲倦功德], 다섯째는 정념을 잃지 않는 공덕이요[不忘念功德], 여섯째는 선정의 공덕이요[禪定功德], 일곱째는 지혜의 공덕이요[智慧功德], 여덟째는 구경의 공덕이다[究竟功德]. 첫 번째, 구함이 없는 공덕에 다섯이니, 첫째는 장애의 양상을 지각함이요[知覺障相], 둘째는 장애를 다스리는 과정을 지각함이요[知覺治相], 셋째는 원인과 결과의 습성이 일어나는 모습을 지각함이요[知覺因果習起相], 넷째는 모든 장애가 없어지는 모습을 지각함이요[知覺無諸障畢竟相], 다섯째는 궁극적인 것을 성취하는 모습을 지각함이다[知覺畢竟成就相]. 첫 번째, 장애의 양상을 지각한다.

【 3장 】

◉

성취 출세간대인공덕 분
成就出世間大人功德分

1. 무구공덕 無求功德

1) 지각장상 (知覺障相)

汝等比丘여 當知하라 多欲之人은 多求利故로 苦惱亦多어니와

너희 비구들이여, 마땅히 알라. 욕심이 많은 사람은 이익을 구하는 것이 많기 때문에 그에 따른 고뇌도 많지만,

【節要】多欲은 煩惱障也요 多求는 業障也요 苦惱는 報障也니라 二는 知覺治相이라

욕심이 많은 것은 번뇌장(煩惱障)[279]이요, 구함이 많은 것은 업장(業障)[280]이요, 고뇌하는 것은 보장(報障)[281]이다. 두 번째, 장애를 다스리는 과정을 지각한다.

2) 지각치상(知覺治相)

少欲之人은 無求無欲하니 則無此患이니라

욕심이 적은 사람은 구하는 것도 없고 하고자 하는 것도 없으므로 자연히 근심·걱정도 없다.

【節要】 遠離三種妄相也니 無求故로 無業이며 無欲故로 無惑이며 無患故로 無苦니라 三은 知覺因果習起相이라

세 가지 허망한 상(相)을 멀리 여의는 것이니, 구함이 없는 까닭에 업(業)이 없으며, 욕심이 없는 까닭에 번뇌[惑]가 없으며, 근심이 없는 까닭에 괴로움[苦]이 없다. 세 번째, 원인과 결과의 습성이 일어나는 모습을 지각한다.

● 279 삼장(三障)의 하나로 혹장(惑障)이라고도 한다. 중생의 본성을 탐진치(貪瞋痴) 등의 번뇌로 더럽혀서 해탈하기 어렵도록 만드는 장애이다. 이때의 번뇌는 항상 일어나는 번뇌이다.
● 280 삼장(三障)의 하나로 악업에 의해 생겨난 장해를 가리킨다. 언어나 동작 또는 마음으로 악업을 지어 바른 도를 방해한다.
● 281 삼장(三障)의 하나로 이숙장(異熟障)이라고도 한다. 삼악도 등의 과보를 받아 불법을 들을 수 없는 장애이다.

3) 지각인과습기상(知覺因果習起相)

直爾少欲하야 尚應修習이어늘 何況少欲이 能生諸●282功德이리요
  다만 욕심을 줄이기 위해서라도 오히려 마땅히 닦고 익혀야 하거늘, 하물며 욕심이 적은 것으로 모든 공덕을 생기게 함에 있어서랴!

【節要】 直爾少欲으로 已得必安이어니와 況因少欲하야 必獲聖果인댄 誰聞此利하야 而不修習이리요 除彼不肖人과 盲瞑無智者니라
  다만 소욕만으로도 스스로 반드시 편안함을 얻거니와, 하물며 소욕으로 인하여 반드시 성과(聖果)를 이룬다면 누가 이러한 이익을 듣고도 닦지 않겠는가! 저 미련한 사람과 어리석고 무지한 자를 제외하면…….

【補註】 直은 但也라 但只少欲은 無別功德이언만 然이나 已有心安之益矣니라 心安有二니 一者는 少欲하면 則心不貪求故로 安이요 二者는 少欲하면 則心無憂怖故로 安이라 四는 知覺無諸障畢竟相이라
  '직(直)'은 다만(但)의 뜻이다. 단지 소욕만으로는 특별한 공덕이 없지만 스스로의 마음이 편안해지는 이익은 있다.
  소욕으로 인하여 마음이 편안해지는 것은 두 가지 이유이다. 첫째, 소욕을 하면 마음이 탐욕스럽게 구하지 아니하므로 편안하며, 둘째, 소욕을 하면 마음의 근심과 두려움이 없어지므로 편안하다. 네 번째, 모든 장애가 없어지는 모습을 지각하다.

●282 諸가『高麗』에는 諸善으로 되어 있다.

4) 지각무제장필경상(知覺無諸都章畢竟相)

少欲之人은 則無諂曲하야 以求人意하며 亦復不爲諸根所牽하니라

욕심이 적은 사람은 아첨하여 타인의 뜻을 구하는 일이 없으며, 또한 모든 감각기관에 이끌리지 않는다.

【節要】 無諂曲無惑也요 不求人意無業也요 諸根不牽無苦也니라 眼根은 牽人受色하고 乃至身根은 牽人受觸이니라

아첨이 없으면 번뇌가 없고, 타인의 뜻을 구하지 않으면 업이 없으며, 모든 감각기관에 이끌리지 않으면 괴로움이 없다. 안근(眼根)은 사람이 색을 받아들이도록 이끌고, 내지 신근(身根)은 사람이 감촉을 받아들이도록 이끈다.

【補註】 世之脅肩諂咲커나 婢膝奴顔으로 以求人意者는 思遂其富貴利達之欲故也니 無欲於己면 則何求於人哉리요 五는 知覺畢竟成就相이라

세상에 몸을 움츠리고 억지로 웃거나[脅肩諂咲],[283] 하인의 모습으로 아첨하여[婢膝奴顔][284] 타인의 뜻을 구하려는 자는 부귀와 입신출세의 욕심을 이루려는 생각 때문이다. 자신에게 욕심이 없다면 어찌 타인에게 구할 것이 있겠는가! 다섯 번째, 궁극적인 것을 성취하는 모습을 지각한다.

- [283] 몸을 움츠리며 억지로 웃으며 비위를 맞추려고 아양을 떠는 모양이다. 『孟子』(滕文公下, 第7章), 脅肩諂笑病於夏畦(어깨를 움츠리고 아첨하며 웃는 것이 여름에 밭에서 일하는 자보다 더 수고롭다). ※ 咲는 笑의 고자(古字)이다.
- [284] 대개 '노안비슬(奴顔婢膝)'이라 하며, 남자 종의 아첨하는 얼굴과 여자 종의 무릎걸음이라는 뜻으로 하인처럼 굽실거리는 얼굴로 비굴하게 아첨하는 모습을 비유적으로 이른 말이다. 『抱朴子』(外篇, 交際), 以奴顔婢膝者 爲曉解當世(노비의 얼굴과 행동을 잘 하는 자로서 세상 이치에 밝은 자들로 삼아야 한다) 참조.

5) 지각필경성취상(知覺畢竟成就相)

行少欲者는 心則坦然하야 無所憂畏하며 觸事有餘하야 常無不足이라 有少欲者는 則有涅槃이니 是名少欲이니라

욕심이 적은 사람은 마음이 평안하여 근심이나 두려움이 없으며, 부딪히는 일마다 여유가 있어 항상 부족함이 없다. 이렇게 욕심이 적은 자는 곧 열반이 있으니 '욕심이 적다.'라고 부른다.

【節要】心坦然則法身顯矣며 無憂畏則般若發矣며 觸事有餘則解脫成矣니 三法具足이 名大涅槃이니라 故로 論에 云하되 般若等三種功德이 果成就故라 하니라 又 心坦然者는 離諂誑也오 無憂畏者는 不他求也오 觸事有餘者는 臥覺一榻之寬하고 覆覺一衾之溫하며 食覺一餐之飽하고 處覺容膝之安이니 斯皆有餘일새 故로 常無不足이니라 旣心無他想이면 則涅槃不求라도 而自至矣니라 二의 知足功德에 三이니 初는 對治苦因果요 二는 復說淸淨因果요 三은 示現三種差別이라 初의 對治苦因果라

마음이 평안하면 법신이 현현하며, 근심과 두려움이 없으면 반야가 발현하며, 하는 일마다 여유가 있으면 해탈이 성취될 것이니,[285] 이 세

●285 법신(法身)·반야(般若)·해탈(解脫)을 삼덕(三德)이라 하는데, 이것은 불교 수행의 구경 목표이기도 하다. 이 삼덕을 성취하기 위해서는 삼도(三道)인 미혹[惑]과 악업[業]과 고통[苦]을 극복해야 한다. 즉, 부단한 수행정진으로 근심과 두려움이 없어지면 미혹 대신에 깨달음의 지혜가 나타나며, 마음이 평온해지면 고통 대신에 우주의 진리인 법신이 될 것이며, 부딪치는 일마다 여유가 생기면 악업 대신에 해탈수행이 이루어지는 것이다. 옛 조사들은 삼도를 원인[惡業]과 돕는 인[迷惑]과 결과[苦痛]로 분류하기도 하지만 이 세 가지는 동시에 일어나는 것이다. 대개 '해탈즉열반(解脫則涅槃)'이라는 말을 쓰지만 이것은 다분히 선종의 돈오돈수적 입장을 강조한 말일 뿐 일반적인 해탈의 설명은 될 수 없다. 여기에서처럼 해탈수행의 개념으로 열반과 결부시

가지 법의 구족함을 대열반[286]이라 부른다. 그러므로 논에 이르길, '반야 등 세 가지 공덕이 성과(聖果)를 성취하는 까닭이라.'[287]고 하였다.

또한 '마음이 평안하다.'라는 것은 아첨과 속임을 여읜 것이요, '근심과 두려움이 없다.'라는 것은 타인에게 구하지 아니함이다. '부딪히는 일마다 여유가 있다.'라는 것은 누울 적에 한 뼘의 조그만 평상에서 넓음을 느끼며, 덮을 적에 한 조각의 얇은 이불에서 따뜻함을 느끼며, 먹을 적에 한 끼의 곁두리 음식에서 배부름을 느끼며, 거처할 적에 무릎 움직일 정도의 좁은 공간에서 편안함을 느끼는 것이니, 이것이 모두 여유가 있는 것이다. 그러므로 항상 부족한 것이 없다. 이미 마음에 다른 생각이 없으면, 열반을 구하지 않더라도 저절로 이른다.

두 번째, 만족함을 아는 공덕에 셋이니, 첫째는 고를 대치하는 인과요[對治苦因果], 둘째는 다시 청정한 인과를 설함이요[復說淸淨因果], 셋째는 세 가지 차별을 시현함이다[示現三種差別]. 첫 번째, 고를 대치하는 인과이다.

켜야 하는 경우도 있기 때문이다.
● 286 대반열반(大般涅槃)의 약칭으로 대멸도(大滅度), 대원적(大圓寂)이라고도 한다. 대(大)는 뛰어나다는 뜻으로 열반의 덕을 아름답게 일컫는 말이다.
● 287 『遺教經論』(大正 26卷, p.287) 참조.

2. 지족공덕 知足功德

1) 대치고인과 (對治苦因果)

汝等比丘여 若欲脫諸苦惱인댄 當觀知足이어다

너희 비구들이여, 만약 모든 고뇌에서 벗어나고자 한다면 마땅히 만족할 줄 아는 것에 대해 관찰하라.

【節要】論에 云하되 是中에 苦惱者는 示現煩惱過從苦生故며 遠離他境界故라 하니라

논에 이르길, '이 가운데 고뇌란 번뇌의 허물이 고를 쫓아 생겨남을 시현하는 까닭이며, 다른 경계의 일을 멀리 떠남을 시현하는 까닭이라.'●288고 하였다.

【補註】惱從苦生者는 如盜心이 生於饑寒故니라 二는 復說淸淨因果라

'고뇌가 고로부터 생긴다.'라는 것은 저 훔치고 싶은 마음이 배고픔과 추위에서 생기기 때문이다. 두 번째, 다시 청정한 인과를 설한다.

●288 『遺教經論』(大正 26卷, p.288), 是中惱者 示現煩惱過從苦生故 (中略) 此中示現初知覺者 遠離他境界事故(이 가운데 고뇌라는 것은 번뇌의 허물이 고통을 쫓아 생겨남을 시현하는 까닭이다. (중략) 이 가운데 첫 번째 대인의 깨달음은 다른 경계의 일을 멀리 여의는 것을 시현하는 까닭이다).

2) 부설청정인과 (復說淸淨因果)

知足之法이 卽是富樂安隱之處니라
만족할 줄 아는 법이 곧 부귀하고 안락하며 평안한 곳이다.

【節要】論에 云하되 成就對治法故며 於自事中遠離故라 하니라
논에 이르길, '대치법을 성취한 까닭이며, 스스로의 일 가운데에서 멀리 떠남을 시현하는 까닭이다.'[289]라고 하였다.

【補註】外貪求爲他요 內安樂爲自니라 三의 示現三種差別에 三이니 初는 於二處受用差別이요 二는 於二事受用差別이요 三은 於二法中無自利有自他利差別이라 初의 於二處受用差別이라
밖으로 탐구하는 것은 '타(他)'이며, 안으로 안락한 것은 '자(自)'이다.
세 번째, 세 가지 차별을 시현하는 것에 셋이니, 첫째는 두 곳을 수용하는 차별이요[於二處受用差別], 둘째는 두 가지 일을 수용하는 차별이요[於二事受用差別], 셋째는 두 가지 법 가운데 자리(自利)조차도 없음과 자리와 이타가 모두 있는 차별이다[於二法中無自利有自他利差別]. 첫 번째, 두 곳을 수용하는 차별이다.

● 289 『遺敎經論』(大正 26卷, p.288), 復說淸淨因果成就對治法故 (中略) 知足者 於自事中遠離故(다시 청정한 인과를 설하니 대치법을 성취한 까닭이다. (중략) 만족이란 스스로의 일에서 멀리 떠남을 시현하는 까닭이다).

3) 시현삼종차별(示現三種差別)

(1) 어이처 수용차별(於二處受用差別)

知足之人은 雖臥地上이라도 猶爲安樂이언만 不知足者는 雖處天堂이라도 亦不稱意니라

만족할 줄 아는 사람은 비록 맨땅에 누워서 쉬더라도 오히려 평안하고 즐겁지만, 만족할 줄 모르는 사람은 비록 천당(天堂)[290]에 거처하더라도 뜻에 맞지 않다.

【節要】 得臥平地가 且勝牢獄일새 所以로 安樂이어니와 旣處金屋이라도 更羨瑤臺할새 故로 不稱意니라

땅위에 누워 있는 것이 우선 감옥보다 훨씬 낫다고 여기므로 편안하고 즐겁지만, 이미 황금으로 만든 집에 살고 있더라도 다시 훌륭한 궁전을 부러워하는 까닭에 뜻에 맞지 않는 것이다.

【補註】 謀臣도 安布衣하야 以全軀언만 輪王은 希天位하야 而墮地니 可不懼乎아 二는 於二事受用差別이라

꾀하는 신하도 베옷을 편안히 여김으로써 몸을 온전히 하였지만, 윤왕(輪王)[291]은 하늘의 지위를 구하려다 지옥에 떨어졌으니, 가히 두려워할 것이 아니겠는가! 두 번째, 두 가지 일을 수용하는 차별이다.

● 290 천상(天上)세계를 말한다.
● 291 전륜성왕(轉輪聖王)을 약칭한 것으로 전륜왕(轉輪王)이라고도 한다. 전륜성왕은 몸에 여래의 삼십이상(三十二相)을 갖추고 하늘에서 윤보(輪寶)를 감득하여 즉위하며, 왕이 나아가는 곳마다 윤보가 앞에서 굴러 땅을 고르고 사방을 위엄으로 정복하지 않는 것이 없다고 한다. 경전에서는 간혹 부처님과 비교되기도 하고, 부처님의 설법을 윤보를 굴리는 것에 비유하기도 한다.

(2) 어이사수용차별(於二事受用差別)

不知足者는 雖富而貧하고 知足之人은 雖貧而富니라

만족할 줄 모르는 자는 비록 부유하더라도 가난하고, 만족할 줄 아는 자는 비록 가난하더라도 부유하다.

【節要】王戎은 牙籌每計其産하고 顔淵은 陋巷不改其樂이니라 夫不知足者는 恨珍寶之未多하며 嫌土田之未廣하며 鄙棟宇之未麗하니 凡有施爲心常不足할새 非貧而何리요 知足之人은 雖服絺紛이나 而有狐貉之溫하며 雖食藜藿이나 而有膏粱●²⁹²之美하며 雖居蓬蓽●²⁹³이나 而有夏屋之安이니 夫何故然고 知足故也니라 涅槃에 云하되 知足第一樂이라 하니 斯之謂歟인저

왕융(王戎)은 주판으로 그의 재산을 늘 계산하였고, 안연(顔淵)●²⁹⁴은 누추하고 좁은 거리에서 즐기는 것을 고치지 않았다.

무릇 만족할 줄 모르는 자는 진주와 보배가 아직 많지 않은 것을 한탄하며, 논과 밭이 아직 넓지 않은 것을 불평하며, 집이 아직 화려하지 않은 것을 수치스러워 한다. 대체로 하는 일마다 마음이 항상 부족하다고 여기니 가난하지 않고 어찌 하리오! 만족할 줄 아는 사람은 비록 칡으로 만든 옷을 입더라도 여우나 담비 가죽의 따뜻함이 있으며, 비록 명아주나 콩잎을 먹더라도 고량진미(膏粱珍味)●²⁹⁵의 맛이 있으며, 비록 쑥대나 잡

● 292 梁이 『甲』, 『永樂』, 『乾隆』에는 粱으로 되어 있다.
● 293 蓽이 『甲』에는 庫로 되어 있다.
● 294 안회(顔回)라고도 하며, 춘추전국시대의 노나라 사람으로 항상 안빈락도(安貧樂道)의 덕행을 생활화한 공자의 제자로 유명하다.
● 295 기름진 고기와 곡식으로 만든 맛있는 음식을 말한다.

목으로 만든 집에 거주하더라도 큰 집의 편안함이 있으니 무슨 까닭으로 그러한가! 그것은 만족할 줄 알기 때문이다.『열반경』에 이르길, '만족할 줄 아는 것이 제일의 즐거움이라.'고 하였으니, 이것을 말한 것일 터!

【補註】王戎은 晉人으로 位至三公이언만 自執牙籌하야 會計財産하니 不知足故也니라 夏屋은 大屋也라 詩에 云하되 夏屋渠渠라하니 是也니라 三은 於二法中無自利有自他利差別이라

왕융(王戎)은 진나라 사람으로 지위가 삼공(三公)[296]까지 올랐으나 스스로 주판을 잡고 재산을 계산하였으니 만족을 모르기 때문이다. '하옥(夏屋)'은 큰 집이다.『시경』에 이르길, '큰 집이 깊고 넓다.'[297]라고 하였으니 이것이다. 두 번째, 두 가지 법 가운데 자리(自利)도 없음과 자리와 이타가 모두 있는 차별이다.

(3) 어이법 중무자리 유자타리 차별(於二法中無自利有自他利差別)

不知足者는 常爲五欲所牽하야 爲知足者之所憐愍이니 是名知足이니라

만족할 줄 모르는 자는 항상 오욕에 이끌리는 바가 되어서 만족할 줄 아는 사람들의 연민의 대상이 되니, 이것을 '만족할 줄 앎'이라 한다.

●296 가장 높은 세 가지 벼슬이니, 곧 우리나라의 삼정승(三政丞)과 같다.
●297『詩經』(國風, 秦, 權輿), 於我乎 夏屋渠渠 今也每食無餘 (나에게 큰 집이 깊고 넓더니, 지금에는 밥 먹을 때마다 남음이 없도다)

【節要】欲牽者는 愛色貪聲하야 莫知其止니 既無自利언만 何能愍他리요 知足者는 有二利니 一은 不為五欲所牽是自利요 二는 能愍他是利他니라 心既憐愍이면 必當教誨하리니 老子가 云하되 不善人者는 善人之資라 하니라

욕망에 이끌리는 자는 색을 좋아하고 명성을 탐하여 그칠 줄을 모르니, 이미 자리(自利)조차도 없는데 어찌 타인을 연민할 수 있으리오! 그러나 만족할 줄 아는 자는 두 가지 이익이 있다. 첫째는 오욕에 이끌리는 바가 되지 않으니 곧 스스로 이로움이요, 둘째는 타인을 연민할 수 있으니 곧 타인도 이로움이다.

마음에 이미 연민이 있다면 반드시 가르쳐 일깨워 줌이니, 노자가 이르길, '선하지 않은 사람은 선한 사람의 바탕이 된다.'●298라고 하였다.

【補註】知足者愍의 正意는 謂此等愚人은 乃智人所憐이라 源師가 云하되 能愍他是利他라 하니 蓋委曲發明耳니라 三의 遠離功德1 三이니 初는 自性遠離門體出故요 二는 修習遠離門方便出故요 三은 受用諸見門常縛故라 初의 自性遠離門體出故라

'만족할 줄 아는 자가 연민한다.'라는 뜻은 어리석은 사람들은 곧 지혜로운 사람들의 연민히 여기는 바가 된다는 말이다. 그러므로 정원 법사는 '능히 타인을 연민히 여기는 것이 곧 타인을 이롭게 하는 것이다.'라고 하였으니, 대개 자세히 밝혔을 따름이다.

세 번째, 멀리 공덕을 여의는 것에 셋이니, 첫째는 자성을 멀리 여의는 문이니 체에서 나온 까닭이요[自性遠離門體出故], 둘째는 수습을 멀리 여의는 문이니 방편에서 나온 까닭이요[修習遠離門方便出故], 셋째는 제견을 수

●298 『道德經』(27章), 故 善人者 不善人之師 不善人者 善人之資(그러므로 착한 사람은 착하지 않은 사람의 스승이 되고, 착하지 않은 사람은 착한 사람의 바탕이 된다)

용하는 문이니 항상 얽매이는 까닭이다[受用諸見門常縛故]. 첫 번째, 자성을 멀리 여의는 문이니 체에서 나온 까닭이다.

3. 원리공덕 遠離功德

1) 자성원리문체출고 (自性遠離門體出故)

汝等比丘여 欲*299求寂靜한 無爲安樂인댄 當離憒鬧하야 獨處閑居
할지니 靜處之人은 帝釋과 諸天이 所共敬重일새

너희 비구들이여, 적정한 무위의 안락을 구하고자 한다면 마땅히 심란하고 시끄러운 곳을 벗어나 홀로 한적한 곳에 머물러야 한다. 고요한 곳에 있는 사람은 제석천과 모든 천신이 함께 공경하고 존중하는 대상이다.

【節要】初는 治無我執著障이니 卽三三昧也니라 寂靜者는 示法無我空故
요 無爲者는 無相空故요 安樂*300者는 無取捨願空故라 離憒鬧者는 治我
所障이니 五眾亂起하야 無次第故라 眾은 卽我所也니라 故로 下文에 云하되
當捨己眾他眾이라 하니 由眾故로 憒鬧니라 獨處閑居者는 治彼二無相障이
니 卽修三三昧也니라 然이나 忘懷去來者는 市朝가 亦江湖요 眄情生死者는

●299 欲이『高麗』에는 若으로 되어 있다.
●300 藥이『甲』,『永樂』,『乾隆』에는 樂으로 되어 있다.

山林이 猶桎梏이언만 今誡初心하야 宜求閑靜이니 則觀道易成耳니라 諸天 敬重者는 治無爲首功德障이니 靜處는 是可重法으로 於諸善法에 爲其首일새 故로 能爲帝釋諸天의 所敬重也니라 帝釋은 具云하되 釋迦因陀羅이며 此 云하여 能主니 言其能爲天主란 居須彌山之頂인 欲界第二天也일새니라

처음은 '무아에 대해 집착하는 장애'를 다스리는 것이니, 곧 세 가지 삼매[三三昧]•301이다. '적정(寂靜)'은 법무아공(法無我空)을 보이는 까닭이요, '무위(無爲)'는 무상공(無相空)인 까닭이요, '안락(安樂)'은 무취사원공(無取捨願空)인 까닭이다.

'심란하고 시끄러움을 벗어난다.'라는 것은 아소(我所)의 장애를 다스리는 것이니, 오중(五衆)•302이 산란스럽게 일어나서 순서가 없는 까닭이다. 중(衆)은 곧 아소(我所)이다. 그러므로 아래의 글에서 이르길, '마땅히 자기 대중[己衆]도 남의 대중[他衆]도 다 버린다.'라고 하였으니, 안팎의 생각과 반연을 말미암은 까닭에 심란하고 시끄러운 것이다.

'홀로 한가한 곳에 거처한다.'라는 것은 저 두 가지 없다는 상[二無相]에 집착하는 장애를 다스리는 것이니, 곧 세 가지 삼매를 닦는 것이다. 그러나 오고 감을 마음에 두지 않는 자는 저자거리가 강과 호수요, 생사에 이끌리는 자는 산림이 오히려 속박하는 쇠고랑이지만, 지금은 초심자를 경계하여 응당 한가하고 조용한 곳을 구하는 것이니, 도를 관하기가 쉬움

• 301 삼삼마지(三三摩地), 삼등지(三等持)라고도 한다. 이 삼매는 경론에 따라 여러 가지 분류가 있으나, 『증일아함경』에서는 공삼매(空三昧, śūnyatā samādhi), 무상삼매(無相三昧, animitta samādhi), 무원삼매(無願三昧, apraṇihita samādhi)로 나눈다. ① 공삼매(空三昧)란 모든 존재는 다 인연에 따라 생성 소멸되므로 아(我)와 아소(我所)가 모두 실체가 없다고 관하는 삼매를 말하며, ② 무상삼매(無相三昧)란 일체 모든 존재가 모두 상념이 없고 또한 볼 수 없는 것이어서 멸제(滅諦)의 사행상(四行相)과 더불어 상응하는 삼매를 말하며, ③ 무원삼매(無願三昧)란 모든 법을 관하고서 바랄 것이 없다는 관혜(觀慧)와 함께 일어나는 삼매를 말한다.
• 302 서진(西晉) 이전의 역경가들은 오온(五蘊)을 오중(五衆)으로 번역하였다.

이 될 따름이다.

　'모든 천신이 공경하고 존경한다.'라는 것은 무위(無爲)의 수공덕(首功德)의 장애를 다스리는 것이니, 정처(靜處)는 법을 존중할 수 있는 곳으로 모든 선법에 있어 첫째가 된다. 그러므로 능히 제석천과 모든 천신들이 공경하고 존중하는 대상이 될 수 있는 것이다.

　'제석(帝釋)'은 갖추어 말하면, 석가인다라(釋迦因陀羅)이며, 중국말로는 능주(能主)이다. 그를 능히 하늘의 주인이라 말하는 것은 수미산의 정상인 도리천(忉利天)에 거주하기 때문이다.

【補註】無我執著障者는 本無有我언만 以執著故로 而有我일새 是名為障이니라 諸天敬은 如空生靜坐事니라 二는 修習遠離門方便出故니라

　'무아에 대해 집착하는 장애'란 본래 나[我]라는 존재는 없으나 집착하기 때문에 나[我]라는 존재가 있으므로 장애라 부른다. '모든 천신이 공경한다.'라는 것은 마치 공생(空生)●303이 고요히 앉아 있었던 일과 같다.●304 두 번째, 수습을 멀리 여의는 문이니 방편에서 나온 까닭이다.

●303　부처님의 십대제자 가운데 해공제일(解空第一)인 수보리 존자를 말한다. 수보리가 처음 태어났을 적에 집안의 모든 창고가 비어 있었다는 뜻에서 붙여진 이름이다. 『法華文句』(大正 34卷, p.18), 須菩提 此翻空生 生時家中倉庫箧器皿一切皆空 問占者 占者言吉 因空而生 字曰空生.

●304　어느 날 수보리가 바위굴에서 고요히 앉아 정진하고 있었는데 환희심이 일어난 제석천이 하늘에서 꽃을 흩뿌렸던 일을 말한다. 『碧巖錄』(大正 48卷, pp.146~147), 豈不見 須菩提巖中宴坐 諸天雨花讚嘆 尊者曰 空中雨花讚嘆 復是何人 天曰 我是天帝釋 尊者曰 汝何讚嘆 天曰 我重尊者善說般若波羅蜜多 尊者曰 我於般若 未嘗說一字 汝云何讚歎 天曰 尊者無說 我乃無聞 無說無聞 是真般若 又復動地雨花.

2) 수습원리문방편출고 (修習遠離門方便出故)

是故로 當捨己衆他衆하고 空閑獨處하야 思滅苦本이니라
이러한 까닭에 마땅히 자기 대중도 다른 대중도 다 버리고, 비고 고요한 곳에 홀로 거처하며 괴로움의 근본을 없애려고 사유해야 한다.

【節要】 衆은 即四人已上이라 己衆은 謂自己弟子와 及同學也요 他衆은 可知로다 捨之면 則是離我我所하야 不復集生故니라 空閑獨處者는 方便慧로 成就如法而住也요 思滅苦本者는 善擇智로 成就遠離起因也니라 法華에 云하되 諸苦所因은 貪欲為本이라하니라

대중은 곧 네 사람 이상이다. '자기 대중[己衆]'은 자기 제자나 동학(同學)을 말하며, '다른 대중[他衆]'은 말하지 않더라도 알 수 있을 것이다. 자기 대중과 다른 대중을 버리면, 나[我]와 내 것이라는 생각[我所]을 여의어 다시 갈애가 일어나지 않는 까닭이다.

'비고 고요한 곳에 홀로 거처한다.'라는 것은 방편혜(方便慧)[305]로써 여법하게 머무름을 성취함이요, '괴로움의 근본을 없애려고 사유해야 한다.'라는 것은 선택지(善擇智)[306]로써 일어날 원인을 멀리 여의는 것을 성

- [305] 방편지(方便智) 또는 권지(權智)라고도 하는데 중생교화의 묘한 작용과 차별상을 통달한 지혜를 말한다.
- [306] 잘 선택하는 지혜이다. 『십지경론』에서는 선택지를 일곱 가지 양상[七種相]으로 설명한다. 첫째는 잘 수행하는 것이요[善修行故], 둘째는 두루 자리와 이타의 행에 잘 수순하는 것이요[普遍隨順自利利他], 셋째는 불국토로 하여금 청정케 하는 것이요[令佛土淨], 넷째는 중생을 교화하는 것이요[教化衆生], 다섯째는 잘 이해하는 것이요[善解], 여섯째는 만족함이 없는 것이요 [無厭足], 일곱째는 지(地)가 다하여 지위에 들어가는 것이다[地盡至入]. 『十地經論』(大正 26卷, pp.193). 此善擇智有七種相 一善修行故 有三句 如經善滿足清白法 集無量助道法 善攝大功德

취함이다. 『법화경』•³⁰⁷에 이르길, '모든 괴로움의 원인은 탐욕이 근본이다.'•³⁰⁸라고 하였다.

【補註】 眾은 有二義니 事則自他徒眾이 是也요 理則五蘊爲己眾이며 一切煩惱爲他眾이라 迷執五蘊하야 集諸煩惱하고 沈淪生死할새 故로 當遠離也니라 三의 受用諸見門常縛故에 二니 初는 自他心境相惱요 二는 復示無出離相이라 初의 自他心境相惱라

'중(眾)'자는 두 가지 뜻이 있다. 현상적으로는 자타(自他)의 무리 대중이요, 이치적으로는 오온은 자기 대중이고 일체번뇌는 다른 대중이다.•³⁰⁹ 오온에 어리석게 집착하여 온갖 번뇌를 모아 생사윤회에 떨어지니 마땅히 오온을 멀리 여의어야 한다.

智慧故 此諸句次第相釋應知 二普遍隨順自利利他故 如經廣行增上大悲故 三令佛土淨 如經廣知世界差別故 四敎化眾生 如經深入眾生界稠林行故 五善解 如經念隨順入如來行境界故 如來境界者 眞如法故 六無厭足 如經深入趣向如來力無畏不共佛法故 七地盡至入 如經名爲得至一切種一切智受位地故 참조.

•307 범명 Saddharmapuṇḍarīka sūtra의 번역으로 『묘법연화경(妙法蓮華經)』의 약칭이다. 『묘법연화경』은 구마라집이 7권 28품으로 한역한 것인데, 이 역본이 중국에서 가장 널리 유통되었기 때문에 『법화경』이라고 하면 의례 『묘법연화경』을 가리킨다. 이 경전의 내용과 사상은 통상 '회삼귀일(會三歸一)'과 '구원성불(久遠成佛)'로 요약하는데, 이것은 이 경전이 대승불교운동의 태동과 그 맥락을 같이 하여 성립된 경으로 추정해 볼 수 있는 근거이기도 하다. 이 경전이 한역된 이래 『화엄경』과 더불어 중국에서 가장 널리 수지 독송될 수 있었던 것은 『법화경』을 소의경전으로 천태사상을 정립한 천태지의 대사의 영향이 지대하였다. 이역본으로는 『정법화경(正法華經)』(10권 27품, 축법호 역)과 『첨품법화경(添品法華經)』(7권 27품, 사나굴다와 달마급다 공역) 등이 있으며, 주석서로는 양나라 법운의 『법화경의기』 8권, 수나라 천태의 『법화현의』 20권을 비롯하여 헤아릴 수 없이 많은 주소(註疏)들이 저술되었다.

•308 『法華經』(大正 9卷, p.15), 諸苦所因貪欲爲本 若滅貪欲 無所依止 滅盡諸苦 (모든 고통의 원인은 탐욕이 근본이니, 만약 탐욕을 멸하면 의지할 곳 없는 모든 고통들이 소멸된다).

•309 지욱의 『유교경해』에서는, 내적으로 오음이 치성하게 일어나는 것을 기중(己眾)이라고 풀이하고, 외부적으로 반연 있는 제자나 스승 및 동학을 타중(他眾)이라고 풀이하고 있다. 『遺敎經解』(續藏 37卷, p.643c23), 己眾謂五陰心心所法 他眾謂師徒同學 참조.

세 번째, 제견을 수용하는 문이니 항상 얽매이는 까닭이다. 여기에 둘이 있으니, 첫째는 자타의 마음 경계모습의 괴로움이요[自他心境相惱], 둘째는 벗어나지 못하는 모습을 다시 보임이다[復示無出離相]. 첫 번째, 자타의 마음 경계모습의 괴로움이다.

3) 수용제견문상박고 (受用諸見門常縛故)

(1) 자타심경상번 (自他心境相惱)

若樂眾者인댄 則受眾惱하니 譬如大樹에 眾鳥集之하면 則有枯折之患이니라

만약 대중을 좋아하는 자라면 많은 괴로움을 받게 되나니, 마치 큰 나무에 많은 새들이 모이면 마르고 부러질 염려가 있는 것과 같다.

【節要】自他眾은 是能惱境이요 受眾惱者는 卽所惱心이라 心旣受惱면 則諸見集生하고 生已自害故로 次以大樹況之니라 大樹는 喩己心이요 眾鳥는 喩自他眾이요 枯折은 喩諸見集生이니라

자타(自他)의 대중은 능히 번뇌롭게 하는 경계이며, 많은 괴로움을 받는 것은 곧 번뇌로운 마음이다. 마음이 이미 괴로움을 받으면 모든 견[諸見][310]이 모여 일어나고, 모든 견이 모여 일어나면 이미 스스로 해로운 까닭에 이어서 큰 나무에 비유한 것이다.

●310 이견(二見)·오견(五見)·칠견(七見)·십견(十見) 등을 통칭한 말이니, 곧 잘못된 견해를 가리킨다.

큰 나무는 자신의 마음을 비유하고, 많은 새들은 자타의 대중을 비유하고, 마르고 부러짐은 모든 견이 모여 일어남을 비유한다.

【補註】 利●³¹¹他名為菩薩이요 獨善號曰聲聞이언만 云何樂眾으로 乃云受惱아 答이라 子輿氏가 云하되 人之患在好為人師라 하니 解云하되 學問有餘하야 人資於己인댄 不得已而應之나 若好為人師인댄 所以成患이라 하다 則彼之患生於好하고 今之患生於樂也니라 不然自利利他가 作一株大樹하야 與天下人으로 歇陰涼去인댄 是名大利니 何患之有리요 二는 復示無出離相이라

타인을 이롭게 하는 자를 보살(菩薩)이라 부르며, 혼자만 좋으려는 자를 성문(聲聞)이라 부른다. 그런데 어째서 대중을 좋아하는 것으로써 괴로움을 받는다고 말하는가? 대답은 다음과 같다.

자여(子輿)●³¹²가 이르길, "사람들의 병통은 남의 스승이 되기를 좋아하는 것이다."●³¹³라고 하였는데, 이 말을 풀이하길, "학문이 충분하여 사람들이 자신에게 의뢰하면 부득이 응할 수는 있으나, 만약 사람들의 스승 되기를 좋아하면 근심을 이루는 까닭이다."라고 하였다. 곧 저기의 근심이 좋아함에서 생기듯이 여기의 근심도 좋아함에서 생긴다.

그러나 조금 다른 관점에서 보면, (위의 상황들이 오히려 큰 이익으로 작용될 수도 있다. 즉,) 자신도 이롭고 남도 이롭게 하는 것이 한 그루의 큰 나무가 되

●311 利가 『甲』에는 問利로 되어 있다.
●312 중국 전국시대 맹자(孟子)의 자(字)이다.
●313 『孟子』(離婁上, 32章), 孟子曰 人之患在好爲人師에 대해 왕면(王勉)이 '學問有餘 人資於己 不得已而應之可也 若好爲人師 則自足而不復有進矣 此人之大患也(학문이 충분하여 남들이 자기에게 의뢰하거든 부득이 응하는 것은 옳지만, 만일 남의 스승이 되기를 좋아한다면 스스로 만족하여 다시는 발전하지 못할 것이니, 이는 사람들의 큰 병통이다)'이라고 풀이하였다.

어서 천하의 사람들이 시원한 그늘을 이용할 수 있도록 한다면, 이것이야 말로 크게 이롭게 하는 것이니 어찌 근심할 것이 있겠는가! 두 번째, 벗어나지 못하는 모습을 다시 보인다.

(2) 부시무출리상(復示無出離相)

世間縛著하야 沒於衆苦호미 譬如老象溺泥하야 不能自出인달하니 是名遠離니라
세간에 속박되어 수많은 괴로움에 빠지는 것은 마치 늙은 코끼리가 진흙 속에 빠져 스스로 벗어나지 못하는 것과 같으니, 이것을 '멀리 떠남'이라 부른다.

【節要】 縛著沒苦에 煩惱業染生也니 老象은 喻縛著이요 溺泥는 喻衆苦니라 象故로 身重縛著厚也요 老故로 溺泥觀智微也니라 所以로 溺衆苦泥에 不能自出이니라

속박되어 괴로움에 빠지면 번뇌가 업을 오염시키는 결과가 나온다. '늙은 코끼리'는 속박됨을 비유하고, '진흙 속에 빠졌다.'라는 것은 많은 괴로움을 비유한다. 코끼리인 까닭에 몸이 육중해서 속박됨이 두터우며, 늙었기 때문에 진흙에 빠지면 관하는 지혜가 미약하다. 따라서 뭇 괴로움의 진흙에 빠지면 스스로 벗어나지 못하는 것이다.

【補註】 世間縛著者는 獨處是出世法이나 樂衆是世間法이니라 四의 不疲倦

功德에 二니 初는 就法門明不退요 二는 約喩顯精怠라 初의 就法門明不退라

'세간에 속박된다.'라는 것은 홀로 거처하면 출세간법을 짓지만, 무리를 좋아하면 세간법에 속박된다는 뜻이다.

네 번째, 피곤함을 모르는 공덕에 둘이니, 첫째는 법문에 나아가 물러나지 않음을 밝힘이요[就法門明不退], 둘째는 비유를 잡아 정진과 해태를 드러낸다[約喩顯精怠]. 첫 번째, 법문에 나아가 물러나지 않음을 밝히다.

4. 불피권공덕 不疲倦功德

1) 취법문명불퇴 (就法門明不退)

汝等比丘여 若勤精進하면 則事無難者일새

너희 비구들이여, 만약 부지런히 정진한다면 일에 어려움이 없을 것이다.

【節要】旣無疲倦이면 則於一切法行에 善能趣入이어늘 豈同外道의 無益苦行乎아

이미 피곤해 하거나 게으르지 않다면 일체의 법행(法行)●314을 훌륭히 행하는 것이니, 어찌 외도들의 무익한 고행과 같으리오.

●314 이행(二行)의 하나로서 바르게 수행함을 말한다. 다른 하나는 신행(信行)이다.

【補註】抒水還珠하고 刺股取印하며 輟席成道니 世出世間에 何有難事리요 豈同外道者는 明今是勤修正道故니라 二의 約喻顯精怠에 二니 初는 精進比水長流요 二는 懈怠況火數息이라 初의 精進比水長流라

바닷물을 퍼내어 구슬을 되찾고, 송곳으로 허벅지를 찔러 인감을 얻어 내며,[315] 앉은 자리에서 오래도록 앉아 도를 성취하는 등이니, 세간과 출세간에 무슨 어려운 일이 있겠는가!

'어찌 외도와 같으리오.'라고 한 것은 지금은 정도(正道)를 부지런히 수행함을 밝히는 까닭이다.

두 번째, 비유를 잡아 정진과 해태를 드러내는 것에 둘이니, 첫째는 정진을 쉼 없이 흐르는 물에 비유함이요[精進比水長流], 둘째는 해태함을 나무에 불이 붙기 전에 자주 쉬는 것에 비유함이다[懈怠況火數息]. 첫 번째, 정진을 쉼 없이 흐르는 물에 비유하다.

2) 약유현정태(約喻顯精怠)

(1) 정진비수장류(精進比水長流)

是故로 汝等은 當勤精進이어다 譬如小水常流하면 則能穿石이니라

이러한 까닭에 너희들은 마땅히 부지런히 정진해야 한다. 비유하면, 작은 물방울도 쉬지 않고 떨어지면 능히 큰 바위를 뚫을 수 있는 것과 같다.

●315 『전국책(戰國策)』에 다음과 같은 고사가 있다. 변사(辯士) 소진(蘇秦)이 혜왕(惠王)에게 인정을 받기위해서 밤낮으로 『태공음부(太空陰符)』를 연구하던 중, 매번 쏟아지는 졸음을 쫓으려고 날카로운 송곳으로 허벅지를 찔러가며 연구하였는데, 이러한 각고의 노력 끝에 마침내 재상의 인감과 엄청난 녹봉을 받는 고위관직에 올랐다.

【節要】 以成就不退轉故로 勸修習長養하니 由精進匪間하야 如水不絶則穿石也니라 二는 懈怠況火數息이라

불퇴전을 성취하는 까닭에 수습하고 장양(長養)●316할 것을 권하니, 정진에 틈이 없음을 말미암아 마치 물이 단절 없이 흐르면 돌을 뚫는 것과 같아질 수 있기 때문이다. 두 번째, 해태함을 나무에 불이 붙기 전에 자주 쉬는 것에 비유하다.

(2) 해태황화삭식(懈怠況火數息)

若行者之心이 數數懈廢하면 譬如鑽火에 未熱而息인달하야 雖欲得火라도 火難可得이니 是名精進이니라

만약 수행자의 마음이 게을러 자주 쉬게 되면, 마치 나무를 비벼 불을 피우려 할 때 나무가 뜨거워지기도 전에 자주 쉬는 것과 같아서 비록 불을 피우려 하더라도 불 피우기가 어려울 것이니, 이것을 '정진'이라고 부른다.

【節要】 懈廢는 謂不精進하고 念處退失하면 不成就心慧故니라 火者는 聖道니 如火能燒惑薪일새니라 煖頂以前을 皆名未熱이라 하니 已熱而息이라도 火尚不生이어늘 未熱에 數息인댄 雖經年劫이나 終無得理니라 此는 說懈怠過也니라 華嚴頌에 云하되 如鑽燧求火에 未出而數息인댄 火勢隨止滅인달하야 懈怠者亦然이라 하며 彼疏에는 約三慧하야 以辯懈怠하니 約聞則聽習數息

●316 생장양육(生長養育)의 준말로서, 음식이나 수면 등의 힘에 의해서 몸과 마음이 생장하고 양육 되듯이 수행을 통하여 점점 근기가 성숙되어 가는 것이다.

하야 明解不生이며 約思則決擇數息하야 眞智不生이며 約修則定慧數息하야 聖道不生이라 禪宗六祖도 共傳斯喩니 願諸學者는 銘心書紳이라 하니라

'게을러 쉰다.'라는 것은 정진하지 않고 염처(念處)에서 물러나면 마음의 지혜를 성취할 수 없음을 뜻한다.

'불[火]'이란 성스러운 도(道)를 뜻하니, 마치 불이 능히 미혹의 섶나무를 태우는 것과 같기 때문이다.

난정위(煖頂位)[317] 이전은 모두 '미열(未熱)'이라 부른다. 나무가 이미 뜨거워진 상태에서 비비는 일을 쉬더라도 불은 오히려 일어나지 않을 것인데, 뜨거워지기도 전에 자주 쉬게 되면 비록 억겁의 세월이 지나도 끝내 불을 얻을 수 없는 이치와 같다. 이것은 해태한 마음의 허물을 설한 것이다.

『화엄경』의 게송에 이르길, '나무를 비벼서 불을 구할 적에 불이 일어나기도 전에 자주 쉬면, 불의 세력은 따라서 멸하는 것과 같이 해태한 사람 또한 그러하다.'[318]라고 하였으며, 저 소(疏)에서 풀이하길, '삼혜(三慧)를 기준하여 해태한 마음을 가리겠다. 문혜(聞慧)의 경우는 곧 들어서 익힘을 자주 쉼으로써 밝은 이해가 생기지 못하는 것이며, 사혜(思慧)의 경우는 곧 결택을 자주 쉼으로써 참된 지혜가 생기지 못하는 것이며, 수혜(修慧)의 경우는 곧 선정과 지혜를 자주 쉼으로써 성인의 도가 생기지 못

●317 사선근위(四善根位) 가운데 초위(初位)이다. 사선근위(四善根位)는 난위(煖位)·정위(頂位)·인위(忍位)·세제일법위(世第一法位)를 말하는데, 유부(有部)의 견해에 의하면 견도직전의 수행계위로서 범부위를 뛰어넘어 성인의 지위로 들어가는 마지막 관문에 해당하며, 『성유식론』의 오위(五位)에서는 두 번째 지위인 가행위(加行位)가 이에 해당한다. 그리고 『능엄경』의 57계위에서는 10회향의 지위가 원만하여 10지에 들어가기 위한 준비단계[四善根]의 수행으로 설해져 있다.

●318 『華嚴經』(大正 10卷 p.67) 참조.

하는 것이다. 선종(禪宗)의 육조(六祖)[319]도 함께 이 비유를 전하니, 원컨대 모든 배우는 자들은 허리띠에 쓰고 마음에 새길지어다.'[320]라고 하였다.

【補註】 精進二義니 事則念念勤修요 理則念念空寂이라 故로 云하되 一念不生이 是眞精進이라 하다 五의 不忘念功德에 三이니 初는 明不忘이요 二는 辯勸修요 三은 示得失이라 初의 明不忘에 二니 初는 明行中最勝이요 二는 明能遮重怨이라 初의 明行中最勝이라

정진도 두 가지 뜻이 있다. 현상적으로는 한 순간도 쉼 없이 부지런지 닦는 것이요, 이치적으로는 한 순간도 쉼 없이 공적(空寂)함을 유지하는 것이다. 그러므로 '한 생각도 일어나지 않는 것을 참된 정진이라.'고 말한다.

다섯 번째, 정념을 잃지 않는 공덕에 셋이니, 첫째는 잃어버리지 않는 것을 밝힘이요[明不忘], 둘째는 수행을 권고함이요[辯勸修], 셋째는 득실을 보임이다[示得失]. 첫 번째, 잃어버리지 않는 것을 밝힘에 둘이니, 첫째는 수행 가운데 가장 수승한 것을 밝힘이요[明行中最勝], 둘째는 능히 두터운 원한까지도 막음을 밝힘이다[明能遮重怨]. 첫 번째, 수행 가운데 가장 수승한 것을 밝힌다.

- 319 중국 선종의 초조인 보리달마로부터 육조 혜능까지의 여섯 조사를 말한다. 다만 '육(六)'이라고 한 것은, 그 이후에는 남북으로 나뉘어져 서로 다투었기 때문이다.
- 320 『華嚴經疏』(大正 35卷, p.609), 多通三慧以辨懈怠. 此喻約聞 即聽智數息, 明解不生. 約思即決擇數息. 眞智不生 約修即定慧數息. 聖道不生 聖道如火能燒惑薪燧頂已前皆名未熱. 已熱而息.火尚不生 未熱數息雖經年劫 終無得理 故遺敎對此 明小水長流則能穿石 禪宗六祖共傳斯喻 願諸學者銘心書紳.

5. 불망념공덕 不忘念功德

1) 명불망(明不忘)

(1) 명행중최승(明行中最勝)

汝等比丘여 求善知識하고 求善護助어든 無如●³²¹不忘念이니라

너희 비구들이여, 잘 보호하고 도와주는 선지식을 구하려거든●³²² '정념을 잃지 않음'만한 것이 없다.

【節要】略擧三行이니 求者는 聞法行이요 善知識은 通三種하니 一은 教授善知識이요 二는 同行善知識이요 三은 外護善知識이라 今은 謂求教授也니라 聞名欽德曰知요 覩形敬奉曰識이니라 護者는 內善思惟行이니 如聞而思하고 守護不失也니라 助者는 如法修行이니 行謂如思而修니라 即是以行助로 解求善助也니라 不忘念者는 結爲最勝이니 不忘正念은 於三行中에 爲首爲勝故로 云하되 無如不忘念이라 하니라 上之三行은 亦名三慧니 慧以照了爲義며 行以進趣爲義니 照了進趣가 悉由不忘念也니라 無聞慧인댄 如覆器에 不能受水하며 無思慧인댄 如漏器하야 雖受而失하며 無修慧인댄 如穢器하야 雖不漏失이나 穢不可用이니 以不忘念이면 則旣仰且完이며 而復淸淨也니라 故로 涅槃에 云하되 四法이 是涅槃近因이니 一은 近善知識이요 二는 聽聞正法이요 三은 思惟其義요 四는 如說修行이라 하니라 若言苦

●321 無如가 『高麗』에는 而로 되어 있으며, 『宮』에는 如로 되어 있다.
●322 이 부분의 해석은 『유교경론』에 의거하여 보통 다음과 같이 해석한다. '너희 비구들이여, 선지식을 구하고 잘 보호하고 도와주는 이를 구하려거든…' 주) 323 참조.

行이 是涅槃因者인댄 無有是處니라 今은 合初二일새 故로 三也니라

간략히 삼행(三行)을 들고 있다. '구한다[求]'는 것은 법을 듣는 수행이다. 선지식(善知識)은 통괄하여 세 종류가 있다. 첫째는 교수선지식(敎授善知識)이요, 둘째는 동행선지식(同行善知識)이요, 셋째는 외호선지식(外護善知識)이다. 지금은 교수선지식(敎授善知識)을 구함이다. 이름을 듣고 덕을 흠모하는 것을 '지(知)'라 하며, 형상을 보고 공경히 받드는 것을 '식(識)'이라 한다. '보호한다[護]'는 것은 안으로 잘 사유하는 수행이다. 들은 대로 사유하고 지키고 지녀 놓치지 않는 것이다. '돕는다[助].'는 것은 여법하게 닦는 수행이니, 수행은 사유한 대로 닦는 것이다. 곧, 이는 수행의 조력자(助力者)라는 의미로 경문의 '구선조(求善助)'를 풀이함이다.●323

'불망념(不忘念)'은 결론적으로 가장 수승한 것이다. 정념을 잃지 않는 것은 삼행(三行) 가운데 가장 뛰어난 것이기 때문이다. 그래서 '정념을 잃지 않는 것보다 더 중요한 것은 없다.'라고 하였다.

위의 삼행(三行)은 또한 삼혜(三慧)라고도 부른다. 혜(慧)는 비추어 안다는 뜻이며, 행(行)은 나아간다는 뜻이다. 비추어 알아감이 모두 '정념을 잃지 않음'에서 비롯된다.

듣는 지혜[聞慧]가 없으면 마치 뒤집어진 그릇에 능히 물을 담을 수 없는 것과 같으며, 생각하는 지혜[思慧]가 없으면 마치 새는 그릇과 같아서 비록 담더라도 유실되며, 닦는 지혜[修慧]가 없으면 마치 더러운 그릇과

●323 『遺敎經論』(大正 26卷, p.288), 於中一切行者 略說三種 一者求聞法行 如經汝等比丘求善知識故 二者內善思惟行 如經求善護故 三者求如法修行 如經求善助故(여기서 모든 수행은 간략히 세 종류로 나누어 설한다. 첫째는 법을 듣기를 구하는 수행이니, 경에서 '너희 비구들이여, 선지식을 구하고'라고 한 것과 같다. 둘째는 안으로 잘 사유하는 수행이니, 경에서 '잘 보호해 주는 이를 구하고'라고 한 것과 같다. 셋째는 법대로 수행하기를 구함이니, 경에서 '잘 도와주는 이를 구하고'라고 한 것과 같다).

같아서 비록 새어 없어지지는 않지만 더러워서 사용할 수가 없다. 따라서 정념을 잃지 않으면 이미 바르게 놓인 그릇이며, 온전한 그릇이며 또한 깨끗한 그릇이라 할 수 있다. 그러므로 『열반경』에 이르길, '네 가지 법이 열반의 가까운 인(因)이니, 첫째는 선지식을 가까이함이요, 둘째는 정법을 듣는 것이요, 셋째는 그 뜻을 사유함이요, 넷째는 설한 것과 같이 수행함이라.'●324고 하였다. 만약 고행이 열반의 원인이라 말한다면 옳지 않다. 지금은 처음 두 가지를 합한 까닭에 셋이다.

【補註】知識護助에 有二니 一者는 知識是師요 護助是友니 不忘念者는 方能承受師友教誨이어니와 忘念之人은 明師良友가 日臨之라도 無益也니라 二者는 知識是一心이요 護助是三慧니 不忘念이면 則一心了然하고 三慧具足이니라 二는 明能遮重怨이라

선지식과 보호하고 돕는 것에도 두 가지가 있다. 첫째는 선지식은 스승이며 보호하고 돕는 것은 벗이다. 정념을 잃지 않는 자는 비로소 스승과 벗의 가르침을 받들어 수지할 수 있지만, 정념을 잃는 자는 눈 밝은 스승과 좋은 벗이 날마다 그를 대면할지라도 아무런 이익이 없다. 둘째는 선지식은 이 일심(一心)이며 보호하고 돕는 것은 이 삼혜(三慧)니, 정념을 잃지 않으면 일심이 분명해지고 삼혜가 구족된다. 두 번째, 능히 두터운 원한까지도 막을 수 있음을 밝히다.

●324 『涅槃經』(大正 12卷, p.711), 善男子 一切男女若具四法則名丈夫 何等爲四 一善知識 二能聽法 三思惟義 四如說修行.

(2) 명능차중원(明能遮重怨)

若有•³²⁵不忘念者인댄 諸煩惱賊이 則不能入할새

만약 정념을 잃지 않고 항상 지니고 있다면 모든 번뇌의 도적들이 능히 침입해 오지 못할 것이니라.

【節要】 以常念正道故로 則煩惱怨賊이 不能入心하야 害三種善根也니라

항상 바른 도를 생각하고 있는 까닭에 번뇌와 원적(怨賊)이 마음에 들어와서 세 가지 선근을 해치지 못한다.

【補註】 三善根은 即三慧라 二는 辯勸修라

세 가지 선근은 곧 삼혜(三慧)이다. 두 번째, 수행을 권고하다.

2) 변권수(辯勸加修)

是故로 汝等은 常當攝念在心이어다

이러한 까닭에 너희들은 항상 마땅히 의식을 거두어 마음에 두어야 한다.

【節要】 令初念處成就也니라 三의 示得失에 二니 初는 失念成就多過요 二

•325 若有가 『高麗』에는 若으로 되어 있다.

는 得念成就多功이라 初의 失念成就多過라

초심자로 하여금 우선 염처(念處)[326]를 성취하도록 한다. 세 번째, 득실을 보이는 것에 둘이니, 첫째는 정념을 놓치면 많은 허물을 성취할 것이요[失念成就多過], 둘째는 정념을 하고 있으면 많은 공덕을 성취하게 된다[得念成就多功]. 첫 번째, 정념을 놓치면 많은 허물을 성취하다.

3) 시득실(示得失)

(1) 실념성취다과(失念成就多過)

若失念者인댄 則失諸功德하며

만약 정념을 놓치면 모든 공덕을 잃어버릴 것이며,

【節要】失念은 謂有始無終也니라 無終에 則失三慧요 慧失에 則聖果無由可階耳니라 二는 得念成就多功이라

'정념을 놓친다.'라는 것은 시작만 있고 끝은 없다는 뜻이다. 끝이 없으면 삼혜(三慧)를 잃게 된다. 삼혜를 잃으면 성인의 과위에 올라갈 수가 없다. 두 번째, 정념을 하고 있으면 많은 공덕을 성취한다.

●326 범어 smṛtyupasthāna의 번역으로 염주(念住)라고도 한다. 념(念)은 능히 살피는 지혜이며, 처(處)는 살필 바의 경계이다. 곧 지혜로써 대상 경계를 관찰하되 의식은 항상 마음에 머물고 있어야 한다. 그렇게 해야 하는 까닭은, 근(根)이 오욕을 탐착한다고 해서 대상경계나 부진근(浮塵根)을 어떻게 해 보았자 마음을 철저히 단속하지 않는 한 탐욕심은 눌러둔 풀처럼 다시 기회를 엿보아 일어나기 때문이다.

● 223

(2) 득념성취다공(得念成就多功)

若念力堅強인댄 雖入五欲賊中이라도 不爲所害호미 譬如著鎧入陣하면 則無所畏인달하니 是名不忘念이니라

만약 정념의 힘이 굳고 강하면,●327 비록 오욕의 도적 가운데 들더라도 해침을 당하지 않을 것이다.●328 비유하면, 갑옷을 입고 적진에 들어갈 적에 두려울 바가 없는 것과 같다. 이것을 '정념을 잃지 않음'이라고 부른다.

【節要】鎧喻念力이요 陣喻五欲이니라 鎧는 甲也라

갑옷은 정념의 힘을 비유하며, 적진은 다섯 가지 욕망을 비유한다. '개(鎧)'는 갑옷이다.

【補註】如將刑罪人에 臨樂不樂인달하니 亦以不忘怖死念故니라 六의 禪定功德에 三이니 初는 明定이요 二는 勸修요 三은 示益이라 初의 明定에 二니 初는 攝念能生이요 二는 定成有用이라 初의 攝念能生이라

마치 죄인을 형벌하려고 할 적에, 아무리 즐거운 일이 있어도 즐거워하지 않는 것과 같으니, 역시 죽음을 두려워하는 생각을 잊지 않기 때문이다.

여섯 번째, 선정의 공덕에 셋이니, 첫째는 선정을 밝힘이요[明定], 둘째는 수행을 권함이요[勸修], 셋째는 이익을 보임이다[示益]. 첫 번째, 선정을

●327 『大正』에는 '念力堅強(만약 정념의 힘이 굳고 강하면)'에 대한 풀이가 생략되어 있으나, 『永樂』에는 '謂不忘念也(정념을 잃지 않음을 말한다)'라고 풀이하였다. 『佛遺敎經論疏節要』(永樂 174卷, p.801) 참조.

●328 이 문장 아래에도, 『永樂』에는 '上法下喻(앞 문장은 법이며, 뒤 문장은 비유이다)'라고 풀이하였다. 『佛遺敎經論疏節要』(永樂 174卷, p.801) 참조.

밝히는 것에 둘이니, 첫째는 정념을 모아야 능히 일어남이요[攝念能生], 둘째는 선정을 이루면 작용이 분명해짐이다[定成有用]. 첫 번째, 정념을 모아야 능히 일어난다.

6. 선정공덕 禪定功德

1) 명정(明定)

(1) 섭념능생(攝念能生)

汝等比丘여 若攝心者인댄 心則在定이니

너희 비구들이여, 만약 마음을 안으로 거두어들이면 마음은 곧 선정에 들게 된다.

【節要】 謂八種禪定이니 因攝念生故니라

여덟 가지 선정을 말하니, 의식을 안으로 거두어들이는 것으로 인하여 일어나는 까닭이다.

【補註】 楞嚴에 云하되 攝心為戒하고 因戒攝定이라 하니 是也니라 二는 定成有用이라

『능엄경』에 이르길, '마음을 안으로 거두어들이는 것으로 계를 삼고,

계로 인하여 선정을 이룬다.'•³²⁹라고 한 것이 이것이다. 두 번째, 선정을 이루면 작용이 분명하다.

(2) 정성유용(定成有用)

心在定故로 能知世間生滅法相일새

마음이 선정에 들어간 상태이기 때문에 능히 세간의 생멸하는 존재의 모습을 알 수 있다.

【節要】 禪定成就면 則有果用故로 能知生滅法相이니 如昇大•³³⁰虛에 下見萬象이니라

선정을 성취하면 그 성취한 결과의 작용이 있는 까닭에 능히 생멸하는 존재의 모습을 알 수 있다. 마치 높이 하늘에 오르면 아래에 있는 온갖 것들의 모습을 볼 수 있는 것과 같다.

【補註】 楞嚴에 云하되 因定發慧라 하니 是也니라 在定之心은 不著於物일새 故로 云하되 如昇太虛라하며 不著於物에 斯能照物일새 故로 云하되 下見萬象이라 하니라 又 如大海澄淸에 森羅自見이니라 二는 勸修라

『능엄경』에 이르길, '선정으로 인하여 지혜가 일어난다.'라고 한 것

●329 『楞嚴經』(大正 19卷, p.131), 所謂攝心爲戒 因戒生定 因定發慧(이른바 마음을 안으로 거두어들이는 것으로 계를 삼고, 계로 인하여 선정이 생기며, 선정으로 인하여 지혜가 일어난다).
●330 大가 『甲』, 『永樂』, 『乾隆』에는 太로 되어 있다.

이 이것이다. 선정 상태의 마음은 바깥 대상에 이끌리지 않는 까닭에 '마치 하늘에 오르는 것과 같다.'라고 하였으며, 바깥 대상에 이끌리지 않으면 능히 그 대상을 비추어 볼 수 있는 까닭에 '아래로 온갖 것을 비춘다.'라고 하였다. 이것은 마치 큰 바다물이 맑고 깨끗하면 삼라만상이 저절로 드러나는 것과 같다. 두 번째, 수행을 권하다.

2) 권수(勸修)

是故로 汝等은 常當精勤修習●331諸定이어다
이러한 까닭에 너희들은 항상 모든 선정을 부지런히 닦고 익혀야 한다.

【節要】 精勤은 對治懈怠無修習方便障也니라 是故로 懈怠有三種이니 一은 不安隱懈怠요 二는 無味懈怠요 三은 不知恐怖懈怠라 云何修習하야 一一對治리요 示現精勤修習이니 節量食臥하고 及調阿那波那故로 精勤修習하며 覺知諸定하야 有通慧功德하고 及盡苦原故로 大希有事故를 精勤修習하며 觀察生老病死苦와 及四惡趣苦하야 我未能離苦●332할새 卽精進對治也니라

'정근(精勤)'은 게을러서 닦지 않는 장애를 대치하는 방편이다. 그러므로 게으름에는 세 가지가 있다. 첫째는 불안정해서 생기는 게으름이요, 둘째는 흥미를 상실해서 생기는 게으름이요, 셋째는 두려움을 알지 못하는 데서 생기는 게으름이다.

●331 習이 『高麗』에는 集으로 되어 있다.
●332 苦가 『甲』과 『永樂』에는 故로 되어 있다.

어떻게 닦고 익혀서 낱낱이 대치하는가! 부지런히 닦고 익힘을 내보여
야 하는데, 음식과 수면을 적절히 조절하고 들숨과 날숨[阿那波那]【333】을 고
르게 하는 것으로써 부지런히 닦아 익혀 (편안하지 못한 게으름을 대치하며), 모든
선정 상태를 알아차려 그대로 지혜 공덕을 통달하고 더불어 고의 근원을
멸진시키는 까닭에 크게 희유한 일을 성취함을 부지런히 닦아 익혀 (무미
한 게으름을 대치하며), 생로병사의 고통과 사악취의 고통을 관찰하고도 스스로
아직 고통을 떠나지 못했기에 곧 정진하여 (공포를 모르는 게으름을) 대치한다.

【補註】諸定者는 定有多種이니 如四禪八定과 十六特勝等으로 乃至那伽大
定이라 三의 示益에 三이니 初는 法이요 二는 喩요 三은 合이라 初의 法이라

'모든 선정'이란 선정에는 많은 종류가 있다는 뜻이니, 사선팔정(四禪
八定)과 십육특승(十六特勝)【334】과 내지 나가대정(那伽大定)【335】 등이 있다.

세 번째, 이익을 보이는 것에 셋이니, 첫째는 법이요, 둘째는 비유요,

- 333 오정심관(五停心觀)의 하나인 수식관(數息觀)을 말한다. 보통 안나반나(安那般那)로 표기하며 줄여서 안반(安般)이라고 한다. 안나(安那)는 내쉬는 숨을 뜻하며, 반나(般那)는 들이쉬는 숨을 뜻한다. 곧 들숨과 날숨의 숫자를 헤아려 산란한 마음을 집중시키고 선정을 이루는 수행법이다.
- 334 수식관법을 16가지로 세분하여 보완한 것으로 십육승행(十六勝行)이라고도 한다. 해석에 여러 가지 설이 있으나, 『성실론』에서는 다음과 같이 풀이하고 있다. ① 염식단(念息短): 마음이 조잡하고 산란하기 때문에 호흡이 짧으나 그 짧은 호흡에 마음을 집중하고 의식적, 자각적으로 호흡한다. ② 염식장(念息長): 마음이 미세하게 되면 호흡도 길어지는 것을 관한다. ③ 염식변신(念息遍身): 육신이 공하다는 것을 알고, 기식(氣息)이 몸에 편만하다고 관한다. ④ 제신행(除身行): 신체적 행위를 더는 것으로 마음이 안정되어서 조잡한 숨을 안 쉬게 된다. ⑤ 각희(覺喜): 마음에 환희를 얻는다. ⑥ 각락(覺樂): 몸에 안락을 얻는다. ⑦ 각심행(覺心行): 기쁨에서 탐심이 일어나는 허물을 지각한다. ⑧ 제심행(除心行): 탐심을 없애어 조잡한 느낌을 버린다. ⑨ 각심(覺心): 마음이 가라앉지 않고 들뜨지 않는 것을 지각한다. ⑩ 영심희(令心喜): 마음이 가라앉으면 떨쳐 일으켜 기쁨을 내게 한다. ⑪ 영심섭(令心攝): 마음이 들떠 일어나면 이것을 진정시킨다. ⑫ 영심해탈(令心解脫): 마음이 들뜨고 가라앉음을 여의어서 해탈한다. ⑬ 무상행(無常行): 마음이 고요하고 고요해서 일체의 무상을 안다. ⑭ 단행(斷行): 무상을 알아서 번뇌를 끊는다. ⑮ 이행(離行): 번뇌를 끊어서 싫어하고 여의는 마음을 낸다. ⑯ 멸행(滅行): 싫어하고 여의어서 일체를 없앤다.
- 335 『현응음의(玄應音義)』에서는 나가(那伽, nāga)에 용, 코끼리, 불래(不來)의 세 가지 뜻이 있다고

셋째는 합이다. 첫 번째, 법이다.

3) 시익(示益)
(1) 법(法)

若得定者인댄 心則不散•³³⁶호미

만약 선정을 얻으면 마음이 산만하지 않다.

【節要】功德成就에 無所對治也니라　二는 喩라

공덕이 성취되면 대치할 것은 없다. 두 번째, 비유이다.

(2) 유(喩)

譬如惜水之家에 善治隄塘인달하니

마치 물을 아끼는 집에서 둑이나 못을 잘 다스림과 같다.

설하며,『공작경(孔雀經)』에서는 다시 생사하지 않으시는 부처님을 가리켜 나가(那伽)라고 칭하고 있으며,『대지도론(大智度論)』에서는 부처님의 선정을 나가정(那伽定) 또는 나가대정(那伽大定)이라 일컫고 있다.

•336 散이『高麗』에는 亂으로 되어 있다.

● 229

【節要】 喻治隄塘이면 則能積水니라 隄는 限也니 積土爲封限[337]也니라 三은 合이라

둑과 못을 잘 다스리면 능히 물을 가둘 수 있음을 비유한다. '제(隄)'는 경계니, 흙을 쌓아 북돋아 만든 경계이다. 세 번째, 합이다.

(3) 합(合)

行者亦爾[338]하야 爲智慧水故로 善修[339]禪定하야 令不漏失이니 是名爲定이니라

수행자도 또한 그러하여 지혜의 물을 위해 선정을 잘 닦아 그 물이 새지 않도록 하는 것을 '선정'이라고 부른다.

【節要】 智慧는 合惜水요 禪定은 合隄塘이요 不漏는 合心不散이니라 論에 云하되 示善修功德이 上上增長故라 하니 由禪發智하면 則知世間의 生滅法相故니라

'지혜'는 물을 아끼는 것에 합하고, '선정'은 둑과 못에 합하고, '새지 않는 것'은 마음이 산만하지 않는 것에 합한다. 논에 이르길, '잘 수행하는 공덕이 더욱 더 증장함을 보이는 까닭이다.'[340]라고 하였으니, 선정으

● 337 限이 『甲』에는 隄로 되어 있다.
● 338 行者亦爾가 『宮』에는 行者로 되어 있다.
● 339 修가 『宮』에는 治로 되어 있다.
● 340 『遺敎經論』(大正 26卷, p.289), 又以譬喩示善修功德 上上增長故 如經應知(또한 비유로써 잘 수행하는 공덕이 더욱 더 증장함을 보이는 까닭이니, 경과 같음을 마땅히 알라).

로 말미암아 지혜가 생기면 세간의 생하고 멸하는 존재의 모습[法相]●341
을 알 수 있기 때문이다.

【補註】爲慧修定에 定必發慧이어니와 爲定修定에 是名癡定이니라 七의 智慧功德에 二니 初는 正明智慧破障이요 二는 喩顯四種功德이라 初의 正明智慧破障에 二니 初는 約有慧顯是요 二는 明無慧斥非라 初의 約有慧顯是에 三이니 初는 能破理事二障이요 二는 難得常令防護요 三은 明其難得能得이라 初의 能破理事二障이라

지혜를 위한 선정을 닦으면 선정이 반드시 지혜를 생기게 하지만, 선정을 위한 선정을 닦으면 이것을 '어리석은 선정[癡定]'이라고 부른다.

일곱 번째, 지혜의 공덕에 둘이니, 첫째는 바로 지혜가 장애를 파괴함을 밝힘이요[正明智慧破障], 둘째는 비유로써 네 가지 공덕을 드러낸다[喩顯四種功德]. 첫 번째, 바로 지혜가 장애를 파괴함을 밝힘에 둘이니, 첫째는 지혜가 있음을 잡아 옳음을 드러냄이요[約有慧顯是], 둘째는 지혜가 없으면 출가자도 재가자도 아님을 밝힌다[明無慧斥非]. 첫 번째, 지혜가 있음을 잡아 옳음을 드러냄에 셋이니, 첫째는 능히 이치와 현상의 두 가지 장애를 파함이요[能破理事二障], 둘째는 얻기 어려움으로 항상 방호하도록 함이요[難得常令防護], 셋째는 얻기 어려우나 능히 증득함을 밝힌다[明其難得能得]. 첫 번째, 능히 이치와 현상의 두 가지 장애를 파하다.

●341 모든 존재가 가지고 있는 본질적인 체(體)나 또는 그 의미 내용을 말한다. 유식(唯識)은 법상을 분석하고 분류해서 설명하기 때문에 법상종(法相宗)이라고 한다.

7. 지혜공덕 智慧功德

1) 정명지혜파장(正明智慧破障)

(1) 약유혜현시(約有慧顯是)

가. 능파이사이장(能破理事二障)

汝等比丘여 若有智慧인댄 則無貪著이니

너희 비구들이여, 만약 지혜가 있으면 탐착이 없을 것이다.

【節要】貪著有二니 一은 於眞實義處에 生著을 名理障也요 二는 於世間事處에 生著을 名事障也니라 若有智慧면 則二著不起니 名破障也니라

탐착에는 두 가지가 있다. 첫째는 진실의처(眞實義處)에 탐착을 내므로 '이장(理障)'●342이라고 부르며, 둘째는 세간사처(世間事處)에 탐착을 내므로 '사장(事障)'●343이라고 부른다. 만약 지혜가 있으면 이 두 가지 탐착을 일으키지 아니할 것이니 '장애를 파한다.'라고 말한다.

●342 이치상의 장애로 생사를 지속시키는 번뇌를 말한다. 『遺教經解』(續藏 37卷, p.644), 繇斷迷理無明 故六七二識 不貪著第八識之見分以爲我法 是名遠離眞實義處障(미리(迷理)와 무명(無明)을 심하게 단절하는 까닭으로 육식과 칠식이 제팔식의 견분을 탐착하지 않고 아법(我法)을 삼으니, 이것을 원리진실의처장이라고 부른다) 참조.

●343 형상을 가지고 있는 실제상의 장애를 말한다. 『遺教經解』(續藏 37卷, p.644), 繇斷迷事無明 故前六識 不於六塵境界而生貪著 是名遠離世間事處障也(미사(迷事)와 무명(無明)을 심하게 단절하는 까닭으로 전육식(前六識)이 육진의 경계에서 탐착을 내지 못하는 것을 원리세간사처장이라고 부른다) 참조.

【補註】楞嚴에 謂因妄顯眞에 妄旣本空인지라 眞亦不立이라하니 何可著也리요 二는 難得常令防護라

『능엄경』에 이르길, '망(妄)으로 인하여 진(眞)을 드러내려 할 적에, 망(妄)이 이미 본래 공(空)인지라 진(眞) 또한 세우지 못한다.'[●344]라고 하였으니, 어찌 가히 집착하리요. 두 번째, 얻기가 어려우므로 항상 방호토록 하다.

나. 난득상령방호(難得常令防護)

常自省察하야 不令有失이어다

항상 스스로 살피고 관찰하여 놓치는 것이 없도록 해야 한다.

【節要】於一切時에 常修心慧故니라

모든 때에 언제나 마음의 지혜를 닦고 있기 때문이다.

【補註】省察者는 察知事理二障하고 時時省察하야 勿使障生이니 是二皆名心慧니라 三은 明其難得能得이라

'성찰(省察)'이란 이장(理障)과 사장(事障)을 관찰해 알고, 항상 자세히 살펴서 장애가 일어나지 않도록 하는 것이니, 이 두 가지를 모두 '마음의 지혜'라고 부른다. 세 번째, 얻기가 어려우나 능히 증득함을 밝히다.

●344 『楞嚴經』(大正 19卷 p.124), 言妄顯諸眞 妄眞同二妄 猶非眞非眞 云何見所見(망(妄)을 말하여 진(眞)을 나타내고자 하면, 망(妄)과 진(眞)이 둘 다 망(妄)이라서 오히려 진(眞)도 비진(非眞)도 아닐 것이니, 어떻게 견(見)과 소견(所見)이리오).

다. 명기난득능득(明其難得能得)

是則於我法中에 能得解脫이니라
이것이 곧 나의 법 중에서 능히 해탈을 얻는 것이다.

【節要】即於第一義處하야 遠離貪著故로 得解脫이니라
제일의처(第一義處)●345에 맞닿아서[卽]●346 탐착을 멀리 여의는 까닭에 해탈을 얻는다.

【補註】武帝之於達磨는 是未能遠離第一義故니라 二는 明無慧斥非니라
양무제가 달마 대사에게 공덕의 다소(多少)를 물은 것은 아직 제일의(第一義)를 멀리 여의지 못했기 때문이다.●347 두 번째, 지혜가 없으면 수행자도 재가자도 아님을 밝히다.

●345 '가장 수승한 진리의 영역'으로 사전적 풀이를 하지만, 그 의미는 무루공덕이 원만히 구족된 상태로 이해해야 한다. 제일의(第一義)는 범어 paramārtha의 번역으로 승의(勝義), 진실(眞實) 등으로도 번역된다.
●346 상즉(相卽)을 말한다. 이것은 화엄사상의 중요한 교의 가운데 하나로서 삼라만상이 서로 부딪치지 않고 잘 융화할 수 있는 이유이다. 여기서 즉(卽)이란 분명히 여의고 합했으되 여읜 것도 합한 것도 아닌 상태를 말하는데, 흔히 바닷물[體]과 파도[用]의 관계로 설명한다. 즉, 파도와 바다는 개념적으로 있을 뿐 실체는 구분이 되지 않는다. 왜냐하면 파도를 떼어 낸 바다는 있을 수 없고 반대로 바다를 떼어 낸 파도 또한 홀로 존재할 수 없기 때문이다. 그러므로 화엄에서는 모든 존재를 시공간을 초월하여 총체성(總體性)으로 파악할 것을 강조하여 상즉상입(相卽相入)을 중요한 교의로 내세우는 것이다. 총체성(總體性)이란 불성의 경계이고 총체적인 무애이다.
●347 만약 양무제가 제일의(第一義)에 대한 집착심이 없었다면 달마에게 공덕의 다소는 묻지 않았을 것이다. 즉, 양무제는 무루의 공덕을 알지 못했기 때문에 그러한 질문을 한 것이다.

(2) 명무혜척비(明無慧斥非)

若不爾者인댄 旣非道人이며 又非白衣인지라 無所名也니라

만약 그러하지 못한 자는 이미 출가자도 아니며, 또한 재가자도 아니라서 무엇이라 이름 붙일 수 없다.

【節要】心無智慧故로 非道人이요 形已削染故로 非白衣요 兩端不攝故로 無所名이니라

마음이 지혜롭지 못한 까닭에 수행자도 아니며, 형상을 이미 삭발염의(削髮染衣)●348한 까닭에 속인도 아니다. 양쪽 어디에도 포함되지 않는 까닭에 이름 붙일 수가 없다.

【補註】強與安名에 曰鳥鼠僧이니 僧眾中尊이언만 而有鳥鼠之名은 可恥甚矣니라 二의 喻顯四種功德에 二니 初는 正明四種功德이요 二는 結歎照覺功能이라 初의 正明四種功德에 二니 初는 喻요 二는 合이라 初의 喻에 四니 初는 喻聞이요 二는 喻思요 三은 喻修요 四는 喻證이라 初의 喻聞이라

굳이 이름을 붙인다면, '박쥐승[鳥鼠僧]'●349이라고 하겠다. 승보(僧寶)는

●348 '머리를 깎고 먹물 옷 입었다'는 것은 '세속을 떠나 출가했다'라는 의미이다. 본래 인도사회의 전통적 관념에서는 삭발을 치욕스런 행위로 간주하였다. 그러나 부처님께서는 머리카락이 출가자들의 수행에 도움이 되지 않는다고 판단하셨기 때문에 과감히 삭발을 계율로 제정하신 것이다. 『사분율』에는 삭발과 관련하여 삭도의 재질에 이르기까지 세세한 규정들이 기록되어 있다. 『四分律』(大正 22卷, p.945) 참조.
●349 조서(鳥鼠)는 박쥐를 뜻하는 말로서, 곧 박쥐처럼 양명하게 살지 못하는 비구를 가리킨다. 『禪家龜鑑』(續藏 63卷, p.742), 避僧避俗曰鳥鼠 舌不說法曰啞羊 僧形俗心曰禿居士 罪重不遷曰地獄滓 賣佛營生曰被袈裟賊(출가도 속인도 아닌 자를 '조서승(鳥鼠僧)'이라고 하며, 입으로 설

중생세계에서 존귀한데 '박쥐[鳥鼠]'라는 이름이 붙는 것은 매우 부끄러운 일이다.

두 번째, 비유로 네 가지 공덕을 드러내는 것에 둘이니, 첫째는 바로 네 가지 공덕을 밝힘이요[正明四種功德], 둘째는 지혜로 관조하는 공능을 찬탄함이다[結歎照覺功能]. 첫 번째, 바로 네 가지 공덕을 밝힘에 둘이니, 첫째는 비유요[喻], 둘째는 합이다[合]. 첫 번째, 비유에 넷이니, 첫째는 문혜를 비유함이요[喻聞], 둘째는 사혜를 비유함이요[喻思], 셋째는 수혜를 비유함이요[喻修], 넷째는 증득을 비유함이다[喻證]. 첫 번째, 문혜를 비유한다.

2) 유현사종공덕 (喻顯四種功德)

(1) 정명사종공덕 (正明四種功德)

가. 유(喻)

가) 유문(喻聞)

實智慧者는 則是度老病死海의 堅牢船也며

진실한 지혜는 곧 늙음과 병듦과 죽음의 고해(苦海)를 건너는 견고한 배이며,

【節要】 此三이 深廣하야 沒溺眾生할새 故如海也니라 聞法起信호미 如得牢

법하지 못하는 자를 '아양승(啞羊僧)'이라고 하며, 출가자의 모습이지만 속인의 마음을 쓰는 자를 '독거사(禿居士)'라고 하며, 죄업이 지중하지만 고치지 아니하는 자를 '지옥재(地獄滓)'라고 하며, 부처님을 팔아 생명을 이어가는 자를 '피가사적(被袈裟賊)'이라고 한다) 참조.

船인달하나 必假思慧●350하야 爲帆檣便風하아사 方有所利●351하니 苟無此二인댄 船雖堅牢나 但在此岸이니라

늙고, 병들고, 죽는 것이 깊고 넓어서 중생을 빠뜨리게 하는 까닭에 바다와 같다고 하였다. 법문을 듣고 믿음을 일으키는 것은 견고한 배를 얻음과 같지만, 반드시 사혜(思慧)와 수혜(修慧)를 빌려서 돛으로 삼고 순풍을 만날 때라야 비로소 피안(彼岸)에 이를 수가 있으니, 진실로 이 두 가지가 없다면 배는 비록 견고하나 다만 차안(此岸)에 머무를 뿐이다.

【補註】信爲道元功德母라할새 故로 聞法起信이 乃入道底本이니라 如船爲載物渡人之底本也니라 二는 喩思라

(『화엄경』에) '믿음은 도의 근원이요, 공덕의 어머니라.'●352고 하였으니, 법문을 듣고 믿음을 일으키는 것은 도에 들어가는 바탕이다. 이것은 마치 배가 물건이나 사람을 실어 나르는 바탕이 되는 것과 같다. 두 번째, 사혜를 비유한다.

나) 유사(喩思)

亦是無明黑暗의 大明燈也며

또한 무명의 칠흑 같은 어둠을 밝히는 크고 밝은 등불이며,

●350 慧가 『甲』에는 修로 되어 있다.
●351 利가 『甲』, 『永樂』, 『乾隆』에는 到로 되어 있다.
●352 『華嚴經』(大正 10卷, p.72), 信爲道元功德母 長養一切諸善法 斷除疑網出愛流 開示涅槃無上道 (믿음은 도의 근원이며 공덕의 어머니인지라 일체의 모든 선법을 기르며, 의심의 그물을 끊고 애욕의 흐름에서 벗어나게 하여 열반의 위없는 도를 열어 보인다).

【節要】聞而不思면 則於道黑暗故로 以思慧로 喩明燈也니라 三은 喩修라

듣기만 하고 사유하지 않으면 도(道)에 어두운 까닭에 사혜(思慧)를 밝은 등불에 비유했다. 세 번째, 수혜를 비유한다.

다) 유수(喩修)

一切病者●353之良藥也며

모든 질병을 다스리는 양약이며,

【節要】藥以治病호미 如修慧能動惑이니라 四는 喩證이라

약으로써 병을 다스림이, 마치 지혜를 닦음이 능히 미혹을 변화시킬 수 있는 것과 같다. 네 번째, 증득을 비유하다.

라) 유증(喩證)

伐煩惱樹之●354利斧也니라

번뇌의 나무를 쓰러뜨리는 날카로운 도끼이다.

【節要】以智斷惑하야사 乃證聖果할새 斷惑之智를 喩之利斧니라

●353 者가『高麗』에는 苦로 되어 있다.
●354 之가『高麗』에는 者之로 되어 있다.

지혜로써 미혹을 끊어야 성인의 과위를 증득하므로 미혹을 끊는 지혜를 날카로운 도끼에 비유했다.

【補註】據文勢에 船燈藥斧는 總喩智慧요 今分屬聞思修證者는 欲易曉也니라 二는 合이라

문장의 흐름에 의거하면 배[船]·등불[燈]·약(藥)·도끼[斧]는 모두 지혜를 비유하며, 지금 나누어 맺은 문(聞)·사(思)·수(修)·증(證)은 깨달음의 과정을 쉽게 보이고자 한 것이다. 두 번째, 합이다.

나. 합(合)

是故로 汝等은 當以聞思修慧로 而自增益이어다

이러한 까닭에 너희들은 마땅히 문혜(聞慧)·사혜(思慧)·수혜(修慧)로써 자신을 더욱 더 증장시켜야 한다.

【節要】即證果也니라 二는 結歎照覺功能이라

과위를 증득함이다. 두 번째, 지혜로 관조하는 공능을 찬탄하다.

(2) 결탄조각공능(結歎照覺功能)

若人有智慧之照인댄 雖是肉●355眼이나 而是明見人也니 是名智慧니라
만약 어떤 사람이 지혜로 관조할 수 있다면, 비록 육안(肉眼)●356으로 보더라도 그는 밝게 보는 사람이다. 이것을 '지혜'라고 한다.

【節要】 四種修學功德으로 於分內處에 而有照覺하니 名明見人이니라 八의 究竟功德에 二니 初는 正明戱論이요 二는 勸修遠離라 初의 正明戱論이라

네 가지[聞·思·修·證]를 닦고 배운 공덕으로 분내처(分內處)●357를 깨달아 비추는 공능이 있으니, '밝게 보는 사람[明見人]'이라고 부른다.

여덟째, 구경의 공덕에 둘이니, 첫째는 바로 희론을 밝힘이요[正明戱論], 둘째는 수행하여 멀리 여읠 것을 권함이다[勸修遠離]. 첫 번째, 바로 희론을 밝힌다.

●355 是[肉]이 『宮』에는 無慧로 되어 있으며, 『高麗』에는 無天으로 되어 있다.
●356 오안(五眼) 중의 하나이다. 오안(五眼)은 ① 범부의 육안(肉眼), ② 천신의 천안(天眼), ③ 아라한의 혜안(慧眼), ④ 보살의 법안(法眼), ⑤ 부처님의 불안(佛眼)을 말한다.
　　※ 판본에 따라서 '육안을 지녔다.'라는 표현을, '천안이 없더라도' 또는 '혜안이 없더라도' 등으로 달리 표현하고 있지만 강조하고자 하는 내용에는 차이가 없다.
●357 관복(觀復)의 『유교경론기』에서는 '육안처(內眼處)'와 동일한 말로 보고 있는데, 육안에 장애가 있어서 장외색(障外色)을 보지 못하기에 이처럼 이름붙인 것으로 풀이하고 있다. 한편, 원조(元照)의 『유교경론주법기』에서는 '범부의 지위'로 풀이하기도 한다. 『遺敎經論記』(續藏 53 卷, p.656), 言於分內處者 於內眼處也 以肉眼有礙 不觀障外色 故云分內處 今即於分內處 得四功德照覺之用也(住法謂分內處爲凡夫地爾) 故大品明 菩薩行般若時 得於五眼 肉眼淨故 得見 三千大千國土 今亦明般若慧有照覺用也 참조.

8. 구경공덕 究竟功德

1) 정명희론(正明戲論)

汝等比丘여 若種種戲論인댄 其心則亂하니 雖復出家라도 猶未得脫일새

너희 비구들이여, 만약 갖가지 희론을 즐기게 되면 그 마음이 산란해진다. 비록 거듭 출가하더라도 오히려 해탈할 수 없다.

【節要】戲論有二니 一은 於真實理生戲論이요 二는 於世間事生戲論이라 於真實理에 起四句執하야 是一非諸를 名戲論이라 하니 當知하라 心之自性이 離四句故로 起故●358定執이면 則撓其性일새 故로 云하되 其心則亂이라 하니라 求那跋摩가 云하되 諸論各異端이나 修行理無二인지라 執者有是非이언만 達者無違諍이라 하니 於法戲論도 尚已不可이어늘 得為世間詼諧嘲謔耶아 雖復出家者는 形雖離俗이나 心未證理니 由乎二種戲論所亂也일새니라

희론에 두 가지가 있다. 첫째는 진실한 이치에서 생기는 희론이요, 둘째는 세간의 현상에서 생기는 희론이다. 진실한 이치에 사구(四句)●359의

● 358 起故가 『甲』『永樂』『乾隆』에는 故起로 되어 있다.
● 359 사구분별(四句分別), 사구문(四句門)이라고 하여 변증법의 한 형식이다. 사구(四句)는 정립(定立), 반정립(反定立), 긍정종합(肯定綜合), 부정종합(否定綜合)이다. 가령, 유(有)와 무(無)로 만유 제법을 판정할 때에 제1구의 유는 정립, 제2구의 무는 반정립, 제3구의 역유역무(亦有亦無)는 긍정종합, 제4구의 비유비무(非有非無)는 부정종합이 된다. 처음 2구를 양단(兩單), 뒤의 2구를 구시구비(俱是俱非) 또는 쌍조쌍비(雙照雙非)라고도 한다. 이 사구분별은 사물의 진상을 알기 어려울 때에 사용하여 중생들이 유(有)·무(無)의 견해에 걸리지 않도록 도와준다. 그러나 불교의 진리는 사구의 분별로도 모두 파악할 수 없으므로 '공불가득(空不可得)'이라고 표현하며, 『대승현론』에서는 '진제(眞諦)의 진리는 사구백비(四句百非)보다 훌륭하다.'라고 하였다.
※ 사구백비(四句百非)는 '유(有)·무(無)·일(一)·이(異)'를 근본사구(根本四句)라고 하고, 이 근

집착을 일으켜 하나만 옳고 그 나머지는 모두 그르다고 하는 것을 희론이라고 부른다. 마땅히 알라. 마음의 자성은 본래 사구(四句)를 여의었기 때문에 견해를 일으켜 고집하면 그 성품이 어지러워진다. 그러므로 '그 마음이 산란해진다.'라고 하였다.

구나발마(求那跋摩)[360]가 이르길, "모든 논란은 각각 이단(異端)이나 수행의 이치는 무이(無二)인지라 집착하는 자는 시비가 있지만 통달한 자는 그릇된 것에 대한 다툼이 없다."[361]라고 하였으니, 법에 대해 희론하는 것도 오히려 옳지 않은데 어찌 세간의 우스갯소리를 난발할 수 있겠는가!

'비록 다시 출가한다 해도 해탈할 수 없다.'라는 것은 겉모습은 비록 세속 사람들과 다르지만 마음은 아직 이치를 증득하지 못했다는 뜻이니, 두 가지 희론에 마음이 산란해져 있기 때문이다.

【補註】信心銘에 云하되 纔有是非라도 紛然失心이라할새 故로 戱論心亂이니라 二의 勸修遠離에 二니 初는 有對相遠離요 二는 無對相遠離라 初의 有對相遠離라

『신심명(信心銘)』[362]에 이르길, '조금의 시비가 있더라도 어지러이 본심

본사구마다 다시 지말사구(枝末四句)가 있는데, 지말사구의 가닥을 가리면 모두 16지(枝)가 된다. 이를 삼세(三世)로 곱하면 48지가 되고 이를 다시 이기(已起)와 미기(未起)로 곱하면 96지가 된다. 여기에 마지막으로 다시 근본사구를 더하면 백비(百非)가 된다.

- [360] 구나발마(求那跋摩, 367~431)는 범명 Guṇavarman의 음역으로 '공덕개(功德鎧)'라고 의역하기도 한다. 인도 계빈국의 왕족이었으나 20세에 출가하여 삼장에 통달하였다. 송 원년(431)에 혜관(慧觀) 등의 초청으로 중국에 건너와 기원사에 머물면서 『보살선계경』, 『사분비구니갈마법』 등 10부 18권을 번역하였다.
- [361] 이 글은 혜교(慧皎)의 『고승전』에 수록되어 있는 구나발마의 「삼장유문게(三藏遺文偈)」의 한 구절이다.
- [362] 선종의 제3조인 승찬(僧璨)의 저술로서 본래의 명칭은 『삼조승찬대사신심명(三祖僧璨大師信心銘)』이다. 이 글은 584자로 구성된 운문체의 짧은 글이며, 선사상의 궁극적인 경지를 '신심불이

을 잃는다.'●363라고 하였으니, 희론하면 마음이 산란해지는 것을 말하는 것이다.

　두 번째, 수행하여 멀리 떠날 것을 권함에 둘이니, 첫째는 상대가 있는 상을 멀리 떠남이요[有對相遠離], 둘째는 상대가 없는 상을 멀리 떠남이다[無對相遠離]. 첫 번째, 상대가 있는 상을 멀리 떠난다.

2) 권수원리(勸加修遠離)

(1) 유대상원리(有對相遠離)

　是故로 比丘는 當急捨離亂心戱論이어다
　이러한 까닭으로 비구는 마땅히 산란한 마음으로 희론하는 것을 속히 버려야 한다.

　【節要】有彼彼功德相也니라 二는 無對相遠離라
　이러저러한 공덕의 모양이 있는 것이다. 두 번째, 상대가 없는 상을 멀리 떠난다.

　　(信心不二)'로 설하고 있다. 『증도가』와 더불어 선승들에게 가장 널리 애송되는 글이기도 하다.
●363 『信心銘』(大正 48卷, p.376) 참조.

(2) 무대상원리(無對相遠離)

若汝*³⁶⁴欲得寂滅樂者인댄 唯當善滅戲論之患이니 是名不戲論이니라
만약 너희들이 적멸의 즐거움을 누리고자 한다면, 오직 마땅히 희론의 환난을 잘 멸해야 한다. 이것을 '희론하지 않음'이라 한다.

【節要】無彼彼功德相也니라 結名不戲論者는 示現行成就體性異故니라
이러저러한 공덕의 모양이 없는 것이다. 결론 부분에 '희론하지 않음'이라고 이름한 것은 수행을 성취하는 체성(體性)이 다름을 드러내 보인 까닭이다.

【補註】見有戲論하야 急捨離之하니 有彼彼功德相也요 言語道斷하고 心行處滅하면 不見有戲論可捨離니 無彼彼功德相也니라 四의 顯示畢竟甚深功德分에 二니 初는 略明이요 二는 廣釋이라 初의 略明에 二니 初는 菩薩常修功德이요 二는 如來說法功德이라 初의 菩薩常修功德이라

희론이 있다는 것을 보고서 급히 그것을 버리니 이러저러한 공덕의 모양이 있다고 말하며, 언어의 길이 끊어지고 마음의 행처까지 멸하면 '버릴 수 있는 희론이 있다.'라고도 보지 않으니 이러저러한 공덕의 모양이 없다고 말한다.

네 번째, 필경에 깊고 깊은 공덕을 현시하는 분(分)에 둘이니, 첫째는 간략히 밝힘이요[略明], 둘째는 널리 해석함이다[廣釋]. 첫 번째, 간략히 밝힘

●364 若汝가 『宮』과 『宋』에는 汝若으로 되어 있다.

에 둘이니, 첫째는 보살은 항상 공덕을 닦음이요[菩薩常修功德]. 둘째는 여래께서 설법하신 공덕이다[如來說法功德]. 첫 번째, 보살은 항상 공덕을 닦는다.

【4장】

현시필경심심공덕분
顯示畢竟甚深功德分

1. 약명略明

1) 보살상수공덕(菩薩常修功德)

　　汝等比丘여 於諸功德에 常當一心으로 捨諸放逸호미 如離怨賊이어다
　너희 비구들이여, 모든 공덕에 항상 마땅히 일심으로 모든 방일을 버리되 마치 원수와 도적을 여의듯 해야 한다.

　　【節要】 功德은 指上所說이니라 一心者는 無間斷故로 制之一處니 卽是於 第一義心修也니라 如怨賊者는 遠離一心하야 相違行호미 如怨賊故니라

공덕은 위에서 설한 바를 가리킨다.●365 '일심(一心)'이란 중간에 끊어짐이 없이 마음[一處]●366을 다스림이니, 곧 이것이 제일의(第一義)의 마음을 닦는 것이다. '원적(怨賊)과 같다.'라는 것은 일심을 멀리 떠나 서로 어긋나게 행동하는 것은 원적(怨賊)과 같기 때문이다.

【補註】第一義心修者는 以萬行皆歸圓覺妙心故니라 二는 如來說法功德이라
'제일의(第一義)의 마음으로 닦는다.'라는 것은 만행(萬行)이 모두 원각묘심으로 돌아가기 때문이다. 두 번째, 여래께서 설법하신 공덕이다.

2) 여래설법공덕(如來說法功德)

大悲世尊의 所說●367利益이 皆以究竟이니
큰 자비를 갖춘 세존의 설법은 그 이익이 모두 최고이니,

【節要】始說度陳如하고 終說度須跋故로 利益究竟耳니라 二의 廣釋에 二니 初는 常修功德이요 二는 說法功德이라 初의 常修功德이라
처음 설법으로 교진여를 제도하시고 마지막 설법으로 수발타라를 제도하신 까닭에 이익이 구경할 따름이다.

●365 이 경을 크게 나눈 일곱 분과(分科) 중에, 두 번째 큰 분과인 '수습세간공덕분(修習世間功德分)'의 세 가지 대치하는 방법으로 생기는 공덕과 세 번째 큰 분과인 '성취출세간대인공덕(成就出世間大人功德分)'의 여덟 가지 공덕을 가리킨다.
●366 정원 법사는 일처(一處)를 마음으로 풀이하고 있다[一處謂心也]. 이 책 p.151 절요 참조.
●367 說이 『高麗』에는 欲으로 되어 있다.

두 번째, 널리 해석한 것에 둘이니, 첫째는 항상 공덕을 닦음이요[常修功德], 둘째는 설법하는 공덕이다[說法功德]. 첫 번째, 항상 공덕을 닦는다.

2. 광석廣釋

1) 상수공덕(常修功德)

汝等은 但當勤而行之하라 若於●³⁶⁸山間이거나 若空澤中이거나 若在樹下와 閑處靜室에 念所受法하야 勿令忘失하며 常當自勉하야 精進修之어다 無為空死인댄 後致有●³⁶⁹悔니라

너희들은 다만 마땅히 부지런히 그것을 실천하라. 혹 산간이나 혹은 텅 빈 늪이나 혹은 나무 아래 또는 고요한 방 안에 한가롭게 있을지라도 받은 바의 법을 생각하여 망실하지 말아야 하며, 항상 스스로 부지런히 정진하여 닦아야 한다. 한 일도 없이 헛되이 죽으면 나중에 후회하게 될 것이다.

【節要】勤行者는 示現常修하며 山間等은 示無事處니 凡有五處에 皆遠憒鬧니라 念所受法者는 示修真實無二念故요 勿令忘失者는 令修現前故요 精進修之者는 以方便修故요 無為空死者는 於相似法處에 蘇息하야 遠離

●368 於가 『高麗』에는 在로 되어 있다.
●369 有가 『高麗』에는 憂로 되어 있다.

上上心故니라 此謂愛著內凡이니 故로 於一生不能入聖을 名爲空死라 하며 此는 誠頂墮人也니라 後致有悔者는 於晚時에 自知有餘悔이언만 不及事故니 謂臨終方悔者也니라 先民有言에 臨死修善於計已晚이라 하며 智者가 云하되 有鄴洛禪師하니 名播河海하야 住則四方雲仰하고 動則百千成群이어니와 殷殷轟轟於世有인들 何利益고 臨終皆悔也라 하니라

'근행(勤行)'은 항상 수행할 것을 드러내 보임이며, '산간(山間)' 등은 일이 없는 장소를 드러내 보인 것인데, 대체로 예로 든 다섯 장소에 있으면 모두 시끄러움을 멀리 여읜다.

'받은 법을 생각한다.'라는 것은 진실로 두 개가 아닌 생각을 닦아 감을 내보인 것이고, '망실하지 말라.'는 것은 바로 눈앞에 드러난 것을 닦도록 하는 까닭이요, '정진하여 닦아라.'는 것은 방편으로 닦는 까닭이요, '한 일도 없이 헛되이 죽는다.'라는 것은 비슷한 법처에 소생(蘇生)하여 높고 높은 마음을 멀리 여의었기 때문이다. 이것은 내범(內凡)[370]에 애착함을 말하니, 한 생에 능히 성인의 과위에 들어갈 수 없다면 '헛된 죽음'이라고 이른다. 이는 정위(頂位)[371]에서 떨어지려는 사람을 경계한다.

'나중에 후회가 있다.'라는 것은 만년에 스스로 후회가 남는 것을 느끼지만 일로는 능히 미치지 못하는 까닭이니, 곧 죽음에 임박하여 비로소 후회함을 말한다. 옛 사람의 말 가운데 "죽음에 이르러서 선을 닦으려고 계교하지만 이미 늦었다."라고 하였으며, 천태지자 대사가 이르길, "옛날

● 370 아직 부처님의 가르침을 완전히 체득하지는 못했으나 어느 정도 이해한 이를 내범(內凡)이라고 하고, 그렇지 못한 이를 외범(外凡)이라고 한다. 소승의 지위체계에서는 일곱 가지 방편 가운데 사선근(四善根)이 여기에 해당하며, 대승의 지위체계에서는 보살위 가운데 십주(十住)·십행(十行)·십회향(十回向)이 여기에 해당한다.
● 371 성문의 사선근위(四善根位) 가운데 제이정선근위(第二頂善根位)를 말한다. 사선근위 가운데 제2위에서 떨어지면 악도에 떨어지는 경우가 있지만, 제3위 이후는 악도에 떨어지는 일은 없다.

업낙(鄴洛) 선사가 있었으니 명성이 널리 펴져서 머무르면 사방에서 구름처럼 운집하고, 움직이면 백천의 대중이 무리를 이루었으나 세상의 명성이 하늘을 찌른들 무슨 이익이 있겠는가! 임종에 다다라 모두 후회한 것을……."●372이라고 하였다.

【補註】空死而悔에 有二니 一은 是荒蕪三業으로 全不修行이라가 臨終에 知墮惡處故悔하며 一은 是得少爲足하야 未證謂證이라가 臨終에 知非極果故悔니라 今疏는 擧重言之니 輕可知矣니라 二는 說法功德이라

헛되이 죽으면서 후회하는 것에 두 가지가 있다. 하나는 거친 삼업(三業)으로 온전히 수행하지 못하다가 임종을 맞아 나쁜 곳에 떨어짐을 아는 까닭에 후회함이요, 하나는 조그마한 것을 얻은 것에 만족하여 아직 깨달은 것은 아닌데 '깨달았다.'라고 하다가 임종을 맞아 궁극적인 깨달음이 아님을 아는 까닭에 후회함이다. 지금의 소(疏)는 무거운 것을 들어서 말하고 있으니, 가벼운 것은 말하지 않아도 가히 알 것이다. 두 번째, 설법하는 공덕이다.

2) 설법공덕(說法功德)

我如良醫하야 知病說藥이언만 服與不服은 非醫咎也며 又如善導하야 導人善道●373이언만 聞之不行은 非導過也니라

● 372 『摩訶止觀』(大正 46卷, p.99), 昔鄴洛禪師名播河海 往則四方雲仰 去則千百成群 隱隱轟轟亦有何益利 臨終皆悔.
● 373 道가 『高麗』에는 導로 되어 있다.

나는 마치 훌륭한 의사와 같아서 질병을 정확히 진단하고 치료약을 설명해 주지만 약을 복용하거나 혹은 복용하지 않는 것은 스스로의 선택에 달렸을 뿐 의사의 허물은 아니며, 또한 잘 인도하는 길잡이와 같아서 좋은 길로 인도하지만 그것을 듣고도 가지 않는 것은 스스로의 잘못일 뿐 인도자의 허물은 아니다.

【節要】 良藥은 喻說法能破惡이요 善導는 喻說法能生善이니라 不受는 由機인지라 非佛過失이니라 五의 顯示入證決定分에 三이니 初는 方便顯發門이요 二는 法輪成就門이요 三은 分別功德門이라 初의 方便顯發門이라

'좋은 약'은 설법이 능히 악을 파괴함을 비유하고, '훌륭한 인도'는 설법이 능히 선을 생기게 함을 비유한다. '받아들이지 않음'은 근기 때문인지라 부처님의 과실은 아니다.

다섯 번째, 입증결정(入證決定)[374]을 현시하는 분(分)에 셋이니, 첫째는 방편을 드러내는 문이요[方便顯發門], 둘째는 법륜을 성취하는 문이요[法輪成就門], 셋째는 공덕을 분별하는 문이다[分別功德門]. 첫 번째, 방편을 드러내는 문이다.

●374 증득해야 할 법을 모두 성취하였기 때문에 의심 없이 분명히 알고 있다는 뜻이다. 『遺教經論』 (大正 26卷, p.290), 入證決定者 示現於所證法中成就決定無所疑故.

【 5장 】

●

현시입증결정분
顯示入證決定分

1. 방편현발문 方便顯發門

汝等이 若於苦等四諦에 有所疑者어든 可疾問之하고 無得懷疑하야 不求決也니라

너희들 가운데 만약 괴로움 등 사성제에 대하여 의심이 남아 있다면 속히 묻도록 하라.●375 의심을 품고 있으면서 해답을 구하지 않는 것은 없어야 한다.

●375 사성제로 한정하지 않는 경전도 있다. 『遊行經』(大正 1卷, p.26), 汝等 若於佛法眾有疑 於道有疑 者 當速諮問(너희들이 만약 불법승에 의심이 있거나 도에 의심이 있다면 마땅히 속히 물어라) ; 『mahāparinibbāna sutta』(D.N. Ⅱ, p.154, 6.5), Siyā kho pana bhikkhave ekabhikkhussa pi kaṅkhā vā vimati vā Buddhe vā dhamme vā saṅghe vā magge vā paṭipadāya vā, pucchatha(비구들이여, 어느 한 비구라도 부처나 법이나 승가나 도나 도 닦음에 대해서 의심이 있거나 혼란이 있으면 지금 물어라) 참조.

【節要】四諦는 是行者가 常觀察及依之起行故로 勸問也니라 苦則八事遷[376]迫이요 集則惑業牽報요 滅則二脫離縛이요 道則三學能通이니 於此有疑에 何能觀察起行耶아 佛이 今垂滅故로 勸疾問이니라

사성제는 수행자가 항상 관찰하고, 그것을 의지하여 수행을 일으켜야 하기 때문에 묻기를 권함이다. 고성제(苦聖諦)는 팔사(八事)[377]가 핍박함이요, 집성제(集聖諦)는 미혹한 업에 이끌리는 과보요, 멸성제(滅聖諦)는 두 가지 해탈로 속박에서 벗어남이요, 도성제(道聖諦)는 삼학을 능히 통달함이다. 여기에 의심이 있다면 어찌 능히 관찰하고 수행을 일으킬 수 있겠는가! 부처님께서 이제 멸도를 드리우려는 까닭에 속히 질문하도록 권함이다.[378]

【補註】二脫은 謂二種解脫也니 一者는 慧解脫이요 二者는 俱解脫이며 又一者는 解脫煩惱요 二者는 解脫於礙니라 上은 惟小乘이며 下는 通菩薩이니라 二는 法輪成就門이라

'이탈(二脫)'은 두 가지 해탈을 말한다. 첫째는 혜해탈(慧解脫)[379]이요,

- 376 遷이 『甲』에는 逼으로 되어 있다.
- 377 사진(四塵)과 사대(四大)를 합한 것으로서, 곧 색진(色塵)·향진(香塵)·미진(味塵)·촉진(觸塵)과 지대(地大)·수대(水大)·화대(火大)·풍대(風大)를 말한다.
- 378 불법수행이 여타의 수행과 구별되는 것은 정견(正見)에 있다. 사성제의 바른 이해가 정견이며, 정견이 없는 수행은 바른 수행이 아닌 까닭으로 성도 후 첫 설법과 마지막 유훈에서 강조되고 있다. 따라서 생사를 해탈하기 위해서는 반드시 사성제의 바른 이해가 선행되어야 한다. 『mahāparinibbāna sutta』(D.N.Ⅱ, p.91, 2.3), Catunnaṃ ariyasaccānaṃ yathābhūtaṃ adassanā Saṃsitaṃ dīghaṃ addhānaṃ tāsu tāsveva jātisu. Tāni etāni diṭṭhāni bhavanetti samūhatā, Ucchinnaṃ mūlaṃ dukkhassa natthi dāni punabbhavo'ti.(네 가지 성스러운 진리들을 있는 그대로 보지 못했기 때문에 긴 세월을 이 생에서 저 생으로 옮겨 다녔다. 이제 이 네 가지 성스러운 진리를 보았으며, 존재로 인도함을 근절하였다. 괴로움의 뿌리가 사라졌기에, 이제 더 이상 태어남이란 존재하지 않는다) 참조.
- 379 범어 prajñāvimukti의 번역으로 구무학(九無學) 가운데 하나이다. 무루의 지혜로서 번뇌의 장

둘째는 구해탈(俱解脫)●380이다. 또한 (달리 표현하면) 첫째는 번뇌에서 해탈함이요, 둘째는 장애에서 해탈함이다. 위는 오직 소승이며, 아래는 보살에 통한다. 두 번째, 법륜을 성취하는 문이다.

2. 법륜성취문 法輪成就門

爾時에 世尊이 如是三唱이언만 人無問者하니 所以者何오 衆無疑故니라
이때 세존께서 이와 같이 세 번 말씀하셨지만 묻는 사람이 없었다. 왜냐하면 모두 의심이 없었기 때문이다.

【節要】三唱者는 示現法輪滿足成就니 三轉實法故요 無問者는 示現證法滿足成就故요 無疑者는 示現斷●381功德滿足成就故니라
'삼창(三唱)'은 법륜이 만족스럽게 성취된 것을 시현하는데, 세 번 진실한 법을 굴리는 까닭이요, '무문(無問)'은 증법(證法)이 만족스럽게 성취

애를 끊고 해탈한 아라한의 경계를 말하나 아직도 멸진정을 증득하지는 못했다고 본다. 구무학(九無學)이란 아라한을 아홉 종류로 나눈 것이다. ① 퇴법(退法), ② 사법(思法), ③ 호법(護法), ④ 안주법(安住法), ⑤ 감달법(堪達法), ⑥ 부동법(不動法), ⑦ 불퇴법(不退法), ⑧ 혜해탈(慧解脫), ⑨ 구해탈(俱解脫).
●380 범어 ubhayatobhāgavīmukta의 번역으로 구무학(九無學) 가운데 하나이다. 선정과 지혜를 장애하는 번뇌장(煩惱障)과 해탈장(解脫障)을 모두 여의었기 때문에 멸진정까지 증득한 아라한의 경계로 본다.
●381 斷이 『甲』에는 斷疑로 되어 있다.

된 것을 시현하는 까닭이요, '무의(無疑)'는 의심을 끊은 공덕이 만족스럽게 성취된 것을 시현하는 까닭이다.

【補註】 如來는 知眾無疑이언만 尚不須一唱하고 而必三唱은 大慈大悲로 愍物無已之心이니라 三의 分別說法[*382]門에 二니 初는 經家敍요 二는 正分別이라 彼眾上首는 知大眾心行成就하야 決定復了知所證實義故며 分別彼彼事로 以答如來故니라 初의 經家敍라

여래께서는 대중들이 의심이 없다는 것을 알지만[*383] 오히려 한 번만 묻지 않으시고 반드시 세 번을 물으신 것은 큰 자비심으로 중생들을 연민하시는 한량없는 마음이시다.

세 번째, 공덕을 분별하는 문에 둘이니, 첫째는 경가의 서술이요[經家敍], 둘째는 바로 분별함이다[正分別]. 저 대중 가운데 상수제자는 대중들의 심행(心行)이 성취된 정도를 알아서 결정코 거듭 증득할 바의 실다운 뜻을 깨달아 알도록 하는 까닭이며, 저들을 분별하여 저들의 일로써 여래께 답하는 까닭이다. 첫 번째, 경가(經家)[*384]의 서술이다.

● 382 설법(說法)은 공덕(功德)의 오자인 듯하다.
● 383 당시의 대중은 모두 수다원과 이상의 성취자들이였다. 아난 존자만 예류과였으나 후일 정등각을 성취하게 된다는 부처님의 수기를 받았다. 『遊行經』(大正 1卷, p.26), 佛告阿難 我亦自知今此眾中最小比丘皆見道迹 不趣惡道 極七往返 必盡苦際 (부처님께서 아난에게 이르시길, '나 또한 스스로 알고 있다. 이 대중 가운데 가장 최하의 비구가 모두 도의 자취를 보고 악취에 떨어지지 않을 것이며, 일곱 번의 왕래를 다하면 반드시 괴로움의 경계를 다할 것이다).; 『mahāparinibbāna sutta』(D.N.Ⅱ, p.155), 'Imesaṃ hi Ānanda pañcannaṃ bhikkhusatānaṃ yo pacchimako bhikkhu so sotāpanno avinipātadhammo niyato sambodhiparāyaṇo' ti (아난다여, 이들 500명의 비구들 가운데 최하인 비구가 예류자이니, 그는 악취에 떨어지지 않는 법을 가지고 해탈이 확실하며 정등각으로 나아가는 자이다).
● 384 부처님께서 설법한 가르침을 송출하여 경전으로 결집한 제자들을 말하며, 또한 그들이 말한 부분을 경가서(經家敍) 또는 경가어(經家語)라고 한다. 가령, 경전의 첫머리에 여시아문(如是我聞)이나 끝부분의 작례이거(作禮而去) 등의 설명어가 이에 해당한다.

3. 분별공덕문 分別功德門

1) 경가서(經家敍)

時●385에 阿㝹樓馱●386가 觀察衆心하고 而白佛言하사되
그때에 아누루타 존자는 대중의 마음을 관찰하고 부처님께 아뢰었다.●387

【節要】阿㝹樓馱는 亦云阿那律이며 亦阿泥樓豆며 亦阿難律陀니 皆一也니라 此翻無貧이며 亦翻無滅이며 亦云如意니 昔에 施辟支佛一食하고 獲九十一劫을 往來人天하며 常受福樂이언만 于今不滅하야 所求如意할새 以玆三義故로 有異翻이니라 時에 爲衆首故로 觀察白佛也니라 二의 正分別에 二니 初는 佛說無異요 二는 比丘無疑니라 初의 佛說無異라

'아누루타(阿㝹樓馱)'는 아나율(阿那律), 아니루두(阿泥樓豆), 아나율타(阿難律陀)라고도 하니, 모두 동일인에 대한 음사(音寫)이다. 또한 무빈(無貧), 무멸(無滅), 여의(如意)라고도 의역(意譯)하는데, (전설에 의하면) 옛적에 벽지불께 밥 한 그릇

●385 時가 『高麗』에는 爾時로 되어 있다.
●386 馱가 『宮』에는 陀로 되어 있다.
●387 『유행경』에서는 대중들이 의심이 없다는 것을 아난 존자의 말을 통해 드러내고 있다. 『遊行經』(大正 1卷, p.26), 阿難白佛言 我信此衆皆有淨信 無一比丘疑佛法衆 疑於道者(아난 존자가 부처님께 아뢰길, '저는 여기 있는 모든 대중 가운데 삼보와 도에 대해서 의심하는 비구가 한 명도 없다는 청정한 믿음이 있습니다.'). ; 『mahāparinibbāna sutta』(D.N.Ⅱ, p.155), Atha kho āyasmā Ānando Bhagavantaṃ etad avoca: 'acchariyaṃ bhante abbhutaṃ bhante! Evaṃ pasanno ahaṃ bhante imasmiṃ bhikkhusaṅghe natthi ekabhikkhussā pi kaṅkhā vā vimati vā Buddhe vā dhamme vā saṅghe vā magge vā paṭipadāya vā' ti(그러자 아난다 존자가 세존께 이렇게 말씀드렸다. '세존이시여, 참으로 경이롭습니다. 세존이시여, 참으로 놀랍습니다. 세존이시여, 저에게는 이 비구 승가에는 부처님이나 법이나 승가나 도나 도 닦음에 대해 의심이 있거나 혼란이 있는 비구는 단 한 명도 없다는 청정한 믿음이 있습니다.')

을 공양 올리고 구십일 겁 동안 인천(人天)을 왕래하며 항상 복락을 받고 살아왔지만 지금까지도 그 복락이 다하지 아니해서 구하는 바가 뜻대로 이루어진다고 한다. 이러한 세 가지 의미가 있기 때문에 달리 의역된 것이며, 그 당시에 대중의 상수였기에 대중을 관찰하고 부처님께 아뢴 것이다.

　두 번째, 바로 분별한 것에 둘이니, 첫째는 부처님의 설법은 변이가 없음이요[佛說無異], 둘째는 비구들은 의심이 없음이다[比丘無疑]. 첫 번째, 부처님의 설법은 변이가 없다.

2) 정분별(正分別)

(1) 불설무이(佛說無異)

　　世尊이여 月可令熱하고 日可令冷이언정 佛說四諦는 不可令異니이다 佛說苦諦는 實●388苦라 不可令樂이며 集眞是因이라 更無異因이니다 苦若滅者인댄 卽是因滅하고 因滅故로 果滅할새 滅苦之道가 實是眞道라 更無餘道니이다

　세존이시여, 설령 달을 뜨겁게 할 수 있고 해를 차갑게 할 수 있을지언정 부처님께서 설하신 사성제의 진리는 달리 어떻게 할 수 없습니다. 부처님께서 설하신 고성제는 진실로 괴로움이라 그것을 즐거움으로 바꿀 수 없으며, 집성제는 진실로 괴로움의 원인이기 때문에 다시 다른 원인이 없습니다. 괴로움이 만약 멸하는 것이라면 괴로움의 원인도 멸할 것이고, 원인이 멸하는 까닭에 결과도 멸하는 것입니다. 괴로움을 멸하는 이 길은 진실로 참된 길이라 다시 다른 길이 없습니다.

●388 實이『高麗』에는 眞實是로 되어 있다.

【節要】先以喩顯也니라 月是太*[389]陰精故로 冷이요 日是太陽精故로 熱이
라 而性不可易이 世皆知之이나 今에 云호되 可熱可冷者는 日月도 寧易其
性이언정 佛言終無變異也니라 不可令樂者는 苦樂各實하야 不變異故니라
更無異因者는 集因定招苦果이언정 終非道因所招也니라 論에 云호되 示
苦滅各自因故라 하니라 卽是因滅者는 斷集因也며 又 因滅하야 是有餘涅
槃故니라 因滅故果滅者는 後有因*[390]中에 不生是滅苦果也며 又 果滅하야
是無餘涅槃故니라 更無餘道者는 餘道非眞하야 不能趣滅也니라

먼저 비유로써 드러내었다. 달은 태음(太陰)의 정기이므로 차갑고, 해는 태양(太陽)의 정기이므로 뜨겁다. 그리고 그러한 성품은 바꿀 수 없다는 것이 세간 사람들의 상식이나, 지금 '뜨겁게도 할 수 있고 차갑게도 할 수 있다.'라는 말은 (상식적으로 불가능하다고 여기는) 일월조차도 오히려 그 성품을 바꿀 수 있다고 표현함으로써 부처님께서 말씀하신 진리는 절대로 바꿀 수 없다는 뜻을 강조하였다.

'즐거움으로 할 수 없다.'라는 것은 괴로움과 즐거움은 각각 실재하여 변이되는 것이 아닌 까닭이다. '다시 다른 원인이 없다.'라는 것은 집성제의 원인이 반드시 괴로움의 과보를 초래하는 것이지, 끝내 도성제의 원인에 의해서 괴로움이 초래되는 것은 아니라는 뜻이다. 그러므로 논에 이르길, '괴로움의 소멸에는 각각 스스로의 원인이 있음을 현시하는 까닭이다.'*[391]라고 하였다.

'곧 괴로움의 원인도 멸한다.'라는 것은 집성제의 원인이 끊어지는

●389 太가 『甲』에는 大로 되어 있다.
●390 因이 『甲』과 『永樂』에는 田으로 되어 있다.
●391 『遺敎經論』(大正 26卷, p.290), 更無異因者 示苦滅各自因故 復示滅道同是自性觀故(다시 다른 원인이 없다는 것은, 괴로움의 소멸에는 각각 스스로의 원인이 있음을 현시하는 까닭이며, 또한 멸도도 동일해서 이것이 자성으로 관함을 현시하는 까닭이다).

것이며, 또한 원인이 멸하여 유여열반이 되는 까닭이다. '원인이 멸하는 까닭에 결과도 멸한다.'라는 것은 다음생의 밭 가운데에는 이 멸한 괴로움의 과보가 생기지 않는 것이며, 또한 괴로움의 과보가 멸하여 무여열반이 되는 까닭이다.●392 '다시 다른 길이 없다.'라는 것은 나머지 길은 진실한 것이 아니어서 능히 멸도(滅度)로 나아갈 수 없음을 의미한다.

【補註】 日月은 是幻妄之法일새 故로 可轉移어니와 佛言은 乃眞實之理니 焉能變異리오 是故로 反陰易陽은 世容有之나 逆理亂眞은 終無是處니라 二는 比丘無疑라

일월은 환망의 법이므로 굴려서 바꿀 수 있지만, 부처님의 말씀은 곧 진리이기 때문에 어찌 능히 달리 바꿀 수 있으리오! 이런 까닭에 음(陰)을 뒤집어 양(陽)으로 바꾸는 일은 세간에 존재할 수 있지만, 이치를 거스르고 진리를 산란케 하는 일은 끝내 있을 수 없는 것이다. 두 번째, 비구들은 의심이 없다.

●392 열반이란 육신의 고통에서 완전히 벗어난 상태를 뜻하며[無餘涅槃], 인과의 반복적 오류를 범하지 않는다는 의미를 갖는다[有餘涅槃]. 여기서 '인과의 반복적 오류를 범하지 않는다.'라는 의미는 가령, 중생들은 누군가가 때리면 순간 화를 내고 증오 또는 복수심을 내지만 부처님은 화를 내는 등의 반복적 행위로 인하여 인과의 되풀이 과정을 만들지 않는다는 뜻이다. 즉, 육신이 있는 한 과보는 있지만 그것에 이끌리지 않는 상태가 바로 유여열반이며, 유여열반을 증득한 각자(覺者)가 세간의 육신이 다하면 그것을 무여열반이라 이름만 다르게 부를 뿐 다른 깨달음을 얻었다거나 더 깊은 열반에 들어갔다는 뜻은 아닌 것이다. 따라서 부처님께서도 성도[有餘涅槃] 직전의 수자타의 공양공덕과 입멸[無餘涅槃] 직전의 춘다의 공양공덕은 똑같다고 말씀하셨다.

(2) 비구무의(比丘無疑)

世尊이시여 是諸比丘는 於四諦中에 決定無疑니이다
　세존이시여, 이 모든 비구들은 사성제 법문 가운데 결정코 의심이 없습니다.

【節要】決定者는 苦樂因果入行決定故며 無疑者는 無異無餘義故니라
　'결정코'라고 말한 것은 고락의 인과를 분명하게 알고서 수행에 들어가는 까닭이며, '의심이 없다.'라는 것은 다른 견해도 없으며 말하지 않고 남겨둔 뜻이 있는 것도 아니라는 말이다.

【補註】無異者는 明燭其理하야 更無差異故로 不疑하며 無餘者는 曲盡其義하야 更無遺餘故로 不疑니라 六의 分別未入上上證為斷疑分에 三이니 初는 顯示未入上上法이요 二는 為斷彼彼疑요 三은 重說有為無常相이라 初의 顯示未入上上法에 二니 初는 約未辦이요 二는 約已辦이라 初의 約未辦에 二니 初는 見滅懷悲요 二는 聞法得度라 初의 見滅懷悲라
　'다른 것도 없다.'라는 것은 그 이치를 명확히 밝혀서 다시 차이남이 없도록 한 까닭에 의심하지 않는 것이며, '남긴 것도 없다.'라는 것은 그 뜻을 자세히 다 말해서 다시 남겨 둔 뜻이 없는 까닭에 의심하지 않는 것이다.[393]

● 393 팔리어본 『대반열반경』에는 '스승의 주먹[師拳]이 없다.'라는 내용이 보인다. '사권(師拳, ācariya-muṭṭhi)'이란 우파니샤드의 가르침처럼 비밀스럽게 전하는 가르침을 뜻한다. 『mahāparinibbāna suttaṃ』(D.N. Ⅱ, p.100), Kimpan Ānanda bhikkhusaṅgho mayi paccāsiṃsati? Desito Ānanda mayā

여섯 번째, 아직 높고 높은 도의 증득에 들어가지 못하여 의심을 끊지 못함을 분별하는 분(分)에 셋이니, 첫째는 아직 높고 높은 법에 들어가지 못한 것을 현시함이요[顯示未入上上法], 둘째는 저들을 위해 거듭 물어 저들의 의심을 끊게 함이요[爲斷彼彼疑], 셋째는 거듭 유위세계의 무상한 모양을 설함이다[重說有爲無常相]. 첫 번째, 아직 높고 높은 법에 들어가지 못함을 현시함에 둘이니, 첫째는 아직 성취하지 못한 자를 기준함이요[約未辦], 둘째는 이미 성취한 자를 기준함이다[約已辦]. 첫 번째, 아직 성취하지 못한 자를 기준한 것에 둘이니, 첫째는 멸도하시는 것을 보고 슬퍼함이요[見滅懷悲], 둘째는 법문을 듣고 득도함이다[聞法得度]. 첫 번째, 멸도하시는 것을 보고 슬퍼한다.

---

dhammo anantaraṃ abāhiraṃ karitvā na tatth Ānanda Tathāgatassa dhammesu ācariyamuṭṭhi(아난다여, 그런데 비구 승가는 나에 대해서 무엇을 더 바라는가? 아난다여, 나는 안과 밖이 없이 법을 설하였다. 아난다여, 여래가 가르친 법들에는 스승의 주먹과 같은 것이 따로 없다).

【6장】

분별미입상상증위단의분
分別未入上上證爲斷疑分

1. 현시미입상상법 顯示未入上上法

1) 약미판(約未辦)

(1) 견멸회비(見滅懷悲)

於此衆中에 所●394作未辦者는 見佛滅度하고 當有悲感하며

이 대중 가운데 혹 할 일을 아직 성취하지 못한 자들은 부처님의 멸도를 보고 마땅히 슬픈 감정을 나타내며,

【節要】 未辦者는 卽內外凡과 及前三果也니라 前三果는 殘思在故로 則有

●394 所는 『宮』과 『宋』에는 若有所로 되어 있으며, 『元』에는 若所로 되어 있다.

悲感이니라

'아직 성취하지 못한 자'는 내외의 범부와 앞의 삼과(三果)[395]이다. 앞의 삼과는 남은 사혹(思惑)[396]이 있기 때문에 곧 슬픈 감정이 있다.

【補註】如天人雨淚하고 阿難愁憂가 是也니라 二는 聞法得度라

저 하늘 사람이 비 오듯 눈물을 흘리고, 아난이 슬퍼하며 근심한 것[397]이 이것이다. 두 번째, 법문을 듣고 득도(得度)한다.

(2) 문법득도(聞法得度)

若有初入法者라도 聞佛所說하고 即皆得度니 譬如夜見電光에 即得見道니이다

혹 처음으로 불법에 입문한 사람이라도 부처님의 설법을 듣고 곧바로

●395 성문사과(聲聞四果) 가운데 앞의 세 가지인 수다원과, 사다함과, 아나함과를 말한다.
●396 수혹(修惑)이라고도 하며, 세간 사물의 진상(眞相)을 여실히 알지 못함으로서 생기는 현상적인 번뇌이다.
●397 『遊行經』(大正 1卷, p.25), 是時 阿難在佛後立 撫膺悲泣 不能自勝 歔欷而言 如來滅度 何其駛哉 世尊滅度 何其疾哉 大法淪曀 何其速哉 群生長衰 世間眼滅 所以者何 我蒙佛恩 得在學地 所業未成 而佛滅度(이때 아난은 부처님 뒤에 서서 평상을 만지면서 슬피 울다가 스스로를 억제하지 못하고 흐느끼면서 말하였다. '여래께서 멸도하심이 어찌 이리도 빠른가! 세존께서 멸도하심이 어찌 이리도 빠른가! 큰 법이 사라져 어두워짐이 어찌 이리도 빠른가! 중생은 영영 쇠하고 세간의 안목이 사라지는구나. 무슨 까닭인가? 나는 부처님의 은혜를 입어 이미 학지(學地)에는 있지만, 아직 공부가 다 이루어지지 못했는데 부처님께서 그만 멸도 하시는구나!). ; 『mahāparinibbāna sutta』(D.N.Ⅱ, p.143) Atha kho āyasmā Ānando vihāraṃ pavisitvā kapisīsaṃ ālambitvā rodamāno aṭṭhāsi: 'Ahañ ca vat amhi sekho sakaraṇīyo, Satthu ca me parinibbānaṃ bhavissati yo mamaṃ anukampako' ti(그러자 아난다 존자는 방으로 들어가서 문틀에 기대어 '나는 아직 유학이라서 더 닦아야 할 것이 있다. 그러나 나를 연민해 주시는 스승께서는 이제 반열반을 하실 것이다.'라며 울면서 서 있었다) 참조.

모두 제도를 얻은 이가 있으니, 마치 어두운 밤길을 걸을 적에 번갯불이 번쩍일 때 길을 볼 수 있는 것과 같습니다.

【節要】 初入法者는 即前所作未辦人也니 望極果人을 通名初入이니라 得度有二니 謂從凡入聖과 從聖至極을 皆名得度니라 復以譬喻로 示現見道에 速疾決定義也니라 二는 約已辦이라

'처음으로 불법에 들어온 자'는 곧 앞의 할 일을 아직 성취하지 못한 사람인데, 대개 극과(極果)[398]를 바라는 사람들을 묶어서 '초입자'라고 부른다.

'득도(得度)'에는 두 가지가 있으니, 범부로부터 성인에 들어가고 성인으로부터 극과(極果)에 이르는 것을 모두 '득도(得度)'라고 부른다.

거듭 비유로써 견도(見道)[399]에서 신속히 결정해야 하는 뜻을 나타내 보였다. 두 번째, 이미 성취한 자를 기준하다.

- 398 부처님의 정각을 의미한다.
- 399 견도위(見道位)를 말한다. 수행의 계위를 크게 유학도(有學道)와 무학도(無學道)로 나눌 때, 견도위는 수도위(修道位)와 더불어 유학도에 해당한다. 소승에서는 삼현(三賢)·사선근(四善根) 등의 준비 수행을 닦은 사람이 비로소 무루지를 얻어 견도에 들어간다고 하며, 대승에서는 성인의 지위인 초지(初地)를 성취하는 순간 견도에 들었다고 하며, 밀교에서는 정보리심(淨菩提心)이 처음으로 생기는 자리를 견도라고 한다. 일반적으로 견도에 도달하기 이전을 범부라고 하고, 견도에 들어간 뒤를 성자라고 한다.

2) 약이판(約已辦)

若●⁴⁰⁰所作已辦하야 已度苦海者는 但作是念호대 世尊滅度가 一何疾哉오하니다

혹 할 일을 이미 성취하여 고통의 바다를 건넌 사람들은 다만 생각하길, '세존의 멸도가 어찌하여 이토록 빠른가.'라고 생각할 뿐입니다.

【節要】已辦者는 無學位人이니 已盡見思하야 出三界苦니라 於小乘中에 雖名已辦이나 其實所知障全在故로 見佛速滅하니 由不了生本不生이며 滅亦無滅이며 生滅卽非生滅故니라

'이미 성취한 자'는 무학위(無學位)●⁴⁰¹의 사람으로서, 이미 견혹(見惑)●⁴⁰²과 수혹(修惑)●⁴⁰³의 번뇌를 다하여 삼계의 고통에서 벗어났다. 소승에서 비록 이미 성취했다고 하지만 그들의 실상은 아직 소지장(所知障)●⁴⁰⁴

- ●400 若은 『宮』과 『宋』에는 若有로 되어 있다.
- ●401 아라한의 지위로서 이 자리에 이르면 더 배울 것이 없으므로 무학(無學)이라 한다.
- ●402 견번뇌(見煩惱), 견장(見障)이라고도 하며, 이 번뇌는 삼계에서 사제의 이치를 바르게 알지 못하는 데서 생기는 이치적인 번뇌로서 견도위에서 소멸된다. 『구사론』에서는 이치적인 번뇌로서 견혹 88使를 세우고 있는 반면, 『유식론』에서는 후천적인 번뇌로서 견혹 112使를 세우고 있다.
- ●403 사혹(思惑)이라고도 하며, 이 번뇌는 세간 사물의 진상(眞相)을 여실히 알지 못하는 데서 생기는 현상적인 번뇌로서 수도위(修道位)에서 소멸된다. 『구사론』에서는 현상적인 번뇌로서 수혹 10使를 세우고 있는 반면, 『유식론』에서는 신천적인 번뇌로시 수혹 16使를 세우고 있다.
- ●404 이장(二障) 가운데 하나로서 지장(智障)이라고도 한다. 『성유식론』에 의하면, '중생의 몸과 마음을 교란시켜 열반에 이르는 것을 방해하는 모든 번뇌를 번뇌장(煩惱障)이라 하며, 업을 일으켜 삼계에 나게 하는 작용은 없지만 알아야 할 대상을 덮어서 바른 지혜가 생기는 것을 방해하는 모든 번뇌를 소지장(所知障)이라 한다.'라고 하였다. 곧, 번뇌장은 열반을 장애하는 정장(正障)이며, 소지장은 이 정장(正障)에 힘을 주어 장애시키는 겸장(兼障)이기 때문에 소지장만으로는 열반을 장애하지 못한다고 본다. 또한 번뇌장을 조연(助緣)으로 하여 분단생사를 받고 소지장을 조연(助緣)으로 하여 변역생사를 받는다고 한다.

이 온전히 남아 있기 때문에 부처님께서 속히 멸하는 것을 본다. 이것은 생(生)이 본래 불생(不生)이며, 멸(滅)이 본래 불멸(不滅)이며, 생멸이 곧 생멸이 아님을 알지 못하기 때문이다.

【補註】如經에 云하되 苦哉라 大聖尊이시여 入眞何太速이닛고 하니 是也니라 又 云하되 諸佛은 不出世며 亦無有涅槃이라 하니 則了不生不滅之旨者也니라 二의 爲斷彼彼疑에 二니 初는 經家敍요 二는 正斷疑라 初의 經家敍라
저 경(經)에 이르길, '괴롭습니다. 대성존이시여! 진성(眞性)에 들어감이 어찌 이리도 빠르나이까?'라고 하였으니 이것이다. 또 이르길, '모든 부처님은 세간에 나오신 적도 없고, 또한 열반에 드신 적도 없다.'[405]라고 하였으니, 곧 불생불멸의 뜻을 요달(了達)함이다.
두 번째, 저들을 위해 거듭 물어 저들의 의심을 끊게 함에 둘이니, 첫째는 경가의 서술이요[經家敍], 둘째는 바로 의심을 끊음이다[正斷疑]. 첫 번째, 경가의 서술이다.

●405 『涅槃經』(大正 12卷, p.629), 善男子 我雖在此閻浮提中 數數示現入於涅槃 然我實不畢竟涅槃 而諸衆生皆謂如來眞實滅盡 而如來性實不永滅是故 當知是常住法不變易法 善男子 大涅槃者 卽是諸佛如來法界(선남자야, 내가 비록 이 남섬부주에서 자주 열반에 들어가는 듯이 보이나 나는 실로 필경에 열반하는 것이 아니며, 모든 중생들은 여래가 참으로 열반한다고 생각하지만 여래의 성품은 진실로 영원히 열반하는 것이 아니다. 그러므로 여래는 항상 머무는 법이며 변역하지 않는 법이니라. 선남자야, 대열반은 부처님의 법계니라). ; 『新華嚴經論』(大正 36卷, p.731), 華嚴經云 諸佛不出世亦無有涅槃 諸佛但自體應眞 참조.

2. 위단피피의 爲斷彼彼疑

1) 경가서(經家叙)

阿㝹樓駄가 雖說是語하야 眾中이 皆悉了達四聖諦義언만 世尊이 欲令此諸大眾으로 皆得堅固하사 以大悲心으로 復為眾說하사되

비록 아누루타 존자가 이러한 말로 모든 대중들이 다 사성제의 뜻을 잘 이해하고 있다고 분명히 아뢰었지만, 세존께서는 이 모든 대중들이 빠짐없이 견고함을 얻게 하고자 하여 큰 자비심으로 대중을 위하여 다시 말씀하셨다.

【節要】 聖者는 正也니 無漏正法을 得在心故니라 諦有二義하니 一者는 諦實이요 二者는 審諦라 釋此二義는 如四聖諦品이니라 復為眾說者는 訖[406] 高勗下하고 寄現訓未也니라 論에 云하되 如來悲心淳至故며 不護上上法也라하니라

'성(聖)'은 정(正)의 뜻이니, 무루의 정법을 마음에 증득한 까닭이다. '제(諦)'에도 두 가지 뜻이 있으니, 첫째는 제실(諦實)이요, 둘째는 심제(審諦)이다. 이 두 가지의 뜻풀이는 사성제품(四聖諦品)[407]과 동일하다.

'다시 대중을 위하여 설하셨다.'라는 것은 높은 경지의 수행자를 의

- [406] 訖이 『甲』, 『永樂』, 『乾隆』에는 託으로 되어 있다.
- [407] 『화엄경』의 「사성제품」이며, 징관의 『화엄경소초』에서 제(諦)의 두 가지 뜻을 다음과 같이 풀이하였다. 『華嚴經疏鈔』(大正 36卷, p.216), 諦通二義 聖之一字唯屬審諦 三瑜伽下引證二義 法性是諦實 勝解是審諦 제(諦)는 두 가지 뜻에 통하니 성(聖)의 한 글자는 오직 심제(審諦)에만 속하며, 삼유가(三瑜伽) 아래는 두 가지 뜻을 인증하는 것으로 법성(法性)은 제실(諦實)이요, 승해(勝解)는 심제(審諦)이다.

지해서 하열한 자들이 힘쓰도록 북돋우고, 현재의 대중을 의지해서 미래의 중생들까지 훈계함이다. 논에 이르길, '여래의 자비심이 지극히 정성스러운 까닭이며, 높고 높은 법을 지키지 않는 까닭이다.'[408]라고 하였다.

【補註】曲被中下요 非爲上根故며 遠惠萬世요 非爲一時故니라 二의 正斷疑에 六이니 初는 自他俱滅이요 二는 法門常住요 三은 利他事畢이요 四는 總顯已度요 五는 示得因緣이요 六은 因果住持라 初의 自他俱滅이라

간곡히 중·하근기를 위함이요, 상근기만을 위한 것이 아니기 때문이며, 멀리 만세에 베풂이요, 한 때만을 위함이 아니기 때문이다.

두 번째, 바로 의심을 끊는 것에 여섯이니, 첫째는 자타가 모두 멸함이요[自他俱滅], 둘째는 법문은 상주함이요[法門常住], 셋째는 이타의 일을 마침이요[利他事畢], 넷째는 이미 제도한 이들을 모두 드러냄이요[總顯已度], 다섯째는 제도 받을 인연 맺었음을 보임이요[示得因緣], 여섯째는 인과에 주지함이다[因果住持]. 첫 번째, 자타가 모두 멸하다.

2) 정의단(正斷疑)

(1) 자타구멸(自他俱滅)

汝等比丘여 勿懷悲[409]惱하라 若我住世一劫이라도 會亦當滅이니 會而不離는 終不可得이니라

●408 『遺教經論』(大正 26卷, p.290) 참조.
●409 悲가 『高麗』에는 憂로 되어 있다.

너희 비구들이여, 슬프고 괴롭다는 감정을 품지 말라. 만약 내가 이 사
바세계에 한 겁(劫)을 더 머문다 하더라도 모인 것은 소멸하기 마련이니, 만
나서 이별하지 않는 것은 결코 있을 수 없는 일이니라.[410]

【節要】會亦當滅者는 住世雖久時나 會亦滅이니 會而不滅[411]은 終不可得
이니라 上明自滅이요 此云他滅이니 豈唯我然이리오 一切皆爾니라 會는 聚
也니 既有聚會에 必歸離散이니라 聚散有二니 一은 師資聚散이요 二는 五
陰聚散이니 是則一切皆無常也니라

'모인 것은 소멸하기 마련이다.'라는 것은 세상에 머무름이 비록 오
래되었더라도 모인 것은 역시 소멸되니, 모여서 소멸되지 않는 것은 끝내
얻을 수 없는 것이다. 위는 자멸(自滅)을 밝혔으며, 여기서는 타멸(他滅)을
말함이니, 어찌 오직 나만이 그러할 것인가! 일체가 모두 그러할 뿐이다.

'회(會)'는 모임의 뜻이니, 이미 모인 것이 있다면 반드시 흩어짐으로

- 410 『遊行經』(大正 1卷, p.16), 佛告諸比丘曰 汝等且止 勿懷憂悲 天地人物 無生不終 欲使有爲不變
易者 無有是處 我亦先說恩愛無常 合會有離 身非己有 命不久存(너희들은 그만두라. 걱정하거
나 슬퍼하지 말라. 하늘이나 땅이나 사람이나 모든 물질은 한 번 나면 끝나지 않는 것이 없느
니라. 존재하는 모든 것들을 변하여 바뀌지 않게 하려 해도 그것은 될 수 없는 것이다. 내가 전
에도 말했지만 은혜와 사랑은 무상한 것이요, 한 번 모인 것은 흩어지기 마련이다. 이 몸은 나
의 소유가 아니요, 이 목숨은 오래가지 않는 것이다). ; 『mahāparinibbāna sutta』(D.N.Ⅱ, p.144),
Alaṁ Ānanda mā soci mā paridevi. Na nu etaṁ Ānanda mayā paṭikacceva akkhātaṁ sabbeheva
piyehi manāpehi nānābhāvo vinābhāvo aññathābhāvo? Taṁ kut ettha Ānanda labbhā? yan taṁ
jātaṁ bhūtaṁ saṅkhataṁ palokadhammaṁ, taṁ vata mā palujjiti netaṁ ṭhānaṁ vijjati(그만 하여
라, 아난다여. 슬퍼하지 말라. 탄식하지 말라. 아난다여, 참으로 내가 전에 사랑스럽고 마음에 드
는 모든 것과는 헤어지기 마련이고 없어지기 마련이고 달라지기 마련이라고 그처럼 말하지 않
았던가. 아난다여, 그러니 여기서 그대가 슬퍼한들 무슨 소용이 있겠는가? 아난다여, 태어났고
존재했고 형성된 것은 모두 부서지기 마련인 법이거늘, 그런 것을 두고 '절대로 부서지지 말라.'
고 한다면, 그것은 있을 수 없는 일이다. 그런 경우란 존재하지 않는다) 참조.
- 411 滅이 『甲』과 『永樂』에는 離로 되어 있다.

돌아간다. 모이고 흩어짐에 두 가지가 있다. 첫째는 사자(師資)가 모이고
흩어짐이요, 둘째는 오음이 모이고 흩어짐이다. 이러하므로 일체가 모두
무상함이다.

【補註】師資者는 言一眾聚散이니 未有主常領伴커나 伴常隨主者也니라 五
陰者는 言一身聚散이니 色陰은 則四大合이라 而必離하며 四陰은 則妄念
起라 而必滅일새 故로 曰 一切皆無常也니라 二는 法門常住라

'사자(師資)'는 한 대중이 모이고 흩어짐을 말하는 것이니, 주(主)가 항상
반(伴)을 거느리거나 반(伴)이 항상 주(主)를 따르는 것은 아니라는 말이다.
'오음(五陰)'은 한 몸뚱이가 모이고 흩어짐을 말하니, 색음(色陰)은 사대
가 가합(假合)한 것인지라 반드시 분리되며, 사음(四陰)은 망념으로 일어난
것인지라 반드시 소멸된다. 그러므로 일체가 무상하다고 한 것이다. 두
번째, 법문은 상주하다.

(2) 법문상주(法門常住)

自利利人은 法皆具足하니
자신도 이롭고 타인도 이롭게 하는 것은 법에 모두 갖추어져 있으니,

【節要】自利者는 修因得果요 利他者는 說法化生이니라 至聖이 流慈로 宣
說法門하야 無不具足이며 此法은 常在世間하야 眾生이 自可修學이니 不須
我住也니라 三은 利他事畢이라

'자리(自利)'는 인(因)을 닦아 과(果)를 증득함이요, '이타(利他)'는 법을 설하여 중생을 교화함이다.

지극한 성인께서 넘치는 자비심으로 법문을 설하셨기에 구족치 못한 것은 없으며, 이 법은 항상 세간에 존재하므로 중생들이 스스로 수학할 수 있으니, 부처님의 머무름이 필요치 않은 것이다. 세 번째, 이타의 일을 마치다.

(3) 이타사필(利他事畢)

若我久住라도 更無所益이니라
만약 내가 이 세상에 더 오래 머문다 해도 다시 더 이익 될 것은 없느니라.

【節要】法既具足이니 我住何為오
법이 이미 갖추어졌으니, 부처인 내가 더 머물러 무엇하리오.

【補註】無益에 有二니 一者는 諸佛住世는 止為說法利生이언만 法既足矣니 故로 無益이요 二者는 佛若久住면 則眾生이 不生難遭之想할새 故로 無益이라 四는 總顯已度라

'무익(無益)'에는 두 가지가 있다. 첫째는 모든 **부처님**이 세상에 머무는 것은 다만 법을 설하여 중생을 이롭게 함이건만 법이 이미 구족했으니 따라서 이익이 없는 것이요, 둘째는 부처님이 만약 오래 머무르면 중생들은 불법 만나기가 어렵다는 생각을 내지 않을 것이니, 따라서 이익이 없는 것이다. 네 번째, 이미 제도한 자들을 모두 드러낸다.

(4) 총현이도(總顯已度)

應可度者는 若天上人間에 皆悉已度하고
응당 제도할 수 있는 자는 천상이나 인간에서 이미 모두 제도되었고,

【節要】 於彼彼衆에 自利事訖이니 則是令彼彼天人로 修因得果야니라
五는 示得因緣이라

이러저러한 대중들에게 스스로 이롭게 하는 일을 마쳤으니, 이제는 이러저러한 천상이나 인간들로 하여금 인(因)을 닦아서 과(果)를 얻도록 하신 것이다. 다섯 번째, 제도 받을 인연 맺었음을 보이다.

(5) 시득인연(示得因緣)

其未度者라도 皆亦已作得度因緣이니라
아직 제도 받지 못한 자들도 모두 이미 제도 받을 인연을 지었느니라.

【節要】 其未修習者도 依不滅法門하야 能作得度因緣이니 則是已爲下種 未來熟脫이니 法門在世可修學故니라

아직 닦고 익히지 못한 자들도 멸하지 않은 법문을 의지하여 능히 득도의 인연을 지을 수 있으니, 곧 이것은 이미 미래에 숙탈(熟脫)할 씨앗을 심은 것이다. 법문이 세상에 있는 한 닦고 배울 수 있기 때문이다.

【補註】熟脫者는 善根純熟하야 得解脫也니라 六의 因果住持에 二니 初는 對因이요 二는 對果라 初의 對因이라

'숙탈(熟脫)'은 선근이 푹 익어서 해탈을 얻는 것이다. 여섯 번째, 인과주지(因果住持)에 둘이니, 첫째는 인에 대한 것이요[對因], 둘째는 과에 대한 것이다[對果]. 첫 번째, 인을 말하다.

(6) 인과주지 (因果住持)

가. 대인(對因)

自今以後로 我諸弟子가 展轉行之하면

지금 이후로 나의 모든 제자들이 법을 펼치며, 굴리고 수행하면,

【節要】弟子行之者는 因分住持不壞일새 滅後弟子라도 常依修習이니 展轉傳授하야 不斷絶也니라 二는 對果라

'제자들이 수행한다.'라는 것은 인분(因分)은 무너지지 않고 지속됨을 말한다. 멸후의 제자라도 항상 의지하여 닦고 익힐 수 있으니, 쉬지 않고 전수되어 끊어지지 않는 것이다. 두 번째, 과를 말하다.

나. 대과(對果)

則是如來法身이 常在而不滅也니라

곧 이것이 여래의 법신이 항상 머물러 멸하지 않는 것이니라.

【節要】法身常在者는 果分住持不壞일새 以●412弟子所行之法이 不斷絕이
니 卽是如來五分法身이 常在世也니라

'법신이 항상 머물러 있다.'라는 것은 과분(果分)은 무너지지 않고 지
속됨을 말한다. 제자들에 의해 수행법이 끊어지지 않으니, 이것은 곧 여
래의 오분법신(五分法身)●413이 항상 세상에 존재하는 것이다.

【補註】佛身雖滅이나 佛法常存하니 依法修行하면 是佛住世니라 三의 重說
有爲無常相에 二니 初는 正示有爲요 二는 引己作證이라 初의 正示有爲에
三이니 初는 無常求脫이요 二는 以智滅癡요 三은 觀身不淨이라 初의 無常
求脫이라

부처님의 육신은 비록 멸하나 부처님의 법은 항상 존재하니, 법을 의
지하여 수행하면 곧 부처님이 세상에 머무는 것이다.

세 번째, 거듭 유위세계의 무상한 법을 설하는 것에 둘이니, 첫째는
바로 유위세계를 보임이요[正示有爲], 둘째는 스스로 증득한 것을 인용함이
다[引己作證]. 첫 번째, 바로 유위세계를 보이는 것에 셋이니, 첫째는 무상
하여 해탈을 구함이요[無常求脫], 둘째는 지혜로써 어리석음을 멸함이요[以
智滅癡], 셋째는 육신의 부정함을 관함이다[觀身不淨]. 첫 번째, 무상하여 해
탈을 구하다.

●412 以가 『甲』에는 常顯故以로 되어 있다.
●413 범어 asamasamapañcaskandha의 번역으로 무루오온(無漏五蘊) 또는 무등등오온(無等等五蘊)이
라고도 한다. 대·소승의 최고 깨달음을 성취한 불과 아라한만이 구족할 수 있는 다섯 가지 공덕
이니, 곧 ① 계신(戒身), ② 정신(定身), ③ 혜신(慧身), ④ 해탈신(解脫身), ⑤ 해탈지견신(解脫知見
身)을 말한다. 혜원(慧遠)의 『대승의장(大乘義章)』에 의하면, '다섯 가지 공덕이 몸을 이루는 인
(因)이기 때문에 분(分)이라고 하며, 다섯 가지 공덕이 몸을 이루는 궤칙이기 때문에 법(法)이라
고 하며, 다섯 가지 공덕이 제불의 체(體)가 되기 때문에 신(身)이라고 한다.'라고 하였다.

3. 중설유위무상상重說有爲無常相

1) 정시유위(正示有爲)

(1) 무상구탈(無常求脫)

是故로 當知하라 世皆無常하야 會必有離하나니 勿懷憂惱●414하라 世相●415如是니 當勤精進하야 早求解脫하고

이런 까닭에 마땅히 알라. 이 세상의 모든 것은 무상하여 만나면 반드시 떠남이 있으니 근심과 괴로움을 마음에 품지 말라. 세상사는 이와 같으므로 마땅히 부지런히 정진하여 하루 속히 해탈을 구하고

【節要】論에 云하되 示現於此處勸修하야 世間生厭離行故며 當勤精進者는 於有爲相中에 得解脫故라하니라 二는 以智滅癡니라

논에 이르길, "(여기서는 무슨 까닭으로 유위공덕의 무상한 모습을 설하는가?) 이곳에서 수행을 권하여 세간에 염리행(厭離行)●416을 내도록 시현하는 까닭이며, '마땅히 부지런히 정진하라.'는 것은 유위상(有爲相)●417에서 해탈을 얻도록 하고자 하는 까닭이다."●418라고 하였다. 두 번째, 지혜로써 어리석음을 멸하다.

●414 惱가 『高麗』에는 也로 되어 있다.
●415 相이 『宮』에는 間으로 되어 있다.
●416 고해와 같은 세간에서 해탈하겠다는 마음으로 실천 수행함을 말한다. 즉, 알 수 없는 옛적부터 오욕에 빠져 온갖 고통을 받으며 육도를 옮겨 다녔지만, 부처님의 가르침을 인하여 이 육신을 비롯한 일체가 청정하지 못하고 덧없음을 여실히 깨달음으로서 세간에 대하여 싫증을 내고 벗어나야겠다는 마음을 일으키는 것이다.
●417 여러 가지 조건에 의해서 생주이멸(生住異滅)하는 모습이다.
●418 『遺敎經論』(大正 26卷, pp.290), 是中何故重說有爲功德無常相者 示現於此處勸修世間生厭離

(2) 이지멸치(以智滅癡)

以智慧明으로 滅諸癡暗하라
지혜의 광명으로써 모든 어리석음의 어두움을 소멸하라.

【節要】 復示如實觀하야 滅我我所見根本故니라
다시 여실히 관찰하여 나[我]와 나의 것[我所]이라는 망견의 뿌리까지 소멸시킬 것을 시현하는 까닭이다.

【補註】 癡暗은 卽無明也니라 凡夫見에 有我及我所니 此見은 從無明生인지라 非智不滅이니라 三은 觀身不淨이라
어리석음의 어두움이란 곧 무명이다. 범부의 소견에는 아(我)와 아소(我所)가 있는데, 이러한 소견들은 무명으로부터 생겨난 것인지라 지혜의 광명이 아니면 소멸되지 않는다. 세 번째, 육신의 부정함을 관하다.

(3) 관신부정(觀身不淨)

世實危脆하야 無牢強者니라
세상은 참으로 위태로워서 견고한 것이 없다.

行故 於有爲相中得脫故.

【節要】陰等諸法이 悉皆虛妄이니라 二의 引己作證에 二니 初는 略示己滅이요 二는 廣辯患相이라 初의 略示己滅이라

오음(五陰) 등의 제법이 모두 허망한 것이다. 두 번째, 스스로 증득한 것을 인용함에 둘이니, 첫째는 간략히 스스로의 멸도를 보임이요[略示己滅], 둘째는 널리 근심의 상을 가림이다[廣辯患相]. 첫 번째, 간략히 스스로의 멸도를 보이다.

2) 인기작증(引己作證)

(1) 약시기멸(略示己滅)

我今得滅이 如除惡病이라

내가 지금 열반하는 것은 마치 악한 병을 제거하는 것과 같다.

【節要】陰身은 如惡病이요 得滅은 如病差니라

오음(五陰)의 몸은 악한 병과 같고, 열반에 드는 것은 병이 낫는 것과 같다.

【補註】佛의 妙色身은 卽是法身이언만 而喻惡病者는 示同凡夫하야 作警●419省也니라 二는 廣辯患相이라

●419 警이 『甲』에는 驚으로 되어 있다.

● 277

부처님의 묘색신(妙色身)[420]은 그대로 법신이지만 악한 병에 비유한 것은 범부와 동일하다는 뜻을 보여 경계하고 살피도록 하신 것이다. 두 번째, 널리 근심의 상을 가리다.

(2) 광변환상(廣辯患相)

此是應捨罪惡之物이어늘 假名爲身하야 沒在老病生[421]死大海하니 何有智者가 得除滅之호미 如殺怨賊하야 而不歡喜리오

이 육신은 응당 버려질 수밖에 없는 허물 많고 나쁜 물건인데, 현재 잠시 거짓 이름으로 몸을 삼아 생로병사의 큰 바다에 빠져 있으니, 어찌 지혜 있는 사람이 제거하여 없애기를 마치 원수나 도적을 죽이는 것처럼 기뻐하지 않겠는가!

【節要】唯有智人이 能厭能喜니라
오직 지혜 있는 사람만이 싫어할 수도 있고 기뻐할 수도 있다.

【補註】見身存에 則悅而不厭故로 貪生하며 見身滅에 則憂而不喜故로 避

●420 색이 아닌 색을 묘색(妙色)이라고 한다. 그러므로 『금강경』에서는 '만약 모든 형상이 형상이 아님을 보면 여래를 본다.'라고 하였으며, 『화엄경』에서는 '색신은 부처가 아니며, 음성 또한 그러하다. 그렇지만 색과 소리를 여의지 않고 부처의 신통력을 보니, 묘한 색과 묘한 소리인 까닭이다.'라고 하였으며, 『승만경』에서도 '여래의 묘색신은 세간에서 더불어 동등한 것이 없으며, 부사의하여 견줄 것이 없다.'라고 설하는 것이다.
●421 老病生이 『高麗』에는 生老病으로 되어 있다.

死하니 此는 愚人所爲也요 智人反是니라 七의 離種種自性淸淨無我分에 二니 初는 對治自性障이요 二는 明淸淨無我라 初의 對治自性障에 三이니 初는 正明實慧요 二는 勸勤修習이요 三은 三界無常이라 初의 正明實慧라

몸이 존재하는 것을 보면 기뻐하고 싫어하지 않기 때문에 살기를 욕망하며, 몸이 소멸하는 것을 보면 근심하고 기뻐하지 않기 때문에 죽기를 피하려 하니, 이것은 어리석은 사람의 행동이요, 지혜로운 사람은 이와 반대이다.●422

일곱 번째, 갖가지를 여의어서 자성이 청정하고 무아한 분(分)에 둘이니, 첫째는 자성의 장애를 대치함이요[對治自性障], 둘째는 청정한 무아를 밝힘이다[明淸淨無我]. 첫 번째, 자성의 장애를 대치하는 것에 셋이니, 첫째는 바로 진실한 지혜를 밝힘이요[正明實慧], 둘째는 부지런히 닦을 것을 권함이요[勸勤修習], 셋째는 삼계가 무상함이다[三界無常]. 첫 번째, 바로 진실한 지혜를 밝히다.

●422 지혜로운 자가 죽음을 두려워하지 않는 것은 이 허망한 육신을 버림으로써 항상한 색신을 얻기 때문이다. 『佛祖三經指南』(續藏 37卷, p.808), 所謂因滅是色 獲得常色也 참조.

【 7장 】

●

이종종자성청정무아분
離種種自性淸淨無我分

1. 대치자성장 對治自性障

1) 정명보혜 (正明寶慧)

汝等比丘여 常當一心으로
너희 비구들이여, 항상 마땅히 일심으로

【節要】知五陰法中에 種種妄想이 悉從心起故로 以心爲主하야 則令制之一處也니라
오음의 법 가운데 여러 가지 망상이 모두 마음에서 일어남을 알기 때문에 일심(一心)을 주인으로 삼아 마음을 다스리도록 한 것이다.

【補註】一心二字는 總結上來誨示多種法門이니라 良由一心爲萬法主일새 故로 云하되 制之一處無事不辦이니라 二는 勸勤修習이라

'일심(一心)'이란 두 글자는 위에서 여러 가지로 가르친 법문을 총결한 것이다. 진실로 일심이 만법의 주인이기 때문에 '마음을 다스리면 이루지 못할 것이 없다.'라고 한 것이다. 두 번째, 부지런히 닦을 것을 권하다.

2) 권근수습(勸勤加修習)

勤求出道하라
부지런히 번뇌에서 벗어나는 길을 구하라.

【節要】以一心如實慧는 難可得故로 勸令精進이니라

일심의 여실한 지혜는 가히 증득하기 어렵기 때문에 정진하도록 권함이다.

【補註】亂心者는 違實理之妄知也요 一心者는 如實理之眞知也니 故로 云하되 如實慧니라 得如是慧寧是易事아 故로 應勤求也니라 復有二義니 一者는 事니 據上文하야 當是一其心으로 以求出道故요 二者는 理니 以一心如實慧가 即是出道故니라 三은 三界無常이라

'어지러운 마음'은 진실한 이치에 어긋나는 망지(妄知)이며, '일심'은 진실한 이치에 꼭 맞는 진지(眞知)인 까닭에 '여실한 지혜'라고 이른다. 이와 같은 지혜를 얻는 것이 어찌 쉬운 일이겠는가! 그러므로 응당 부지런

히 구해야 한다. (벗어나는 길을 구함에) 다시 두 가지 뜻이 있다.

첫째는 현상적인 측면이니, 위의 경문에 의거하여 하나로 집중된 그 마음으로써 벗어나는 길을 구하는 까닭이요, 둘째는 이치적인 측면이니, 일심의 여실한 지혜가 그대로 벗어나는 길인 까닭이다. 세 번째, 삼계가 무상하다.

3) 삼계무상(三界無常)

一切世間의 動不動法은 皆是敗壞不安之相이니라

일체세간의 움직이거나 움직이지 않는 모든 존재는 다 무너져 없어질 불안한 모습이니라.

【節要】 世間은 總標三界니 動即欲界요 不動即色無色界니라 敗壞不安者는 結指無常이니라

'세간'은 삼계(三界)를 총괄하여 표한 것이니, '동(動)'은 욕계요, '부동(不動)'은 색계와 무색계이다. '무너져 없어질 불안한 모습'이란 결국 무상을 가리킨다.

【補註】 上二界는 壽命長遠하야 外道以爲不動하니 不知三界가 皆屬無常故니라 經에 云하되 三界無安호미 猶如火宅이라하니라 二의 明淸淨無我에 三이니 初는 勸止三業이요 二는 示將歸滅이요 三은 正顯遺訓이라 即是於甚深法中寂滅故니라 初의 勸止三業이라

색계와 무색계는 수명이 장원해서 외도들은 부동(不動)한 세계로 간주하는데, 삼계가 모두 무상한 세계에 속함을 알지 못하기 때문이다. 경(經)에 이르길, '삼계가 편안하지 않은 것이 마치 불타는 집과 같다.'[•423]라고 하였다.

두 번째, 청정한 무아를 밝히는 것에 셋이니, 첫째는 권하여 삼업을 그치게 함이요[勸止三業], 둘째는 장차 입멸할 때가 되었음을 보임이요[示將歸滅], 셋째는 바로 유훈을 드러냄이다[正顯遺訓]. 곧 이는 매우 깊은 법 가운데 적멸한 까닭이다. 첫 번째, 권하여 삼업을 그치게 하다.

2. 명청정무아 明清淨無我

1) 권지삼업(勸止三業)

汝等은 且止하고 勿得復語하라
너희들은 그만 그치고 다시 말하지 말라.

•423 『法華經』(大正 9卷, p.14), 告舍利弗 我亦如是 眾聖中尊 世間之父 一切眾生 皆是吾子 深著世樂 無有慧心 三界無安 猶如火宅 眾苦充滿 甚可怖畏 常有生老 病死憂患 如是等火 熾然不息(사리불에게 말씀하셨다. 나 또한 이와 같아서 뭇 성인 가운데 뛰어나며 세간의 자부인지라 일체중생이 모두 나의 자식이건만, 깊이 세간의 향락에 빠져 지혜의 마음 가진 자가 없도다. 삼계가 편안하지 않음이 마치 불타는 집과 같으니, 고통으로 가득하여 심히 두려움이다. 항상 생로병사와 우환이 있어서 이러한 불들이 치성하여 사그라지지 않는다)

【節要】淨口業也니 口業淨故로 則意亦淨也니라 論에 云하되 示三業無動하야사 是寂滅無我相應器故라하니라

구업(口業)을 청정히 함이다. 구업이 청정한 까닭에 곧 의업(意業)도 청정해진다. 논에 이르길, '삼업의 활동이 없어야 적멸한 무아와 상응하는 그릇임을 보이는 까닭이다.'●424라고 하였다.

【補註】問이라 此中에 何缺身業고 答이라 凡侍於所尊하고 有問인댄 則從座起하며 承問인댄 則起而對하니 是身口常相須할새 故로 口不動에 兼身亦不動也니라 三業不動은 是與寂滅無我로 相應之法器也니라 二는 示將歸滅이라

묻는다. "이 중에 어째서 신업(身業)이 빠졌는가?" 답한다. "무릇 존경하는 분을 모시고 여쭐 것이 있으면 자리로부터 일어나며, 질문을 받으면 일어나 대답하니 이 몸과 입은 항상 서로 의지하는 관계이다. 그러므로 구업이 움직이지 않으면 신업도 움직이지 않는 것이다."

삼업(三業)이 부동한 자는 곧 적멸한 무아로 더불어 상응하는 법기(法器)●425이다. 두 번째, 장차 입멸할 때가 되었음을 보이다.

●424 『遺教經論』(大正 26卷, p.291), 且止勿語者 勸示三業無動故 是寂滅無我相應器故.
●425 근기가 수승하여 장차 큰 깨달음을 성취할 만한 역량 있는 자를 말한다.

2) 시장귀멸 (示將歸滅)

時將欲過에 我欲滅度하니
때는 장차 입멸할 시간이 되어가니, 나는 이제 멸도하고자 한다.

【節要】 已當中夜는 所以不過表中道也니라 中道二種은 如前說이니 今顯表離斷常之中이며 亦密表佛性中也니라 我有三種이니 一은 見이요 二는 慢이요 三은 名字라 如來見慢已盡이언만 隨順世間名字稱我니라 今當灰滅假身하면 則名字亦無할새 即是無餘涅槃이며 眞無我法也니라

이미 한밤이 되었다는 것은 중도를 나타내는 것에 지나지 않는다. 중도의 두 가지 뜻은 앞의 설명과 같은데, 지금은 단견과 상견을 여읜 중도를 나타내며 또한 불성의 중도를 은밀히 나타낸다.

'아(我)'에는 세 가지가 있다. 첫째는 견(見)[426]이요, 둘째는 만(慢)[427]이요, 셋째는 명자(名字)[428]이다. 여래는 견(見)과 만(慢)이 이미 다하였지만 세간의 명자에 수순하여 '아(我)'라고 칭할 뿐이다. 지금 마땅히 빌린 이 몸이 한줌의 재로 소멸하면 명자도 없어지니, 곧 이것이 무여열반이며 참된 무아법(無我法)이다.

- [426] 범어로는 darśana이며, 생각하여 헤아리고 사물에 대한 견해를 정한다는 뜻이다. 아견(我見)은 오온으로 가화합된 몸과 마음이 항상 실재하는 존재로 그릇 집착하는 허망한 견해이다.
- [427] 범어로는 māna이며, 타인과 자기를 비교하여 타인을 경멸한다는 뜻이다. 아만(我慢)은 거만스럽게 자신을 스스로 높은 체하며 뽐낸다는 의미이다.
- [428] 범어로는 nāma이며, 나마(那摩)라고 음역한다. 명(名)은 실명이며, 자(字)는 가명으로 모두 사물을 가리키는 이름이다. 따라서 경문에서 '아(我)'가 지칭하는 부처님 자신은 더 이상 삼독번뇌에 물들지 않는 존재이므로, 다만 세간의 명자로만 존재하는 부처일 뿐 아견이나 아만 등의 번뇌와는 무관한 것이다.

【補註】是知하라 佛以中爲命하니 中存佛存하고 中滅佛滅인지라 安住中道가 卽是十方常住佛也니라 三은 正顯遺訓이라

부처님께서는 중도로써 생명으로 삼으니, 중도가 존재하면 부처님도 존재하고, 중도가 멸하면 부처님도 멸한다는 것을 알아야 한다. 따라서 중도에 안주하는 그 자체가 시방에 늘 머무시는 부처님이다. 세 번째, 바로 유훈을 드러내다.

3) 정현유훈(正顯遺訓)

是我最後之所敎誨니라
이것이 나의 마지막 가르침이니라.[429]

【節要】小乘訓世에 凡五十年이니 今將涅槃호려하야 更略敎誡故로 云하되 最後니라 論에 云하되 於住持法中勝이니 以具[430]遺敎故也라하니라

소승으로 세간을 교화하신지 어느덧 반세기가 흘러, 이제 장차 열반

- [429] 『遊行經』(大正 1卷, p.26b), 是故 比丘 無爲放逸 我以不放逸故 自致正覺 無量衆善 亦由不放逸 得 一切萬物無常存者 此是如來末後所說(그러므로 비구들이여, 방일하지 말라. 나는 방일하지 않았기 때문에 스스로 정각(正覺)을 이루었다. 한량없는 온갖 착함도 방일하지 않음으로 말미암아 얻는 것이다. 어떤 물질도 영원히 존재하는 것은 없다. 이것이 여래의 최후의 말씀이니라) ; 『mahāparinibbāna sutta』(D.N. Ⅱ, pp.155~156), 'Handa dāni bhikkhave āmantayāmi vo: Vaya-dhammā saṅkhāra, appamādena sampādethāti.' Ayaṃ Tathāgatassa pacchimā vācā('비구들이여, 참으로 이제 그대들에게 당부하노니, 형성된 것들은 소멸하기 마련인 법이다. 방일하지 말고 해야 할 바를 모두 성취하라!' 이것이 여래의 마지막 유훈이다) 참조.
- [430] 具가 『甲』과 『永樂』에는 其로 되어 있다.

하시고자 다시 간략히 교계(敎誡)하신 까닭에 '마지막[最後]'이라고 하였다. 논에 이르길, '주지법(住持法)●431 가운데 가장 수승한 것이니, 마지막 유훈이기 때문이다.'●432라고 하였다.

> 【補註】最後者는 猶著述家의 所謂絶筆也니라 又 前에 所謂臨終之語는 語必切要라 함이 是也니라 故로 如來末後慇勤은 必欲萬世에 遵而守之也니라 問이라 此旣云하되 小乘訓世라 하고 何前言不得約小機屬藏教리오 答이라 論에 云하되 此經每說比丘者는 示遠離相故며 復示摩訶衍方便道가 與二乘共故라 하니 則知하라 此經은 正爲二乘하고 傍兼菩薩이언만 云小乘訓世者는 擧多分也니라 此는 馬鳴深旨也니라

'최후(最後)'란 저술가들이 말하는 절필(絶筆)과 같은 뜻이다. 또한 앞에서 이른바 '임종의 말은 반드시 말이 간절하고 긴요하다.'●433라고 한 것이 이것이다. 따라서 여래께서 맨 마지막에 은근히 당부하심은 반드시 만대(萬代)에 이르도록 가르침대로 지켜주길 바래서이다.

묻는다. "여기서 이미 '소승으로 세간을 교화하셨다.'라고 결론삼아 말해 놓고서, 어째서 앞에서는 '소승의 근기로 간주하여 장교에 소속시키려는 것은 옳지 않다.'●434라고 말하였는가?"

●431 주지삼보(住持三寶) 가운데 하나이다. 주지법은 후세에까지 불법이 전해지고 유지되도록 하는 법보(法寶)로서 여기에는 소승과 대승의 구별이 있다. 소승에서는 종이에 글로 쓴 경전을 가리키며, 대승에서는 세간을 위한 일체의 가르침을 통칭한다. 다시 대승의 주지법에 두 가지가 있으니, 첫째는 중생의 근기에 맞추어 설법하는 가르침이 중생을 요익하는 것을 화용주지법(化用住持法)이라고 하며, 둘째는 법성이 항상하고 여일한 것을 실덕주지법(實德住持法)이라고 한다(『佛光大辭典』 3권, p.2602 참조).
●432 『遺教經論』(大正 26卷, p.291), 是遺教義於住持法中勝 以其遺教故.
●433 앞에서 말하길, '世人 臨終語必切要故 云遺囑'이라고 하였다. 이 책 p.81 보주 참조.
●434 앞에서 말하길, '若謂今經 約始終小機所見得析空 寂默屬藏教者 恐失馬鳴深旨矣'라고 하였다. 이 책 p.101 절요 참조.

답하다. "논에 이르길, '이 경문에 번번이 비구라고 설한 것은 멀리 떠난 모습을 드러내 보이는 까닭이며, 다시 마하연의 방편도가 이승과 같음을 보이는 까닭이다.'라고 하였으니, 곧 알라. 이 경은 바로 이승들을 위하는 동시에 곁으로 보살들도 위하지만, '소승으로 세간을 가르쳤다.'라고 이른 것은 많은 부분을 든 것이다. 이것이 마명 보살의 깊은 뜻이다."

불유교경론소절요 終

佛云하되 吾言은 如蜜中邊以甜이라 하고 又云하되 治世語言이 以卽實相故라하니 三祖가 不難至道요 而嫌揀擇이라 함도 有以也니라 今時人은 喜玄一大藏敎하야 凡入理深談하고 競●⁴³⁵互傳誦이어니와 至平易切近處엔 或弁髦니라 抑揀蜜於中邊하고 而實相顧不遍耶아 嗟乎아 最後叮嚀言이 猶在人耳也니 鏤骨銘肌하야 共報恩코저 於是乎刻遺敎니라

古杭 雲棲袾宏 跋

부처님께서 말씀하시길, "나의 말은 마치 꿀의 중간이나 가장자리가 모두 달콤한 것과 같다."●⁴³⁶라고 하였으며, 또 말씀하시길, "세상을 다스리는 말이 그대로 실상이기 때문이다."●⁴³⁷라고 하였다. 따라서 삼조(三祖) 승찬(僧璨)●⁴³⁸이 "지극한 도는 어렵지 않으니, 오직 간택을 꺼릴 뿐이다."●⁴³⁹라고 한 것도 까닭이 있다.

요즘 사람들은 하나의 대장경 가르침에 통달함을 좋아하여 이치적으로 깊이 들어가 담론하고 서로 전송(傳誦)함을 다투지만 지극히 평이하고 아주 가까운 곳에서는 간혹 헌신짝 버리듯 무시한다. 그렇다면 꿀을 중간

●435 兢이 『甲』에는 競으로 되어 있다.

●436 『四十二章經』(大正 17卷, p.724), 佛言 人為道猶若食蜜中邊皆甜 吾經亦爾.

●437 『法華經』(大正 9卷, p.50), 能演說一句一偈 至於一月四月乃至一歲 諸所說法 隨其義趣 皆與實相不相違背(능히 한 구절이나 한 게송을 연설하되, 한 달, 넉 달 더 나아가 일 년에 이르기까지 모든 설하는 바 법이 그 뜻을 따르고 모두 실상과 더불어 서로 위배되지 아니한다).

●438 수나라 때 서주(徐州) 사람으로 중국 선종의 제3조이다. 선종 제2조인 혜가로부터 인가를 받고 서주의 환공산에서 은거하다가 후주의 무제가 불교를 탄압할 때에는 일정한 거주지 없이 은둔 생활을 하였다. 수나라 개황 13년에 도신(道信)에게 의발을 전하고, 대업(大業) 2년(606)에 입적 하였다. 저서로는 『신심명(信心銘)』이 있다.

●439 『信心銘』(大正 48卷, p.376), 至道無難 唯嫌揀擇 但莫憎愛 洞然明白(지극한 도는 어렵지 않으니 오직 간택을 꺼릴 뿐이다. 다만 미워하거나 애착하지만 아니하면 막힘없이 툭 트여 밝고 환하리라).

과 가장자리로 나누어 그 맛을 구분 짓고, 실상을 돌아봄에 두루 살피지 않는단 말인가!

　아! 최후의 간곡한 말씀이 여전히 사람의 귀에 울리도다. 뼈와 살에 새겨서 함께 은혜를 갚고자 이에 남기신 가르침을 판각한다.

고항(古杭)의 운서주굉 발문하다

- 대각국사 강유교경발사 (大覺國師 講遺敎經發辭)
- 대각국사 유교경파 강사 (大覺國師 遺敎經罷講辭)
- 지수정원 서간문 (晋水淨源 書簡文)
- 운서주굉 수필 (雲棲袾宏 隨筆)
- 우익지욱 발문 (蕅益智旭 跋文)
- 당태종 불유교경 시행칙 (唐太宗 佛遺敎經 施行勅)

부록

대각국사 강유교경 발사[1]
大覺國師　　講遺教經發辭

李唐懷素와 大宋智圓의 並有章句하야 發揚斯教이어니와 唯我所稟은 晋水 大法師가 久慨斯文의 流芳未僭이라가 於是에 翻經論之格訓하고 集諸家 之奧辭하야 撰成一部하야 流布四方이니라 某가 重法輕身하고 求師問道에 幸於講下에서 獲聽圓音이니 今所講者는 則我晋水의 新集節要가 是也니라 其他義例는 請俟入文이니라

당나라의 회소(懷素)[2]와 송나라의 지원(智圓)[3]이 저술한 글이 있어서

- 1 이 글은 『대각국사문집(大覺國師文集)』에 수록되어 있는 '강유교경발사(講遺教經發辭)'(韓佛 4 卷, p.532)의 내용이다. 대각 국사(大覺國師) 의천(義天)은 고려의 왕자로 어린 시절 출가하여 13세에 승통을 지냈으며, 송나라 진수정원의 도움으로 1년여 간 송나라 유학 후 수많은 경론을 고려에 전하였다.
- 2 회소(懷素)는 당나라 삼장법사 현장의 제자이다.
- 3 지원(智圓)은 송나라 고산(孤山) 존자의 법명이다.

이 가르침을 어느 정도 펼쳤지만 오직 내가 전해 받은 것은 진수(晉水)[4] 대법사가 이러한 글들의 흐름은 아름다우나 미비함을 오랫동안 개탄해 오다가, 이에 경론의 격훈을 번역하고 여러 큰 스승들의 심오한 말들을 모아서 한 권의 책으로 엮어 사방에 유포한 것이다.

내가 법을 중시하고 몸은 잊은 채 스승을 구하여 도를 물을 적에 다행히 강의하는 바로 밑에서 원음을 얻어 들을 수 있었으니, 지금 강의하려는 것은 곧 우리 진수(晉水) 법사의 『신집절요(新集節要)』[5]이다. 기타 자세한 뜻풀이는 본문을 강의할 때 살펴보기로 한다.[6]

● 4 진수(晉水)는 정원 법사의 별칭인데, 선대부터 진수(晉水)에 살았기 때문이다.
● 5 『불유교경논소절요(佛遺教經論疏節要)』를 말한다.
● 6 국사의 강의 내용에 대한 자세한 기록은 보이지 않는다. 다만 『대각국사문집』에 서언(序言)와 결언(結言)만 수록되어 전할 뿐이다.

대각국사 유교경파강사[7]
大覺國師　　遺教經罷講辭

覺皇將滅에 度生之念이 逾深하고 慈父臨終에 懷子之情이 轉切이라 情切則授於遺書하고 念深乃宣於□(遺)教니라 是知하라 佛德之無涯가 有似親恩之□□(罔極)하야 □□(其惑)忘遺教者는 法中之暴夫요 □(捨)遺書者는 世上之惡子라 勉夫後學은 庶竭奉先이어다 某等이 今□(值)中□(春)之□(月)하야 緬懷北首之□(儀)하니 鶴林痛失於前緣하고 像□□□(法永蒙)於遺訓이니라 而況某性雖愚魯나 幸遇明師教□(誠)이니 丁寧何日忘之리요 遂乃刻心傳法하야 隨力發□(揚)하노라 □(良)以佛法難逢이요 良時難遇니라 是日已過에 命亦□□(隨減)호미 如小水魚인달하니 斯有何樂이리요 如有經에 云하되 採花置日中에 能得幾時鮮고하며 又 涅槃經에 云하되 壯色不停호미 猶如奔馬하며 人命無常이 過於山水하니 今日雖存이나 明亦難保라하니 諸人은 當知하라 圓却頂而方却袍함이 爲何事也아 □(身)

● 7 『대각국사문집』에 전하는 '유교경파강사(遺教經罷講辭)'(韓佛 4卷, p.532)의 내용이다.

上衣□(而)口中食이 豈易消乎아 唯願컨대 一切有緣□□(滿堂)大衆은 同志一乘하고 同修萬行하야 諸佛會上에서 再得□□(相逢)함이 是所願焉이니라

　부처님께서 장차 입멸하시려 함에 중생을 제도하려는 생각이 더욱 깊고, 자애로운 아버지가 임종하려 함에 자식을 생각하는 정이 더욱 간절하다. 정이 간절하므로 유서(遺書)를 주고, 생각이 깊으므로 유교(遺敎)를 설하신 것이다. 명심하라, 부처님 덕의 끝없음이 부모의 은혜가 끝없음과 같아서, 혹 유교(遺敎)를 망각하는 자는 불법 가운데 사나운 자들이요, 유서(遺書)를 저버리는 자는 세상에서 불효한 자들이니, 힘써 정진하는 후학들은 혼신을 다하여 남기신 가르침을 받들지어다.

　우리가 지금 중춘(仲春)의 달을 맞이하여 북쪽에 머리를 두는 위의를 떠올리니, 사라쌍수에서 부처님의 마지막 설법을 친히 듣지 못한 것이 슬픔으로 밀려오고, 상법(像法)의 시대로 접어들면서 부처님의 유훈이 더욱 가려진 것을 통감한다. 그러나 비록 어리석고 우둔한 나 자신이지만 다행히 명안종사(明眼宗師)의 가르침을 만났으니, 정령 어느 날인들 그것을 잊으리오. 마침내 마음에 새기고 법을 전하여 힘닿는 데까지 드날리려 한다.

　진실로 불법 만나기 어렵고 좋은 시절도 만나기 어렵다. 날이 갈수록 목숨 또한 줄어드는 것이 마치 물이 말라가는 연못의 물고기와 같으니, 여기에 어찌 즐거움이 있으리오.[8] 어떤 경전에 이르길, '꽃을 꺾어

● 8 『法句經』(大正 4卷, p.559), 是日已過 命則隨減 如少水魚 斯有何樂.

햇볕 아래에 두면 얼마 동안 아름다움을 유지할 수 있겠는가?'●9라고 하였으며, 또한 『열반경』에 이르길, '젊음이 머물지 않는 것은 마치 달리는 말과 같으며, 사람 목숨의 무상함이 계곡에 흐르는 물보다 빠르니, 오늘 비록 존재하더라도 내일은 보존하기 어렵다.'●10라고 하였으니, 모두 마땅히 알라. 삭발하고 가사를 수함이 무슨 일을 위해서인가? 한갓 옷만 걸쳤으니 입 속의 밥이 어찌 쉽게 소화되리요! 오직 원컨대 인연이 있어 이 법당에 가득한 대중들은 모두 일승(一乘)에 뜻을 두고 동시에 만행(萬行)을 닦아서 모든 부처님의 회상에서 다시 만날지어다.

●9 『集諸經禮懺儀』(大正 47卷, p.468), 人生不精進 喻若樹無根 採花置日裏 能得幾時鮮 人命亦如是 無常須臾間 勸諸行道眾 勤修乃至真.
●10 『涅槃經』(大正 12卷, p.742), 人命不停 過於山水 今日雖存 明亦難保 云何縱心令住惡法 壯色不停 猶如奔馬 云何恃怙而生憍慢.

진수정원 서간문[11]
晋水淨源　書簡文

一. 보여준 바의 일이…

所示之事가 甚善甚善하야 頗慰鄙懷耳니라 今日齋□(後)에 先來祥符하야 王子殿內燒香하고 便同去遍福하야 瞻□(禮)舍利如何오 略白主客이어니와 開講規式은 吾子詳之하야 可行方行也어다 來日早入承天貴得이니다 且夕商較하야 諸祖深文奧義하니 同報佛恩이니다 言及于玆에 寧不感懷耶아

보여준 바의 일이 너무나도 훌륭해서 자못 마음의 위안을 얻을 뿐입니다. 오늘 재가 끝나는 대로 우선 상부사의 왕자전에 들러 향을 사르고, 곧바로 변복에 가서 사리를 참배하는 것은 어떻겠습니까! 지객 소임자에게 대충은 일러두겠지만, 개강규식은 그대가 꼼꼼히 재검토하여 시행할 수

●11 『大覺國師文集』(韓佛 4卷, pp.571~572) 참조.

있는 것은 시행하도록 하십시오. 저는 내일 일찍 황제의 명을 받들어 입궐해야 합니다. 여하튼 아침, 저녁으로 여러 조사들의 심오한 글들을 함께 사유하고 논강하게 되었으니, 함께 부처님의 은혜를 갚게 되었습니다. 말이 여기까지 이르니 어찌 감회가 새롭지 않겠습니까!

二. 근래 소문을 들으니…

近聞에 講授花嚴大敎라하니 忻慰之願이 交集于懷라 合附手爐樾拂各一柄과 淨巾按褥各一條와 仍親寫絶句一首하야 以作傳授之緣호려하다 律溪臘茗과 天童山茗도 各一器니라 講下麂點向時에 欲以天親論文과 智者慈恩二疏로 箋于法花經이언만 屬住持講訓으로 未暇執筆 昨示貴國敎乘數目하니 其間에 有叡法師注本七卷과 幷吉藏元曉憬興玄一神雄大賢諸德의 撰述等文이라 或來春得至本朝에 貸取諸文을 共會一處하야 同集其辭하야 以廣流通하면 玆亦宏功이 式助大用하야 非小緣耳호리니 奉囑奉囑이니다

근래 소문을 들으니 화엄의 대교를 강의하신다 하니 기쁘고 위로되는 소원이 마음에 모입니다. 손 향로와 불자 하나씩과 깨끗한 수건과 안욕 한 장씩과 절구의 시 한 수를 직접 써서 한꺼번에 부치니 이로써 전수의 인연을 짓고자 합니다. 그리고 율령납명과 천동산명의 차도 한 통씩 보냅니다. 전에 언젠가 강의가 끝나는 대로, 천친의 논과 지자와 자은의 소로써 『법화경』을 주해하고자 마음먹었지만, 주지 소임과 강의에 얽매여 그 동안 집필할 여가조차 없다가 어제서야 귀국의 『교승목록』을 보게 되었습니

다. 그 가운데 승예 법사의 주석본 7권과 아울러 길장·원효·경흥·현일·신웅·대현 등 여러 대덕들이 찬술한 글들을 보았는데, 혹 내년 봄쯤 본국으로 들어오는 교통편에 여러 글들을 얻어서 함께 한 자리에 모아 모두 엮어서 널리 유통시킨다면, 이 또한 큰 공덕이 삼가 위로는 깨달음을 구하고 아래로는 중생을 구제하는, 적지 않은 인연이 될 것입니다. 거듭 부탁합니다.

三. 정원은 어질고 사리에 밝으신…

淨源은 書答僧統哲資라 去年에 楊主客이 自四明回하고 并大將洪保가 至하야 領吾子書二通하니 曲敍求法之懇하고 具陳違離之情이라 俯讀再三하고 悲喜交至하야 久欲修染하야 以答來音이라 奈以山海遐阻로 不及時發訊問이나 而思系之心可量也오 又欲上國王書어늘 泊雞林諸公과 幷謝國王太后가 特施金字經三部하니 非唯光鎭慧因一寺라 抑亦兩浙緇儒欽玩도 皆受其賜也니라 屬以衰老所病으로 未遂敍感耳니라 夏末에 宜以順時講授하야 以副像季之望호려하노라

정원은 어질고 사리에 밝으신 승통께 답장을 보냅니다. 지난해에 양걸과 주객이 사명에서 돌아오고 아울러 대장 홍보가 도착하여 법사의 편지 두 통을 전하였습니다. 구법의 간절함을 자세히 서술하시고 떠나온 속마음을 구체적으로 서술하신 것을 보았습니다. 두세 번 반복하여 읽고는 희비가 교차하여 그동안 지체하다가 이제야 붓을 적시어 답장을 합니다. 산과 바다로 아득히 가로막혀서 때맞추어 서신이 이르지는 못하겠지만, 승통

의 끊이지 않는 간절한 심정 어찌 헤아리지 못하겠습니까? 또한 국왕께 글을 올리려고 했는데, 때마침 계림의 여러 공(公)들과 아울러 국왕태후께서 특별히 금으로 사경한 경전 세 부를 보시하셨으니, 이는 혜인원 한 사찰의 영광스런 진호(鎭護)일 뿐만 아니라, 양절의 승려와 유학자들도 모두 공경히 하사한 것을 받을 일입니다.

저는 이제 늙고 병약해져서 감회를 모두 편지에 쓸 수 없습니다. 여름이 지나면 마땅히 적당한 때에 강의를 열어서 상법과 말법의 시대에 조금이나마 도움이 되었으면 합니다.

四. 정원은 아룁니다…

淨源은 啓라 向者에 徐都綱이 廻하니 領書□(幷)銀合과 盛茶水□(精)珠三顆하고 兼知啓迪講筵하야 四方生徒가 輻湊座니라 (缺落) 記繼之하고 闍梨書인 賈相公注金剛經과 洎遺敎經節要七部를 附慈應樂眞하니 已下習講하고 各宜檢至어다 其餘心緖를 筆舌奚書리오 (缺落)

정원은 아룁니다. 지난 번에 서도강이 돌아왔을 때 서신과 은합, 다구와 수정 구슬 3과를 받았고, 겸하여 법석을 열어서 사방의 공부인들이 그 강설의 자리에 폭주했다는 사실을 알았습니다. (缺落) 기록하여 그것을 잇고, 화상이 쓴 가상공 주석의 『금강경』과 『유교경절요』 등 7부를 자응과 낙진을 통하여 보내니, 이하 강습하고 각 내용들이 타당한지를 검정해 보시기 바랍니다. 그 나머지 마음 속의 회포를 글로써 어찌 다 표현하리오! (缺落)

五. 정원은 유서와 다름이 없는…

□□(淨源)은 遺書하야 委曲寄高麗法子僧統이니다 吾泉南人也니 少遊京師에 與搢紳으로 交習儒學하고 務進士業이어늘 一旦에 觀榮衰之分하니 若鏡象하고 若夢寐하야 遂棄儒就釋하야 習浮圖道니라 始由花嚴으로 泊通諸部러니 悅賢首諸祖하야 有傳述之意하야 遂節疏注經이라가 及諸製撰이니다 凡自蘇及杭湖秀等處히 講暢開帷하야 門生이 及數百人이나 而洪揚吾道는 不二十人而已니라 然이나 吾子는 夙植善本하야 果棄王位하고 事佛洪經하며 有生知之性하야 才識明茂는 擧天下緇倫에 一人而已니라 見吾撰述하고 遙生尊峯하야 乃自海東으로 越鯨波入宋하야 行師事之禮하고 興祖門之烈하야 生賢首之光燄하니 非吾子而誰리요 嗚呼아 吾首於花嚴하야 老注法花하니 二經은 爲佛敎之表裏일새니라 始終之絶唱으로 吾得而畢之니 豈非夙志之幸乎아 然이나 心疲氣殆하니 行年七十有八이니이다 十有一月末에 操觚爲書一通을 留着經帙內하야 附門人寄吾子僧統하니 決別於此하야 所注法花가 離爲一十二卷하고 使其旋寫妙經附去하니 請爲吾詳校어다 開板流之無窮이 豈惟吾心之願乎아 抑亦暢吾佛之懷니 非吾子而誰爲耶아 前年에 憑術士하야 卜院之西北隅에 爲一壙穴은 俟今日之用이니다 然이나 備去來之迹은 非吾道所尙이니다 噫라 旣立敎迹이니 相踵于後에 必有其先立者이언만 於吾何益哉아 亦期助吾裔하고 揚吾道는 在法子之力也니라 吾於江鄕하야 近年에 叨大王殿下가 齒記孤迹하니 常所依仰하며 今不遑備賤啓奉違하야 惟祈以道爲治하야 扶助三寶하니 得非佑椿松之壽耶아 切祈致誠幸也니라 吾子가 願世齡遠大하야 光闡吾宗하고 佛日光輝하면 天下幸甚이니다 汝黨諸學者의 不一一列名이나 幸同善攝하야 無忘□(至)道하야 永期花嚴場中에 俱成上果하며 含毫決別하며 不 (缺落)

정원은 유서와 다름이 없는 편지를 써서 간곡히 고려의 법자(法子)인 승통께 보냅니다. 나는 원래 천남 사람인데, 젊었을 적에는 서울 사람들과 함께 어울리며 유학을 배우고 진사시험 준비에 몰두하였습니다. 그러한 노력에도 불구하고 하루아침에 영광과 쇠락의 갈라짐을 보니, 거울 속의 형상과 같고 꿈속의 일과 같이 느껴져서 마침내 유학자의 길을 버리고 불제자의 길로 전향하여 부처님의 가르침을 배우기 시작했습니다. 『화엄경』을 시작으로 하여 여러 경론을 익숙히 보았는데, 특히 현수법장을 비롯한 화엄조사들의 사상이 마음에 들어 그분들의 뜻을 후학들에게 알려주고 싶은 마음이 생겨서, 결국 경전에 주석을 붙이다 보니 여러 저술들이 나오게 되었습니다. 대체로 항주·호주·수주 등의 지역까지 강좌를 열어 배우는 이들이 수백에 달했지만 우리의 도를 크게 펼친 이는 스물도 채 되지 않습니다. 그러나 승통께서는 숙세에 심은 선근으로 과감히 왕위까지 버리시고 부처님을 섬겨 경전을 널리 유통시켰습니다. 더구나 생지(生知)의 성품까지 갖추어서 재주와 식견이 총명한 것으로는 천하의 출가자들 가운데 오직 그대 한 사람뿐입니다.

　　내가 찬술한 것을 보고 먼 타국에서 태어났지만 나를 존중해 주고, 이에 고려로부터 고래 등 같은 파도를 넘어 송나라에 유학 와서는 스승을 받드는 예를 갖추고, 조사들의 업적은 더욱 일으켜서 현수 조사를 더욱 빛나도록 하였으니, 그대가 아니었다면 누가 이러한 일을 해낼 수 있었겠습니까!

　　아! 나는 『화엄경』을 필두로 하여 노년에는 『법화경』에 주석을 붙였으니, 이 두 경전이 불교의 안과 밖이기 때문입니다. 처음부터 끝까지 훌륭한 글로써 내가 능히 마무리 지었으니, 숙세의 발원에 의한 행운이 아니겠습니까? 그러나 이제 수시로 마음이 피곤하고 기운이 불안정하니, 나이가 일흔하고도 여덟이기 때문입니다. 11월 말쯤에 써 놓은 편지 한 통을 경전 안쪽에 넣어서 문인에게 부탁하여 그대에게 보내니, 주석한 『법화경』이 12권으로 나누어진 것을 분명하게 분별해 주십시오. 또한 사경한 『법화경』을 함께 보내니, 청컨대 나를 위해 꼼꼼히 교정해 주시고, 판에 새겨서 영원히 유통되도록 해 주십시오! 이것이 오직 나의 소원인데, 그것은 부처님의 뜻을 널리 펼치는 더 없는 방법이라고 생각하기 때문입니다. 이러한 일을 그대가 아니면 누가 할 수 있겠습니까?

지난해 술사를 불러서 절의 서북쪽 구석진 곳에 묏자리 하나를 점쳐 둔 것은 오늘 쓸 경우를 대비한 것입니다. 그러나 태어나고 죽는 자취를 남기는 것은 불법에서 숭상할 바는 아닙니다. 아! 이미 가르침의 자취를 세웠으니 후세로 이어가려면 반드시 앞서서 세워 주는 자가 필요하긴 하지만 우리에게 무슨 이로울 것이 있겠습니까! 그렇지만 또한 우리의 후손을 돕고 우리의 도를 드날리는 것은 법자(法子)들의 힘에 의존하는 방법 이외엔 별 도리가 없습니다.

내가 강가의 마을에 살면서 최근에 분에 넘치도록 대왕 전하께서 기억해 주심에 항상 의지하고 우러렀으며, 지금은 전계를 갖추어 받들어 아뢰올 겨를이 없어서 오직 도로써 다스림을 삼아 삼보를 돕기만을 기도하니, 이것이 참죽나무와 소나무처럼 장수하시도록 돕는 것이 아니겠습니까? 간절히 지극한 정성으로 비옵니다.

그대가 세상에 오래도록 살아서 우리의 종(宗)을 더욱 널리 알리고 불법의 해를 더욱 빛나도록 한다면 천하에 이보다 다행스런 일은 없을 것입니다. 그대들 모든 학자들의 이름을 하나하나 나열할 수는 없지만 다행히 함께 잘 섭수해서 지극한 도를 망각함이 없이 영원히 화엄도량 안에서 위 없는 과위를 성취하게 되기를 바라며, 글에 담아 결별을 전하며… (缺落).

운서 주굉 수필
雲棲袾宏　隨筆

一. 한나라 명제가 어느 날 밤…

漢明帝가 夜夢金人하고 遣使天竺하야 得佛經四十二章할새 此는 聖教東流入震旦之始也니라 今以其言近하야 僧不誦持하고 法師不陞座爲人講演이라 夫此經言不專近有遠者이언만 有言近而旨遠者를 人自不察也니라 又遺教經은 乃如來入滅最後之要語로 喩人世所謂遺囑也니라 子孫昧宗祖創始之來源인댄 是忘本也요 子孫背父母臨沒之遺囑인댄 是不孝也니라 爲僧者胡弗思也리요 愚按二經하니 實末法救病之良藥으로 不可忽不可忽이로다

●12 운서주굉이 저술한 『죽창수필(竹窓隨筆)』 가운데 『유교경』과 관련된 수필 2수이다. 『죽창수필』은 전 3권으로 되어 있는 수필집으로 총 450화(話)의 이야기로 구성되어 있다.

한나라 명제가 어느 날 밤 금인(金人)의 꿈을 꾸고서 사신을 천축(天竺)으로 파견하였는데 총 42장으로 구성된 『사십이장경(四十二章經)』을 가져 왔다. 이 사건은 부처님 가르침이 인도에서 중국으로 전래된 시초이다. 그런데 오늘날에는 이 경전의 말씀이 너무 쉽다고 여겨 승속이 하나 같이 읽지도 가르치지도 않는다. 대저 이 경전의 말씀은 마냥 쉬워 보이는 듯하면서도 깊은 뜻을 담고 있는데, 쉬운 언어 속에 내포된 그 그윽한 의미를 사람들은 알아차리지 못한다.

또한 『유교경(遺敎經)』은 석가모니 부처님께서 열반하실 무렵 마지막으로 제자들에게 설한 긴요한 법문으로서 마치 세간의 유언과 견주어 볼 수 있다. 만약 후손으로서 종조(宗祖)가 창시한 근원에 어둡다면 이는 근본을 망각하는 것이며, 자식으로서 부모가 남긴 마지막 유언을 저버린다면 이는 불효를 행하는 것이 된다. 출가자로서 어찌 쉽게 생각할 문제이겠는가!

내가 이 두 경전을 읽어보니 실로 말법시대의 병을 구휼할 만한 양약으로서 결코 소홀히 여길 경전이 아니었다.

二. 세인이 임종할 적에…

世人臨終에 爲言以示子孫을 謂之遺囑하고 而子孫執之하야 以作憑據하고 世守而不變者也니라 況三界大師四生慈父가 說法四十九年하신 最後之遺囑乎아 爲僧者는 所當朝誦暮習하고 師授徒傳하야 後身奉之하고 而不可一日廢忘者이언만 乃等之以童蒙之書하고 置之閒處하야 不復論究하니 豈非如來之逆子며 佛法之頑民也哉아

세인이 임종할 적에 자손에게 남기는 말을 유촉(遺囑)이라 하고, 자손은 이를 마음에 새겨서 항상 의지하고 대대로 전하여 저버리지 않으려 한다. 하물며 삼계(三界)의 대사(大師)이시고 사생(四生)의 자부(慈父)께서 49년 동안 설법하신 마지막 유촉이겠는가!

출가자들은 마땅히 부처님의 유훈을 고스란히 담고 있는『유교경』을 조석으로 읽고 익히며, 스승과 제자가 전수하여 이 육신이 다하는 날까지 정성껏 받들어 단 하루라도 소홀히 하거나 망각해서는 안 될 것이다.

그러나 지금의 출가자들은 이『유교경』을 어린아이들이나 보는 하찮은 경전으로 취급하여 손이 거의 닿지 않는 곳에 밀쳐 두고서 아무도 논강하거나 연구하려 하지 않으니, 어찌 여래의 불효자가 아니며 불법의 어리석은 백성이 아니겠는가!

우익지욱 발문[13]

藕益智旭　跋文

旭이 未出家時에 讀此遺教하고 便知字字血淚할새 旣獲剃染에도 靡敢或忘이언만 所恨은 慧淺障深하야 悠悠虛度二十餘年이니라 空無尅獲이니 旣非道人이며 又非白衣로다 方撫心自愧하야 對鏡生慚하며 而虛名所悞하야 謬膺恭敬이어늘 承甫敦沈居士가 固請解釋此經이로다 嗟夫아 予不能臻修世出世間功德하야 徒以語言文字로 而作法施니 何異諸天說法鳥耶아 然이나 一隙之明도 弗忍自吝할새 藉此功德하야 迴向西方하고 仍作迦陵頻伽하야 代彌陀廣宣法要可矣니라

甲申九月二十日記

●13 우익지욱(藕益智旭, 1596~1655)은 중국 명나라 때의 고승이다. 출가 전에는 『벽불론(闢佛論)』 등을 지어 불교를 배척하였으나 『지장본원경』과 『수능엄경』을 보고 1621년에 감산덕청의 문인 설령에게 출가하였다. 운서주굉의 영향을 많이 받았다고 전하며, 특히 율법을 중시하고 천태학 연구에 몰두하였다. 저서로는 『수능엄경현의』, 『법망경합주』 등 30여 부가 있다. 이 발문은 『유교경해』의 말미에 실려 있다. 『遺教經解』(續藏 37卷, p.646) 참조.

내가 아직 출가하지 않았을 때 이『유교경』을 잃고 문득 글자마다 피눈물인 것을 알았다. 이미 출가 수행자가 된 이후에도 늘 잊은 적이 없었으나 한스러운 것은 지혜가 엷고 업장이 두터워서 이십여 년을 헛되이 보낸 것이다.

공(空)의 이치를 체득하지 못했으니 현재 도인도 아니며, 삭발염의 하였으니 이미 속인도 아니다. 비통한 마음을 달래며 스스로 부끄러워했기에 거울을 대할 때마다 몹시 부끄러웠으며, 헛된 명성이 잘못 퍼져 분에 넘치도록 공경 받을 때마다 가슴 아팠다. 그때 보돈(甫敦) 심(沈) 거사가 간곡히 이 경을 해석해 줄 것을 청하였다.

아! 슬프다. 스스로 세간과 출세간의 공덕을 닦는 데 이르지 못하고서 한갓 언어와 문자로만 법시(法施)를 짓고 있으니, 어찌 여러 하늘에서 설법하는 새들과 다르다 하리오! 그러나 한 틈바구니로 들어오는 빛조차도 혼자만 아끼는 데 인색하지 않았기에 이 공덕을 빌어서 서방극락세계에 회향하고, 극락에 태어나서도 가릉빈가가 되어 아미타불을 대신하여 널리 법요를 설할 수 있다면 더할 나위 없겠다.

갑신년 9월 20일 기록하다

당 태종 불유교경 시행칙[14]
唐　　太宗　　佛遺教經　　施行勅

法者가 如來滅後에 以末代澆浮하야 付囑國王大臣하야 護持佛法이니라 然 僧尼出家에 戒行須備어늘 若縱情淫佚하고 觸塗煩惱하며 關涉人間하며 動 違經律인댄 旣失如來玄妙之旨며 又虧國王受付之義니라 遺教經은 是佛 臨涅槃所說로 誠勒弟子함이 甚爲詳要이언만 末俗緇素가 並不崇奉하니 大 道將隱하고 微言且絕이로다 永懷聖敎하고 用思弘闡할새 宜令所司로 差書 手十人하야 多寫經本케하고 務盡施行토록 所須紙筆墨等을 有司準給하고 其官宦五品已上과 及諸州刺史히 各付一卷하노니 若見僧尼行業이 與經 文不同인댄 宜公私勸勉하야 必使遵行이어다

여래께서 입멸한 후 말세에 이를수록 불법이 가볍고 얇어질까 염려

●14 당(唐) 태종(太宗)이 지은 것으로 『문관사림(文館辭林)』 제693권에 실려 있다. 『佛遺敎經論疏節要』(乾隆 146卷, p.802), 右出文館詞林第六百九十三卷(오른쪽 글은 『문관사림』 제693권에 수록되어 있다) 참조

하여, 부처님께서는 미리 국왕과 대신에게 불법을 보호하고 유지하도록 부촉하셨다. 그래서 비구와 비구니로 출가하면 계행을 반드시 갖춰야 하는 것이다. 만약 방종하고 음일(淫佚)하며 부딪히는 일마다 번뇌로 더럽혀지고 인간사를 관섭하며 행동거지가 경과 율을 어길 시에는, 이미 여래의 현묘한 뜻을 잃은 것이며 또한 국왕으로서 부촉 받은 뜻도 감하는 것이 된다.

『유교경』은 부처님께서 열반에 즈음하여 설하신 것으로 제자들을 훈계하여 다스림이 매우 자상하고 간명하다. 그러나 말세의 풍속 탓으로 세속의 사람과 비구·비구니가 아울러 숭상하고 받들지 않으니, 대도(大道)는 장차 숨으려 하고 미묘한 언설조차 끊어지려 한다.

오랫동안 성인의 가르침을 마음에 품고 널리 펼 것을 사유해 왔다. 의당히 관아(官衙)에서 서사(書寫)할 사람 열 명을 뽑아 많은 경본을 필사(筆寫)하도록 하고, 힘껏 시행할 수 있도록 필요한 지필묵 등을 해당 관리에게 준비시켜 공급하였다. 이제 그 필사본들을 5품 이상 환관(宦官)과 모든 주(州)의 자사(刺史)들에게 각각 한 권씩 맡기노니, 만약 비구와 비구니들의 행업이 경문과 더불어 같지 않은 것을 보면 마땅히 공사(公私)를 막론하고 간곡히 권하여 반드시 준수하도록 힘쓸지어다.

【 참고문헌 】

1. 경전

『佛垂般涅槃略說教誡經』(大正 12卷, pp.1110~1112)

『佛垂般涅槃略說教誡經』(高麗 13卷, pp.1180~1182)

淨源,『佛遺教經論疏節要』(大正 40卷, pp.844~857)

淨源,『佛遺教經論疏節要』(永樂 174卷, pp.785~808)

淨源,『佛遺教經論疏節要』(乾隆 146卷, pp.803~833)

天親,『遺教經論』(大正 26卷, pp.283~291)

智旭,『遺教經解』(續藏 37卷, pp.638~646)

元照,『遺教經論住法記』(續藏 53卷, pp.598~628)

道霈,『佛祖三經指南』(續藏 37卷, pp.794~802)

馬鳴,『佛所行讚』(大正 4卷, pp.1~54)

『遊行經』(大正 1卷, pp.11~30)

『mahāparinibbāna sutta』(P.T.S, D.N. Ⅱ, pp.72~168)

『大覺國師文集』(韓佛 4卷, pp.528~585)

2. 역서 및 논저

각묵 옮김,『대반열반경』 초기불전연구원, 2007

공파 역해,『부처님의 유언』 맑은소리 맑은나라, 1996

불앙 역해,『불유교경』 선문출판사, 1989

석지명 저,『큰 죽음의 법신』 불교시대사, 1995

연관 옮김,『죽창수필』 불광출판사, 1991

재연 옮김,『불교의 초석 사성제』 고요한 소리, 2003

정한 역주,『불조삼경지남』 운주사, 2000

지안 편역, 『대승기신론강해』, 계창, 2007

지안, 「涅槃經의 涅槃·佛性論에 對한 考察」, 『世主妙嚴主講五十年紀念論叢』, 2007

혜남 역해, 『유행경』 부다가야, 2009

김지수 옮김, 『유교경』, 하늘북, 2009

도변해욱, 『佛遺教經과 馬鳴의 作歟』(新佛教X, 6), 민족문화사, 1980

목정배 지음, 『계율학 개론』, 장경각, 2001

성백효 외 역주, 『사서삼경』 전통문화연구회, 1992

신규탁, 「古代 韓中交流의 一考察(高麗의 義天과 浙江의 淨源)」, 『東洋哲學』 27집, 2007

심재열 역, 『대각국사문집』 동국역경원, 1994

안양규 지음, 『붓다의 입멸에 관한 연구』 민족사, 2009

정태혁 역, 『부처님 이렇게 오셔서…』 여시아문, 1998

조성래 역해, 『대승기신론 수행신심분』 무량수, 2010

3. 사전

『국어대사전』, 이희승 편저, 민중서림, 1998

『범화대사전』, 영목학술재단, 강담사, 소화61

『불광대사전』, 성운 감수, 불광출판사, 1988

『불교대사림』, 지관 편저, 가산불교문화연구원, 2003

『불교학대사전』, 관응 감수, 홍법원, 1998

『불전해설사전』, 정승석 편, 민족사, 1994

『빠알리한글사전』, 전재성 편저, 한국빠알리성전협회, 2005

『한한대사전』, 동양학연구소, 단국대출판부, 2008

마무리 지으며

『유교경』은 내용이 복잡하거나 어려운 경전이 아니다. 그래서 초심자들이나 보는 수준 낮은 경전으로 인식하는 이들이 적지 않은 듯하다. 불교의 경전은 그 수효가 방대한 관계로 어쩔 수 없이 청법자를 기준하여 어렵고 쉬운 경전을 구분해 보아야 할 때도 있기 때문에,『유교경』을 수준 낮은 경전으로 인식한다는 사실만으로 무조건 잘못된 판단이라고 몰아세울 수만은 없다. 다만 수행자의 입장에서 불법 수행이 삼혜(三慧)의 과정을 온전히 했을 때 올바른 신행이 될 수 있다고 한다면『유교경』의 내용처럼 실천하기 어렵고 중요한 경전도 없다. 아마도『유교경』을 어린아이들이나 보는 수준 낮은 경전으로만 분류하려는 소견은 문혜(聞慧)와 사혜(思慧)만을 생각하고 수혜(修慧)에 대해서는 조금 소홀히 판단한 것으로 보인다.

　『유교경』을 부처님의 마지막 유훈이라고 하지만 특별하게 숨겨두었던 말씀을 마지막으로 꺼내신 것은 아니다. 평소에 늘 하시던 법문을 그날도 그렇게 하시고 반열반하셨을 뿐이다. 이것은『유교경』과『유행경』의 내용 가운데 정각 후의 첫 설법과 열반 직전의 마지막 설법이 동일한 사성제 법문이었다는 점이나, '여래의 법에서 스승이 특별히 한 제자에게만 전하는 비밀스런 가르침[師拳]은 없다.'는 경전 구절에서 충분히 짐작할 수 있다.

부처님께서 평생 설법하신 내용을 거듭 강조하신 『유교경』의 전체 경문 가운데, 부처님께서 가장 힘주어 말씀하신 한 구절을 꼽도록 한다면, 누구라도 예외 없이 '방일하지 말고 정진하라.'는 구절을 지목할 것이다. 그러나 여기서 '방일하지 말라.'는 말씀의 의도는 마을에서 흔히 말하는 '부지런하라.'는 의미와는 큰 차이가 있다. 반드시 삼보에 귀의하여 계율을 수지한 자가 법을 등불로 삼아 수행·정진할 적에, 결국 수행이란 자신의 몫이라는 뜻으로 '방일하지 말라.'고 채찍질하신 것임을 분명히 알아야 할 것이다. 즉, 진리에 무지하다면 아무리 부지런히 행하더라도 방일함에 지나지 않는다는 뜻이다.

요즘 승가가 점점 세속화되어 가는 느낌이 든다. 이러한 현상 또한 시대의 흐름 속에서 자연스런 변화라고 생각하지만 한편으로 아쉬움이 남는 것은 어쩔 수 없다. 저 옛날 부처님의 열반 소식에도 꿈쩍하지 않고 정진에만 몰두하던 한 비구를 대중 모두가 비난하였지만, 부처님께서는 '저 비구야 말로 나의 진정한 제자이다.'라고 하신 말씀의 진의(眞意)만은 잊지 않아야겠다고 다짐해 본다.

석가모니 부처님께서 남기신 유훈에 대한 유용한 자료집을 만들고 싶었지만 워낙 아는 것이 부족하고 우둔해서 오히려 경문만 어지럽혀 놓은 것 같다. 혹시라도 미처 교정하지 못한 오류들은 앞으로 수정·보완하여 후일 더 나은 글로 만들 생각이다.

3년간 조그마한 실수 하나라도 그냥 지나치는 법 없이 늘 자비경책으로 이끌어주신 종립 승가대학원 요산지안 원장스님을 비롯하여 그동안 함께 어울려 서로에게 크고 작은 그늘이 되어준 대학원 본방·청강생 스님들께 깊이 감사드리며, 정진에 불편함이 없는지 늘 살펴주시고 외호해 주신 은해사 돈관 주지스님 이하 사중 소임자 스님들께도 심심한 감사의 인사를 드린다. 또한 처음 출가하여 십여 년이 지난 오늘날까지 늘 한결같은 관심과 격려로 일관해 주신 은사스님과 바쁘신 와중에도 잘못 정리된 부분을 지적해 주시고 조언해 주신 백양사 율원장 법장 스님, 실상사 화림원 각묵 스님께도 깊이 감사드린다. 그리고 『유교경』 관련 논소를 연구 자료로 활용할 수 있도록 일목요연하게 정리해 주신 전남대 보적 김지수 교수님과 어설픈 번역 문장들을 꼼꼼하게 윤문해 주신 조성래 선생님을 위시하여 그 밖에 알게 모르게 많은 도움 주신 모든 분들께도 지면으로나마 감사의 마음을 전한다.

불기 2555년 2월
효관 삼가 쓰다

유교경 연구 遺教經 研究

2011년 2월 11일 초판 1쇄 인쇄
2011년 2월 14일 초판 1쇄 발행

지은이	효관(曉觀)
펴낸이	박상근(至弘)
주간	류지호
편집	사기순, 이상근, 정선경, 이기선
책임편집	정선경
디자인	김소현
제작	김명환
홍보마케팅	허성국, 김대현, 김영수
관리	윤애경

펴낸곳　불광출판사
　　　　110-140 서울시 종로구 수송동 46-21, 3층
　　　　대표전화 02) 420-3200
　　　　편집부 02) 420-3300
　　　　팩시밀리 02) 420-3400

출판등록 제1-183호(1979. 10. 10)

ⓒ 효관(曉觀), 2011

ISBN 978-89-7479-640-2. 03220
값 17,000원

독자의 의견을 기다립니다. 잘못된 책은 바꾸어드립니다.
www.bulkwang.co.kr